体验与生成

基于个体技能知识的美术学习研究

王果 著

CNS PUBLISHING & MEDIA
全国百佳图书出版单位
湖南美术出版社
长沙

本书为2018年湖南省哲学社会科学基金一般项目“‘体验’哲学视角下青少年图像识读素养提升培养研究”（编号：18YBA018）的主要成果。

图书在版编目（CIP）数据

体验与生成：基于个体技能知识的美术学习研究／王果著 .—长沙：湖南美术出版社，2022.10
ISBN 978-7-5356-9897-1
Ⅰ．①体… Ⅱ．①王… Ⅲ．①美术课－教学研究－高中 Ⅳ．① G633.955.2

中国版本图书馆 CIP 数据核字 (2022) 第 170928 号

体验与生成：基于个体技能知识的美术学习研究
TIYAN YU SHENGCHENG:JIYU GETI JINENG ZHISHI DE MEISHU XUEXI YANJIU

出 版 人：黄　啸
著　　者：王　果
责任编辑：莫宇红　曾以谦
特约编辑：杨佳燕
责任校对：王玉蓉　侯　婧
书籍设计：王　果
出版发行：湖南美术出版社（长沙市东二环一段 622 号）
经　　销：湖南省新华书店
印　　刷：长沙众彩印刷有限公司
开　　本：889mm×1194mm　1/16
印　　张：20
版　　次：2022 年 10 月第 1 版
印　　次：2022 年 10 月第 1 次印刷
书　　号：ISBN 978-7-5356-9897-1
定　　价：98.00 元

邮购联系：0731-84787105　　邮编：410016
网　　址：http://www.arts-press.com/
电子邮箱：market@arts-press.com
如有倒装、破损、少页等印装质量问题，请与印刷厂联系斢换。
联系电话：0731-82221858

前言

新世纪以来，我国基础教育美术课程改革步入了新的历史发展阶段。2001 年，《全日制义务教育美术课程标准（实验稿）》的制定，标志着我国基础教育美术课程改革正式启动。2003 年，《普通高中美术课程标准（实验）》的颁布，标志着我国高中美术课程教育改革正式展开。自 2015 年起，中国基础教育课程改革正式步入“核心素养”时期，而美术学科的“核心素养”是基于 2014 年 11 月教育部推进的《普通高中美术课程标准（实验）》修改这一背景而提出来的。在立德树人这一根本任务的指引下，教育部于 2017 年颁布了《普通高中美术课程标准 (2017 年版)》。新课标相较于实验版的一个非常重要的特点是增加了“学业质量”这一概念，并将其作为衡量普通高中学生美术学习水平的重要标准。同时，新课标还凝练了“图像识读、美术表现、审美判断、创意实践、文化理解”这五大学科核心素养。此外，新课标的课程目标、课程内容和课程考核亦是紧紧围绕“核心素养”这一重要课题设定和展开阐述。

从“双基”时期、“三维”时期到“核心素养”时期，美术技能知识一直是美术基础教育的核心内容，也是学生应当具有的基本素养。高中阶段既是青少年身心发展的一个关键时期，又是积累知识和技能的一个重要阶段。因此，本课题将研究的对象确定为高中生，即对高中生的美术学习方式与美术个体技能知识生成的相关性进行研究。

过去，在基础教育领域，美术学科属于“小三门”，地位边缘化，不被人重视。究其原因是我国基础教育被应试主义、功利主义、实用主义长期支配。过去我们的教育强调公共知识的作用，没有意识到个体知识在技能传递与习得中的重要作用。个体知识长期被遮蔽，而学生的学习过程也经常处于隔离、单一、零碎、片面的状态。这种状况导致了一系列不良后果，比如，学习者的个体精神无法得到充分彰显，主体性和创造性无法得到充分挖掘，美术教学质量无法得到有效提升，等等。实际上，个体想象力和创造力是美术学习的灵魂和精髓。美术教育者如果能从个体知识的视角去关怀学生的美术学习，使学生的心灵脱离外在权威的束缚，进而实现美术知识与个体的对话，那么，美术知识将成为一种内化的力量和习惯，使得学生的心灵得到滋养和熏陶，其个体精神得到舒放和自由，美术素养亦会随之提高。

近年来，国家逐渐加大对美术教育的投入力度，出台了相关文件来确保基础教育美术质量。在国家的大力支持下，江苏省于 2017 年率先将美术、音乐纳入中考范围，随后山东省、广西壮族自治区、河南省、海南省、湖南省、云南省、安徽省等省、自治区也陆续进行改革试点，将艺术课程纳入中考范围。2021 年教育部对外宣布，将会对中考进行新一轮改革，将美育正式纳入中考范围，并于2022年全面实行。实际上，早在 2020 年，在教育部要求下，部分地区已将体育和美育列入中考和高考考核范围，意在打破体育和美育长期边缘化的现状，培育和提升全民的体育和美育素养。

在这样的大背景下，笔者提出“个体技能知识”这一概念，这是在英国哲学家迈克尔·波兰尼（Michael Polanyi）提出的个人知识（缄默知识）理论和我国学者余文森提出的个体知识理论基础上，根据美术学科的特点首次提出的概念。笔者以个体技能知识理论为基础，对美术体验学习开展研究，并以发展学生的美术学科核心素养为目标，对我国当下的高中美术教育进行审思，剖析了个体技能知识、美术体验学习、美术学科核心素养之间的关系，通过对体验学习的问卷调查结果进行量化分析，并将分析结果运用到教学实验中，形成“理论→实践→理论”的闭循环模式，验证了学生个体技能知识的生成离不开美术体验学习这一结论，即只有通过体验学习才能更好地生成个体技能知识，进而培育和提高美术学科核心素养。从个体技能知识这一视角开展研究，有助于反思当前美术教育与学习机制中存在的弊端，打破传统教育思维的桎梏，丰富美术教育理论，为体验学习与美术教学提供理论依据和操作模式。

目录

第一章

个体技能知识的界定、内涵及其生成

技能和知识一直是人类学习的两个经典范畴。1952 年 3 月，教育部颁发的《中学暂行规程（草案）》中提出，使学生得到“现代化科学的基础知识和技能”为中学的教育目标之一，这是我国首次明确提出“双基”概念。此后，“双基”成为指导中小学课程编制和教学的理论基础。直到 2001 年我国启动的新课程改革，标志着从“双基”走向“三维目标”，2016 年我国又进入了核心素养时代。无论教育理念如何变化，知识和技能仍然是中小学教育的一个基本目标，不同的是知识和技能的概念有了新的外延和内涵，知识和技能的获得与评判由单一向度转换到多维向度，由工具理性回归到价值理性，由注重结果转变到注重过程，我们越来越重视知识和技能的内在化和整体性。本书所提出的“个体技能知识”正是基于这样的一个背景并结合美术学科的独特性而提出的。

第一节 关于技能

一、技能的概念界定

《当代西方心理学新词典》对“技能”一词的定义及其分类进行了阐述。技能是指个体运用已有的知识经验，通过练习而形成的一定的动作方式或智力活动方式。技能包括初级技能和技巧性技能。“初级技能”是指个体在已有的经验和相关知识的基础上，通过模仿和训练能够完成一定的任务。“技巧性技能”则需要经过反复练习，完成一套操作系统以达到自动化的程度。根据技能的性质和特点，技能可分为运动技能和心智技能。在进行较复杂的活动时，这两种技能都是必需的。但不同的职业和不同的任务对两种技能的要求有不同的侧重。高水平的技能是人们进行创造性活动的重要条件。[1]

《教育大辞典》（增订合卷本）（以下称《教育大辞典》）与《教育评价辞典》这两本权威辞典对“技能”的解释与《当代西方心理学新词典》大体相同。比如，《教育大辞典》与《教育评价辞典》均强

[1] 车文博主编．当代西方心理学新词典 [M]. 长春：吉林人民出版社,2001:145.

调个体已有的知识和经验是技能发展的前提、基础，把技能分为初级技能和高级技能，并认为，初级技能是指在已有的知识和技能基础上经过训练和模仿达到的技能，高级技能是指通过知识和经验的积累并经过反复训练后达到的高级的水平（技艺）。同时，根据技能的性质和特点的不同，《教育大辞典》与《教育评价辞典》这两本辞典均将技能分为心智（智慧）技能和运动（操作）技能。《教育评价辞典》同时强调，学科知识不能仅停留在知识的领会层次上，而应转化为相应的技能，以促进知识的应用和转化。由此可以看出，技能是以知识和经验为基础，经过训练和模仿所获得的一种能力。它既有外显的、展开的动作系统，也有内隐的、简缩的动作系列。它所表现出的内容和形式具有规则性，而不是随机的、任意的动作组合。

二、技能的内涵剖析

现代认知心理学将技能分为三类，即知觉技能、操作技能和认知技能。知觉技能和认知技能均属于心智技能的范畴，因此，也可将技能区分为操作技能和心智技能两类。实际上，关于技能学习研究的综合理论，直到20世纪中期才被一些学者正式提出。

菲茨与波斯纳（Fitts & Posner）的三阶段模型认为，操作技能的形成分为三个阶段。第一阶段是认知阶段，即关于学习者所必须做的事情的内部表征或很有可能是陈述性的表征，在这一阶段，学习者基本上是在学习一套事实（例如某项技能的规则）。第二阶段是联结阶段。这个阶段主要有两件事情：一是在开始阶段的错误逐渐被发现并消除，二是有效地完成作业所需要的各种要素之间的联结。联结阶段的结果是完成某种技能的有效程序。第三阶段是自动化阶段。在这一阶段，程序愈来愈变得自动而迅速。这个阶段与联结阶段没有截然的划分，它是联结阶段的延伸。在这个阶段，“事实上，把技能中的知识讲述出来的能力可以全部消失”[1]。

认知心理学（信息加工学）的代表人物加涅（Gagne）认为，人类在学习结果的分类上表现在五个不同的方面，即言语信息、理智技能、认知策略、运动技能和态度。加涅将技能分为智慧技能和运动技能。智慧技能即运用概念和规则对外办事的能力。他进一步把智慧技能分为五个亚类：辨别、具体概念、定义概念、规则、高级规则。按照上述排列的顺序，前者是后者的先决条件。认知技能，这是一种特殊的智慧技能；动作技能，即身体和肌肉协调的能力，是通过概念和规则控制的具有整体性和协调性的行为，属于程序性知识。加涅对学习结果的分类，拓展了技能概念的范围，将知识和技能统一在一个广义的知识概念体系里，使得知识和技能从此有了科学的解释。他建立的新学习体系对教育思想的发展具有非常重要的影响。加涅认为，学生需要在老师的指导下掌握基本的知识技能，才能具有有效解决具体问题的能力。认知心理学虽然率先对技能和知识进行了系统的研究，但将技能界定为程序性知识，这一观点实际上具有一定的片面性。因为，学者们只看到了两者之间的联系，而没有看到两者之间的本质区别。

亚当斯（Adams）则提出了两阶段模型。他认为，操作技能形成的第一阶段是言语—动作阶段（相当于认知和联结阶段），第二阶段是动作阶段（相当于自动化阶段）。亚当斯认为，第一阶段并非完全是认知的，它同时还包含着实际的动作学习，第二阶段的动作学习同时也包含着认知成分，即使反应有时达到了自动化的水平。亚当斯对操作技能形成的理解，没有排除认知技能，而是认为两者是相互依存的。这种理解，对于我们研究个体技能知识具有非常重要的参考价值。

苏联心理学家加里培林（Пётр Яковлевич Гальперин）提出了心智技能的五阶段模型。该模型中的五个阶段分别为活动定向阶段、物质

[1] J.R. 安德森 . 认知心理学 [M]. 杨清 , 张述祖 , 等 , 译 . 长春 : 吉林教育出版社 ,1989:289.

活动或物质化活动阶段、有声的言语活动阶段、无声的外部言语活动阶段和内部言语活动阶段。他认为，心智技能来源于实际动作，并依靠实际动作进行内化。这种内化要经过一系列不同的阶段，动作方式得到不断的改造，并使动作映象发生质的改变。它不是一种机械的反映和投射，而是能动的反映。加里培林的心智技能发展理论，既为培养和发展学生的能力提供了一种新的思路，也为心智活动和心智技能的研究开辟了一条新的道路。

我国著名教育心理学家冯忠良在加里培林的理论基础上，提出了智力技能的三阶段理论。所谓三阶段，包括原型定向阶段、原型操作阶段和原型内化阶段。原型定向阶段是指了解动作的程序、要求、规则、次序等，即掌握程序性知识阶段。原型操作阶段是将头脑里建构的程序性知识以外显的方式付诸执行。原型内化阶段即智力活动的实践模式（原型）向头脑内部转化，是外显的、物质性的、展开的形式转向头脑内部的内潜的、观念的、简缩的形式的过程。可以看出，冯忠良教授的心智技能的三阶段理论认为，心智技能的内化是需要程序性知识和实际操作结合才能完成的。

冯忠良教授还提出了操作技能的四阶段模型。他认为，操作技能需经过操作定向、操作模仿、操作整合和操作熟练四个阶段。操作定向，是指了解操作动作本身的各种信息，并在头脑中构建起动作定向的过程。操作模仿，是指通过外显的动作将头脑中的动作映象表现出来。操作模仿是操作技能掌握的开端，以分解动作操作为主。操作整合，是指将前一阶段习得的动作进行固定、整合，形成有序的、整体的、系列化的动作。整合是操作技能形成过程中的一个关键环节。操作熟练，是指动作已经到了通达谙练的程度，且高度完善和自动化。

美国心理学家安德森（Anderson）运用菲茨和波斯纳提出的动作技能形成的三阶段理论对心智技能形成的过程进行了如下解释："在认知阶段，要了解问题的结构……从而形成最初的问题表征。……在联结阶段，学习者应该用具体的方法来解决问题，主要表现在把某一领域的描述性知识'编辑'为程序性知识。……在自动化阶段，个体对特定的程序化知识的进一步深入加工和协调。”[1]

综上所述，技能是通过学习或练习逐步形成和完善的，它既不同于本能的行为，也不同于程序性知识。它是由一系列动作及其执行方式构成，属于动作经验。同时，技能也是合规则的活动方式，而非随意或随性所为。

清代启蒙思想家、政治家、文学家魏源说过："技可进乎道，艺可通乎神。”这一非常简练的语句，完美而精辟地概括了中国传统美学思想之精髓。对于技能或者技巧，不少艺术家均有自己独特的见解。限于篇幅，以下仅列举现当代两位非常具有代表性的艺术家的观点。

王朝闻先生在《论艺术的技巧》一书中提出，艺术形象的塑造要依靠思想性和艺术性。他认为，技巧“包括技术，它使一切技术充分体现创作意图。它是构成艺术形式的方法；它是由艺术家的生活经验、教养、立场、观点、研究生活的方法、关于艺术的知识和创作实践中得来的经验所形成的。”[2] 王朝闻先生还认为，真正的技艺应当建立在对生活深刻的研究、理解的基础之上，艺术的丰富与多元来源于生活的丰富与多元。

当代著名画家黄铁山先生认为，“得心应手”是掌握和提高水彩画的技巧要领。首先是“得于心”，即不但要用眼睛看，还要用心感受、体悟。其次是“应于手”，即熟练运用技艺的程度，夯实绘画的功力，掌握绘画的技巧。在艺术学习和表现中，只有这两种技巧都受到重视，才能抵达艺术的殿堂。

可见，艺术技能（技巧）不是一种单纯的操作行为，它是一种需要以一定的知识作为指导，以一定的规则、要求和秩序作为基础，并在生活中不断领悟、感受和体验，才能形成的能力。

[1] 冯忠良，等．教育心理学 [M]. 北京：人民教育出版社 ,2010:411.

[2] 王朝闻．论艺术的技巧 [M]. 北京：艺术出版社 ,1956:5.

第二节 关于知识

一、知识的概念界定

《教育大辞典》认为，知识是人对事物的属性与联系的认识，即个体通过与其环境相互作用后获得的信息及其组织。[1]《教育大辞典》按照不同的分类标准，将知识分为个体知识和人类知识，感性知识和理性知识，间接知识和直接知识，自然知识、社会知识和思维知识这几组知识形态。可以看出，《教育大辞典》对知识的分类较为完备，对知识的解释非常全面。

《中国大百科全书·哲学卷》关于知识的定义如下：知识是人类认识的成果。它是在实践的基础上产生又经过实践检验的对客观实际的反映。人们在日常生活、社会活动和科学研究中所获得的对事物的了解，其中可靠的成分就是知识。[2]依据反映对象的深刻性和系统性程度的不同，《中国大百科全书·哲学卷》将知识分为生活常识和科学知识。此外，《中国大百科全书·哲学卷》在对知识进行界定时，虽然肯定

[1] 顾明远主编. 教育大辞典：增订合卷本 [M]. 上海：上海教育出版社，1998:4787.

[2] 中国大百科总编辑委员会《哲学》编辑委员会，中国大百科全书出版社编辑部编. 中国大百科全书·哲学卷Ⅱ [M]. 北京：中国大百科全书出版社，1998:520.

了实践对知识的重要作用，但它将知识界定为客观的、理性的知识，而将隐性的、个体的知识排除在知识的范畴之外。从这一点来说，《中国大百科全书·哲学卷》对知识的界定，其准确性与全面性是值得商榷的。

二、知识的内涵剖析

自古以来，知识一直是最为经典、最为重要的研究领域之一。苏格拉底提出“美德即知识”，折射出知识对美德形成的重要作用。柏拉图认为知识就是得到证实的真的信念。在传统知识观看来，信念、确证和真，是组成知识的三个要素。

近代的知识观主要包括“唯理主义知识观”和“经验主义知识观”这两种典型知识观。

“唯理主义知识观”学派以笛卡尔、斯宾诺莎、莱布尼茨为代表。他们认为，感觉是个人的、飘忽不定的，因此是有限的和不可靠的，只有超越感性的理性能力，才能使人形成对事物的正确的认识。“唯理主义知识观”进一步指出，可靠的知识需要通过理性思考才能获得，如笛卡尔“我思故我在”的观点就认为理性思考即唯一确定的存在。

“经验主义知识观”学派以培根、洛克、休谟为代表。这一学派揭示了自然科学知识的价值及其在社会生活中的巨大作用。培根认为，“知识就是力量”“一切自然的知识都应求助于感觉”[1]。洛克反对笛卡尔的天赋观念说，提出著名的心灵白板说。他指出，“我们的全部知识是建立在经验上的，知识归根到底都是导源于经验的”[2]。休谟认为不存在因果律，怀疑归纳推理成立的基础，质疑传统知识的确定性。

[1] 韩震主编．西方哲学概论 [M]. 北京：北京师范大学出版社 ,2006:107.

[2] 北京大学哲学系外国哲学史教研室编译．十六—十八世纪西欧各国哲学 [M]. 北京：商务印书馆 ,1975:366.

他在《人类理解研究》中指出，“习惯是人生的伟大指南”。这表明，休谟秉持的是经验主义知识观。

虽然经验主义知识观和理性主义知识观在知识及其来源上意见不一，但他们均从静态的和可见可测的角度来看待知识，他们眼中的知识是远离人精神生活的确定存在，是背离人的情感、生活和意志的。

我国近代著名教育家、思想家陶行知提出“生活即教育”“社会即学校”“教学做合一”等著名教育主张。他强调，知与行的结合产生的知识是真知识，而真知识的根本是安在经验里。“行动是老子，知识是儿子，创造是孙子”，陶行知先生肯定了实践对于知识和创造的重要作用，强调知识的掌握需要立足于个人经验，需要在实践中生成，这才是创造的源泉。

现代西方知识观主要包括“实用主义知识观”“建构主义知识观”“后现代主义知识观”等学派。“实用主义知识观”学派以杜威为代表。探究、反省、行动是杜威知识观的三大要素。他认为，知识是有活力的，不是静止的，不是脱离学生的经验世界的。学生通过学习，对经验进行改造与改组。知识是和现实生活相联系的，而认识和活动之间是具有连续性的。学生要深入社会去获得经验的知识。知识是系统化的、联系的，不是独立的、孤立的。学生要注意科目与科目之间、课与课之间的相互联系和帮助，要联系现实生活，在“做中学”。每个人都有自己经验范围内的知识，所有知识具有个人属性。知识不是静止的，是流动和变化的。因此，知识具有时间属性。人们不能一味迷信过去的知识，更不能将过去的知识视为“权威”和理所当然。学生应当通过不断学习，将知识加以思考、修正与补充。

“建构主义知识观”的代表人物有皮亚杰和布鲁纳。“建构主义知识观”认为，学习是指个体在原有知识和经验上生成意义、建构理解并在社会文化互动中主动积极地完成这个过程。知识应当在具体的问题情境中被加工和改造，而非纯粹客观、准确无误地反映世界。

“后现代主义知识观”是在批判现代主义知识观简单、稳定、普遍、永恒、封闭等特征的基础上建立的，该学派以多尔为代表，认为知识不是静止的形态，而是处于动态变化发展中的。知识既是人们在过去的经验上建立的，也是个体与环境相互作用而主动建构的。所以，知识不是完全“价值无涉”的，也不是完全主观和客观的，而是带有不确定的特点。对知识的理解，是个体基于以往的经验来进行建构的。每个人对事物的理解是不一样的，带有自己的立场和观点。因此，知识是多元的，而非对同一性和权威性的追求；知识是文化的产物，它存在于一定的时间、空间、价值体系、理论范式中，需要在特定环境之中以整体意义进行系统表达，它具有境域性而非普遍性；知识是依靠批判这种发散性、非线性的机制增长，而不是依靠非现代主义的线性积累模式增长；知识是与价值有涉的，没有批评就没有新的理论和进步。

后现代主义知识观有一个需要特别提及的人物，即英国科学家、思想家迈克尔·波兰尼。他在《个人知识——迈向后批判哲学》中首次提出“缄默知识”的概念，即世界上还有一类“只能意会不可言传”，不能通过地图、文字、公式、语言等逻辑、系统、显性表达的知识形态，这便是区别于显性知识的缄默知识，又称隐性知识。在谈到知识和技能的关系时，波兰尼认为，识知（与知识一词同源）是“一种要求技能的行为，是一种艺术；在每一项这样的行为中，都具有一个知道什么正在被识知的人的热情洋溢的贡献，即正在识知的人的‘无所不在的’个人参与”[1]。波兰尼谈到技能的不可言传性时，用游泳和骑自行车来举例说明。“你发现游泳方法但又不知其靠的是以特定的方式调节你的呼吸的过程；这也是你发现骑车原理但又未意识到其靠的是调节瞬间的方向和速度以抵消你持续的瞬间偶然失衡的过程。实际上，大量的未被有意识地识知的技能与行家绝技的规则就是这样运作和被发现的，这些规则构成了极少能得到全面言传的重要技术过程。”[2]人类应用、遵从、享受技艺或以之谋生，但又无法用言传的方式识知

[1] 迈克尔·波兰尼.个人知识——迈向后批判哲学[M].许泽明，译.贵阳：贵州人民出版社，2000：中译者序.

[2] 迈克尔·波兰尼.个人知识——迈向后批判哲学[M].许泽明，译.贵阳：贵州人民出版社，2000:94.

它们的内容。因此，获得技艺所依赖的是一种摸索行为，而缄默知识在逻辑性方面的不可言传性，“即表明了在我们把注意力转向整体中的部分时所造成的分解性效果”[1]。他认为，缄默知识不是不可传递，但是它唯一传递的方式就是“师徒制”。波兰尼从三个层次阐述了缄默知识相对于显性知识的优先地位：第一，婴儿在学会语言之前，就能够用非语言的形式表达思想和接受知识（基础性）；第二，人类能够表述和呈现的明确知识，都依赖和需要缄默知识作为支撑（辅助性）；第三，在解决科学问题时，缄默知识往往起到决定性作用，具有决定性地位。

缄默知识理论的提出在认识论上掀起了一场哥白尼式的革命，它辩证地否认了笛卡尔的唯理主义知识观和休谟的经验主义怀疑论。同样，缄默知识理论也不同于康德的折中主义哲学。波兰尼的缄默知识概念维度影响了众多学科，其研究在哲学、认知科学、神经科学、社会科学、经济学等不同学科领域均获得了重大的进展。他在各个领域证实个体整合功能的隐性运行，为后人研究缄默知识打开了一扇大门。波兰尼的缄默知识理论也对本书研究美术学科个体技能知识的学习机制具有很大的启示作用和启迪意义。

关于知识的研究，我们还需特别提到的一个重要人物是现代认知心理学家 J.R. 安德森（John Robert Anderson）。他将知识分为陈述性知识和程序性知识。他认为：前者是可直接回忆、可描述、可言传的知识，为“知道什么”的知识，能被个人有意识提取；后者则是关于操作的步骤、规则、秩序等内容的知识，也即“知道如何”的知识，它是个人没有意识地提取线索，只能借助某种动作形式间接推测的知识，“很多程序性知识则不能言传”[2]。

我国学者余文森在《个体知识与公共知识——课程变革的知识基础研究》一书中，将知识分为个体知识与公共知识，并对其进行了界定和解释。同时，书中揭示和阐述了课程变革的知识论基础和客观性规律，以及两种知识的基本特性、精神意蕴和教育意义，并以这两个

[1] 迈克尔·波兰尼.个人知识——迈向后批判哲学[M].许泽明,译.贵阳:贵州人民出版社,2000:95.
[2] J.R. 安德森 . 认知心理学 [M]. 杨清 , 张述祖 , 等 , 译 . 长春 : 吉林教育出版社 ,1989:285.

知识维度对当前课程改革进行了系统的剖析和评论。他认为，个体知识比（波兰尼界定的）个人知识概念更为宽泛，“在特定的时空背景下，每一个人都拥有一些独一无二的实际知识，唯有他个人可以最好地利用这种知识。这种知识在本书中被界定为‘个体知识’（individual knowledge）。进一步来说，对于一个独立的个人而言，其知识体系包含着 tacit knowledge（隐性知识）和 explicit knowledge（显性知识）两个部分，其中 tacit knowledge 正是本书所说的一种个体知识，而 explicit knowledge 虽是一种个人所具有的知识（隶属于 personal knowledge），是一种特定的‘个人知识’，但更属于本书中所要阐述的一种公共知识（public knowledge）的范畴”[1]。由此可见，“个体知识”不但包含了个人知识，还包含了公共知识。

本书所提出的“个体技能知识”，是在充分借鉴“个体知识”理论的基础上，结合美术学科的特点发展而来的一个崭新而重要的概念。

[1] 余文森.个体知识与公共知识——课程变革的知识基础研究[M].北京：教育科学出版社,2010:37.

第三节　关于个体技能知识

高中生正处于青春期，青春期是心理逐渐走向成熟的阶段，他们独立意识较为强烈，自我表现欲望较为浓烈，接受能力较强，精力非常充沛，追求新鲜刺激的事物，常常在自我理想追寻和社会现实接纳之间徘徊。青春期学生美术学习的一项重要目标是习得技术和技巧。相较于小学生和初中学生，高中学生的生活和美术经验更多，他们的思维模式逐渐走向具象阶段，既不像小学生那样天马行空，也没有完全脱离理想主义的浪漫色彩。处于该阶段的学生对学习新技巧和新技术特别感兴趣，因为高中学生正处于特殊的人生阶段，需要不断调整自己的状态，才能适应自身和外在的变化，进而释放自己的情感，满足自我表现的欲望。对此，柯尔博士（Dr. Cole）说："他们真正需要音乐、艺术、戏剧、写作等科目，在这些科目里，就与在科学的科目里一样，必须不同于仅是少数人的参与；不是针对少数人的专长，而是成为大多数人自我表现的方法。因此，这些科目目标就必须是'为没有才气的人提供可以纵情的自我表现'。"[1] 有鉴于此，高中美术学习应当符合青少年的年龄特征和心理特征，才能激发起他们学习美术的强烈兴趣，也才能取得良好的美术学习效果。因此，学校和教师在进行美术教学实践时，应当加强对学生学习技能知识的有效引导，

[1]　罗恩菲德．创造与心智的成长 [M]．王德育，译．长沙：湖南美术出版社，1993:275.

提高他们学习美术的兴趣。

一、基于“个体”的美术技能知识学习

本书所提出的个体技能知识，首先要强调的是个体的独立性。每一个学生都是一个独立的、鲜活的、不同的生命存在，每一个学生都是整体的、复杂的、丰富的、具体的存在。所以，教育应该尊重和培养学生的独立意识和主体意识，而不能把他们看成是简单的、抽象的、完全依附家长和老师的存在。

其次，个体技能知识这一概念，应当强调个体的独特性。每个个体都是独一无二的，他有着不同于其他人的独特的社会背景，其性别、智力、兴趣、爱好、心理、意志、人格、成长、发展等都具有自身的独特性。而且，影响学生发展的因素亦具有多样性和复杂性等特点。因此，个体的艺术创作能够折射出他们的个体特点，比如个性、态度、情感和行为。实际上，学生并不是带着空洞的脑袋走进教室，他们是在自身已有的基础上进行学习和实现发展的。

根据波兰尼的隐性知识观，每个学生在其生活中都具备大量的不能言说的知识，这种隐性的知识形态对学生具有非常重要的影响。美术学习强调个体对事物的直观感受。美术经验的积累大多是依靠个体直接体验完成的。波兰尼认为，隐性知识不是不能传递，它传递的唯一方式便是师徒制。美术技能存在很多精妙之处，而这些精妙之处往往很难言说。只有通过观摩、示范和操作学习，才能理解和领悟美术技能的精妙之处。

但是，这种缄默知识在我国美术教育体制中长期没有得到应有的重视。传统的教学模式中，老师往往重视系统的公共知识的传授，希望学生对其所教授的知识具有全盘接受的态度。但实际上，教师忽略

了一个非常重要的事实，即每一个学生都是带着自己的个人经验对所学习的知识进行理解、探索、概括、提炼、重组，并和知识进行对话。这种错误的忽略，使得学生的个性难以在学习中得到体现，创造力受到压制，也使得知识难以转化为其生命成长的精神和力量。

美国教育家、心理学家大卫·库伯（David Kolb）反复引用皮亚杰的认知发生论，强调智力是在经验中形成的，个体的知识源于感官的体验。美术教育应当通过设计，把学生导入学习情境之中，从而充分调动他们的各种身体器官，如手、眼、鼻、脑、耳的参与，让他们“身临其境”地体验学习，以获得更为具体、生动、真切、深刻的感动和体悟。这种“身临其境”的感悟是个体的亲身体验，是难以从书本和他人的描述中获得的。

因此，“个体技能知识”强调个体对事物的亲历性，即个体在获得技能知识的过程中，通过自身对技能知识的理解、吸收和运用，使之具有他自身的特色。比如，在绘画学习中，对“线条”这一概念，不同的个体都有不同的理解。个体技能知识在具体的运用过程中，会与个体的禀赋、性格、经验等因素相融合，呈现出一种个性化、无法言明、唯有个体自己才能更好表现的形态。因此，在美术教育过程中，应当尊重和重视个体知识，并让学生充分展示和发挥自身的才情，最大限度地发挥其主观能动性，激发其创造性。

二、基于“个体技能知识”的美术学习

基本知识和基本技能是美术素养的基础，但传统的美术学习经常将两者区别开来对待。在美术技能学习中，我们往往将技能单纯作为一种操作技能（动作技能）来理解，将技能排除在知识的范畴之外，或是将技能归属于公共知识的领域。这给美术学习和美术教学带来了很

多困扰和障碍。实际上，技能的学习是一个非常个人化的过程，尤其是操作技能，大部分是只可意会而不可言传的。它们虽然可以通过示范来进行传递，但要想真正和深刻领悟其中的精妙之处，就必须仔细观察师傅（老师）在操作过程中透显出来的一招一式，并且自己去操作。对操作技能的理解、掌握和精进，离不开前人所总结的操作要领、规范、指南、口诀的指导，因此，操作技能需依靠程序性知识作为指导才有可能被操作者有效掌握，而程序性知识需要在对技能不断进行实践训练、方法探索、水平提升的基础上，才能加以合理归纳和总结。可见，技能和知识难以分离，它们相辅相成，彼此推动，共同进步和提高。认知心理学甚至认为，技能就是程序性知识。笔者在对“技能”的内涵进行分析时，已经归纳和阐述了心理学家们对“技能”的研究和分类。我们知道，技能包括操作技能（动作技能或运用技能）和认知技能（智力技能或心智技能）。认知技能包括感知、记忆、想象和思维，这个阶段主要依靠陈述性知识。从这个角度来讲，美术基本知识、技能规则、审美能力与认知技能之间有着千丝万缕的关系，它们是操作技能的前提。受制于认知的局限，我们经常孤立地传授某项技能，忽视了学生的审美体验和审美能力，对认知技能的重视程度不足，或者说从来没有意识到认知技能也是一种技能。实际上，操作技能固然重要，但是如果没有认知技能作为指导和铺垫，就很难达到技能熟练的程度，或者说难以将技能上升到技艺的高度，难以增强主体的心智，难以陶冶主体的情操。

本书提出的“个体技能知识”这一概念，是在“个体知识”理论的基础上发展而来的，它重点强调了四个方面。第一，强调技能习得和传递中的个体性、缄默性。第二，强调技能和知识不可分离的关系。应当将技能纳入大知识的范畴去理解，但又不将技能简单地等同于“知识”，即既要看到两者的区别，又应看到两者的联系。第三，强调技能知识的内化并把体验学习作为个体技能知识生成的有效途径。第四，强调知识和技能内化为“个体技能知识”对于美术学习的重要作用。“个体技能知识”对于塑造个体的品性和态度、形成个人完整的审美观、提高个体的美术素养具有十分重要的作用。

我国新一轮的基础教育美术课程改革吸取了当代知识观的合理成分，即强调基础美术教育应当与学生生活、社会进步和科技发展相联系。新美术课程更加注重学生的学习愿望的激发和学习兴趣的培养，更加强调学生学习的情境性，更加关注学生的生活经验和美术学习的体验，更加强调通过激发学生从现实出发去思考和探索未知世界的动机，进而使知识真正成为学生自己所拥有的“个体”的、稳固的、内化的知识。它所倡导的“寻求个人理解的知识结构”的理念，从更为广阔的知识视域来探讨美术教育的发展，其对个体生命完整性的呵护、对个体生命独特性的尊重、对个体自主性的善待、对知识生成性的理解，都是前所未有的。虽然新的基础教育美术课程改革没有明确提出“个体知识”的概念，但是在很多方面暗含了对个体知识的尊重和理解。特别是美术学科核心素养，与个体技能知识的理论主张是不谋而合的。个体的知识与技能通过内化，就变成了个体的一种较为稳定的素养，即个体技能知识。

具体而言，本书所提出的个体技能知识，是指个体在经过对事物的亲历和亲验后，将习得的技能知识与个人禀性、天赋、性格、经验等因素进行融合，从而获得的一种无法言明、唯有个体自己才能更好表现的内在素养。

第四节 个体技能知识的理论基础与生成逻辑

一、个体技能知识的理论基础

（一）建构主义学习理论

建构主义是一种关于认知和学习的理论，是当代哲学和心理学领域最重要的学说之一，它几乎对当代社会科学领域的各项研究都产生了极其广泛的影响。建构主义的灵魂人物让·皮亚杰认为，学习不是因经验产生的行为变化，也不是主观的东西（活力论），真正的学习和发展是主体和环境双向交互建构的结果。皮亚杰的认识发生论（genetic espistemology）同样认为，认知的发展不仅是经验的结果，而且强调个体在认知生长过程中的积极性。认知发展可从同化、顺应和平衡三个过程来理解。学生通过“同化”和“顺应”改变自身认知结构，从平衡走向不平衡，然后再走向平衡，从而获得自身的发展。皮亚杰认为，影响儿童认知发展的因素主要有成熟、物理环境、社会环境和平衡四个因素。第一个因素是成熟，即机体的成长。成熟主要指大脑和神经系统的发育程度。皮亚杰认为，成熟在儿童日益增加的理解他们周遭世界的能力上有重要作用，是儿童心理发展的必要条件，但不是充分条件（决定性条件）。第二个因素是物理环境。他认为，机体的成熟需要通过机能的训练和物理环境这两种途径才能实现，而认知是人与环境交互作用的结果，因此，“个体必须对物体作出动作。个体在这种动作练习中得到的经验，……知识来源于动作（动作起着组织或协调作用），而非来源于物体”[1]。影响认知的第三个因素是社会环境，社会环境包括社会生活、文化教育、语言等。与机体的成长一样，社会环境虽然不是儿童心理发展的充分条件，却是儿童心理发展的必要条件。影响认知的第四个因素是具有自我调节作用的平衡状态。这是认知发展的最重要因素，它将前面三种因素的作用加以协调，引起认知图式的一种新建构。

皮亚杰认为有意义的学习是发生在学习者思考之时，而非如行为主义所认为的强化学习导致的行为变化。学习结果也非简单的刺激—反应模式，而是头脑中认知图式的重建。个体与环境的交互作用是决定学习的因素，而儿童学到什么取决于他的发展水平以及是否建构了新的认知图式。按照皮亚杰的学习理论，教师要为学生提供一个具有吸引力和刺激丰富的环境，并制造复杂的、有一定认知的矛盾，使学生与外界环境充分接触。

建构主义认为，知识和学习本质上具有建构性、社会性、情境性、默会性、复杂性等特点。因此，学习环境的创设必须扎根在真实境脉之中，这里包含着两层含义，也就是美国教学设计领域著名专家乔纳森（David H. Jonassen）所说的实习场和实践共同体。一方面，无论是从学习的过程还是目的来看，知识的学习都不可能脱离产生知识的真实世界，因此课堂应该成为实习场。另一方面，知识的学习要在实

[1] 施良方．学习论 [M]. 北京：人民教育出版社，2001:179.

践共同体中发生，在那里，学习者形成自我的认识，产生学习的动机，得到学习的支持和反馈。

（二）认知结构学习理论

杰罗姆·布鲁纳（Jerome Seymour Bruner）提出的发现学习理论认为，学习是积极地建构和加工信息，而非被动地接受。学生的心智与环境相互作用，并遵循自己特有的认识程序而发展。所谓“发现”，并非只是发现人类未知领域，还应包含个体头脑中亲自建构的知识体系。

布鲁纳指出，发现学习是指以培养探究性思维方法为目标，学生利用教材或教师提供的条件自己独立思考，自行发现知识，掌握原理和规律的学习方式。布鲁纳强调，发现学习是学习知识的最佳方式。虽然学生所学习的知识都是经过人类长期实践已经知晓并证明了的事物，但是，学生依靠自己的努力独立地认识和总结出原理、规律，这对学生而言仍然是一种“发现”。在他看来，学生的这种发现和科学家在科学研究领域里对人类以前未知的现象、规律进行探索而获得的新知识的发现（真创造），其本质是一样的，都是把现象进行重新组织转换，超越现象本身，在更一般的层次上进行类别组合，从而获得新的编码系统，得到新的信息和领悟。发现学习强调的东西有二：一是学生掌握学科的结构，二是学生掌握学习该学科的基本方法，其中发现的方法与发现的态度是最为重要的。

布鲁纳的发现学习理论有四个主要特征。第一，强调学习过程。他认为，学生学习包含三个几乎同时发生的过程：一是获得新信息，二是转换信息使其适合于新任务，三是评价和检查加工处理信息的方式是否运用于该任务。学习的目的不是死记硬背，而是参与学科知识的建构过程。第二，强调直觉思维。布鲁纳认为，无数事实证明，直觉思维对科学发现活动非常重要。直觉思维总以熟识相关知识为基础，利用跃进、越级和走捷径的方法得出结论。直觉思维的形成过程普遍不依赖言语信息，尤其是教师指示性的语言文字。直觉思维的本质是映象或图像性的。所以，教师更多的是以引导者的身份，在探究性学习中启发学生形成丰富的想象。教师不应一味指示学生该如何做，而是应该让他们边想边做。学生的直觉思维、预感、顿悟都有助于提出大胆设想，促成发现活动。第三，强调内在动机。布鲁纳关注内部动机的激发和维持，或将外部动机转化为内部动机。他相信学习过程是一个积极主动的“发现”活动，能激发学习者的好奇心，使之对探究未知表现出内在的愿望。因此，他将好奇心称为“学生内部动机原型”。第四，强调信息提取。布鲁纳认为，“人类记忆的首要问题不是贮存，而是提取。……学生亲自参与发现事物的活动，必然会用某种方式对它们加以组织，从而对记忆具有最好的效果”[1]。

（三）现象学理论

现象学对 20 世纪现代哲学和不同学科的发展有着重大影响。这一理论在欧美一些国家获得发展并始终保持着生机，它提出的“生活世界”的思想为教育研究打开了新的视界。现象学认为，个体内在精神世界的逐步形成和不断丰满，必须依赖于个体自己的体验、创造、建构。“真理”“知识”不是割裂的抽象概念，而是通过主体活生生的体验即“理智的直觉”来进行主体性的知识创造。

现象学关注“生活世界”，关注教育情境中师生的“生活体验”，关注生活“前反思”的意义。现象学认为，生活经验具有确定的本质，可以在反省中被清楚地识别。而且，人类共同文化背景下所使用的语言具有 “家族相似性”，使得个体生活可以通过主体间性关系体向人类共同世界过渡，成为人类可以理解的普遍经验。个体可以通过生活经验进行前反思，把握经验的一般特征。现象研究就是对“生活过的

[1] 施良方 . 学习论 [M]. 北京 : 人民教育出版社 ,2001:217.

体验”（lived experience）的一种“重新寻找”（re-search）。现象学研究是通过一切可能的途径，获得体验，重新找寻生活的意义。因此，现象学对美术体验学习的展开和学习意义的提升有着很好的借鉴和解释作用。

二、体验学习与个体技能知识生成

（一）体验的内涵剖析

经验和体验两者虽然不可分离，但又不能混为一谈。经验通常指人们在实践的基础上，通过感官在与外部事物或现象直接接触的过程中所获得的关于外部事物或现象的表面认识。所谓经验，有时亦指人们在实践中获得的某种理性知识或技能。[1] 本书认为，经验作为名词使用时，是指经历过的事件，它注重的是学习的结果；经验作为动词使用时，它更侧重于体验，是指学习的过程。根据詹姆逊的解释，经验与体验都对应于英文“experience”，前者指的是长期的、代代相传的完整经验，后者是短期的、即时的、被异化后的破碎经历。何谓“体验”？瓦尔特·本雅明（Walter Benjamin）认为，体验指的是人用经验的方式越来越无法同化周围世界的材料时出现的境况。[2] 体验不仅仅是一种经历，而且在这种经历中能见出深刻的意义和情感，是一种特别的经验。童庆炳教授认为，经验是对真理世界的反馈，体验是价值世界的呈现 [3]。

“体验”这一概念产生于19世纪西方的体验哲学。最为系统提出“体验”范畴的是生命美学大师狄尔泰。“体验”来源于德语

[1] 金炳华主编 . 马克思主义哲学大辞典 [M]. 上海：上海辞书出版社 ,2003:196.
[2] 于闽梅 . 灵韵与救赎：本雅明思想研究 [M]. 北京：文化艺术出版社 ,2008:28.
[3] 童庆炳 . 经验、体验与文学 [J]. 北京师范大学学报（人文社科版）,2000（1）:92-99.

Erlebnis，是动词“经历”（Erleben）的名词化，体验与 Leben（即生命、生存、生活）有着重要的关联。“经历”是把握某种实在的“直接性”，是某种经历的东西获得继续存在的延续。威廉·狄尔泰（Wilhelm Dilthey）认为，“体验”一词包含了两种含义。一是“直接性”。参与者通过直接参与以获得对事物和对象的个体性感受。这种直接性是先于一切解释而存在的，它强调的是直接参与的过程。二是“直接性”所带来的收获，它强调的是由直接性所获得的持续的内容。综上，狄尔泰提出的体验包括体验起源的直接性和它的持续的意味性。[1]

狄尔泰认为，生命的冲动不可遏制，它总是在不断生成变化之中，唯有内在体验对其加以把握，并体验世界与“我”的相互渗透和消融。现象学创始人胡塞尔（Husserl）进一步把体验纳入“意向性”中，提出了“意向性体验”，强调体验的亲历性和直接性，使传统形而上学的主客体两分融于“体验”中。胡塞尔认为：“每一现实的体验（我们根据一种体验现实的明晰直观进行这一明证）都必然是一种持续的体验；而且它随此绵延存于一种无限的绵延连续体中——一种被充实的连续体中。它必然有一个全面的、被无限充实的时间边缘域。同时这就是说，它属于一个无限的‘体验流’。”[2]

马丁·海德格尔（Martin Heidegger）对体验做出了丰富而富有启迪的分析。他将体验引入存在的时间性分析。他认为，在体验中，生命本身是瞬间生成的，每一瞬间总是为对过去的回忆和对未来的期待所冲塞，体验意味着此在当下是领悟着、敞开着的个体。他认为，审美体验有场所、实践和时间这三重维度。从场所维度上来说是“出离自身”，即从自身生存状态进入对世界的整体性理解，将此身归属于整体世界的和谐一致；从实践的维度来讲，是要保持对世界整体关联性的注视；从时间维度来说，是“从对物的领会出发察觉到现在

---

[1] 洪汉鼎．理解的真理：解读伽达默尔《真理与方法》[M]．济南：山东人民出版社，2001:55-56.
[2] 胡塞尔．纯粹现象学通论 [M]．北京：商务印书馆，1992:204-205.

思维方式的有限性，进而到追问生命意义的时间维度”[1]。伽达默尔（Gadamer）在前人的研究基础上提出了自己的看法。他认为，体验是从生活中连续产生，存在于人的生命整体中。在人的行为中，体验常常是直接的、个体的、偶然的、不确定地来显现自身，而生命正是在这种充满冒险精神的体验中，来展现它的意义和价值。伽达默尔对体验的理解，确立了艺术的立足点，使审美体验朝向生命之完美的象征性呈现。

正如伽达默尔所说：“因而我们专门称之为体验的东西，就是指某种不可忘却、不可替代的东西，这些东西对于领悟其意义规定来说，在根本上是不会枯竭的。”[2]因此，体验是一种非常个人的、直觉的行为，在个人的学习生活中非常重要而且不可替代，它不是那种从书本上来的理论知识，而是一种实际的践行，它和一般的经验不同。经验是一种经历，而并不是每一个经验都是体验过的。杜威认为体验是一种“完整的经验”，只有深刻的经验才算是一种体验。“经验在处于它是经验的程度之时，生命力得到了提高。”[3]因此，体验意味着个体对世界的理解、交流、渗透和与世界的对话，是对生活及其意义的叩问，而非局限于自我世界的感觉。

综上所述，经验是体验的基础，体验是经验的源泉，是对经验的意义发现和诗意的升华。毫无疑问，体验对人能量的聚积、释放以及对个体技能知识的生成，具有无法替代的作用。

---

[1] 耿秋，彭凌玲. 海德格尔视域下虚拟实在的三重审美维度 [J]. 大连理工大学学报（社会科学版），2016,37(2):126-127.

[2] 洪汉鼎. 理解的真理：解读伽达默尔《真理与方法》[M]. 济南：山东人民出版社，2001:58.

[3] 约翰·杜威. 艺术即经验 [M]. 高建平，译. 北京：商务印书馆，2010:22.

（二）体验式学习

“学习”一词在我们日常生活中使用非常广泛。通过学习，我们了解了世界的丰富性；通过学习，我们洞察了世间的很多美妙；通过学习，我们丰盈了自身。学生以“学习”为第一要义。“学”，繁体为“學”，形义为屋内士子双手捧“爻”，表读书、辨识、参悟。关于“习”，朱熹在《四书章句集注》中说：“习，鸟数飞也。学之不已，如鸟数飞也。”孔子曰：“学而时习之，不亦说乎？”（《论语·学而第一》）这里的“习”为练习之意，杨伯峻在《论语译注》中解释为“实习、演习”。孔子也是在这里最早将“学”与“习”并称，意谓读书还需经常温习。后来，学习泛指学书本知识和别人的直接经验及习行践履活动。孔子在《论语》中多次讲到学习的重要性。孔子说：“吾尝终日不食，终夜不寝，以思，无益，不如学也。”（《论语·卫灵公第十五》）后儒讲博学，于格物中致知，于日常生活学伦理，都与孔子所倡导的学习有关。因此，我们可以得知，学习是行和思的统一。我们可以通过阅读、听讲、思考、研究并举一反三获得间接的经验和知识。但知识的学习还需要通过一个非常重要的途径，那就是“行”。所谓“行”，也就是指实践和体验。行动和思考并非体验的两个不同方面，两者不能分开对待，也不能将它们区分为一前一后，而应该是互为解释和联系的关系。个体通过直接体验获得的知识，更能够让人印象深刻，也更容易内化为自己的个体知识和习惯。

体验与学习是紧密联系和不可分割的。柯林·比尔德、约翰·威尔逊认为，学习过程必须融入人类彼此对话建立的、能够被共享并能被理解的个人体验。体验和学习指的是同一件事情。[1]劳拉·乔普林（Laura Joplin）曾明确指出，学习即体验，学习环境必须能够促进体验学习。[2]因此，体验过程即为学习过程，脱离体验的学习是很难使

[1] 柯林·比尔德.体验式学习的力量[M].黄荣华，译.广州：中山大学出版社，2003:20.

[2] Laura Joplin.On Defining Experiential Education[J].Journal of Experiential Education, 1981, 4(1): 17-20.

知识真正消化和内化的。体验是所有学习的核心，是学习的意义建构。只有个体进行了体验或在某种程度上进行了体验，学习才会真正发生。而且，体验学习比经验更为丰富，它是一个动态的过程，既包含学习的结果——经验，也包含学习的过程——体验，是学习者在有意识考察各种经验知识的基础上发展知识、技能和态度的过程。它包括个体直接积极的观察、反思，也包括即时的接触、实践。它可以是学习者在真实情境中亲自经历的某件事，即杜威所提倡的“做中学”，也可以是主体虚拟的亲自经历的某件事。总之，体验学习是主体积极建构个体技能知识的过程。它由把知识当成“对象”的“旁观者知识观”转向和知识互动的“参与者知识观”，由“客观知识”转向“个体知识”。

美国心理学家、教育家库伯（Kolb）概括了体验学习的六个基本特征。

第一，体验学习是一种过程，而不是结果。

体验是复杂交织的过程，它强调的是主体亲历性，即主体必须亲自参与，从自身需要出发去实践、理解、感受、领悟并建构自己的知识结构。在这个过程中，主体是将以往的经验、价值取向、认知结构融进来的。体验学习是一个不断吸收和更新的过程，它是一种动态的过程，是知情意的亲历过程，而非只作为结果呈现。

第二，体验学习是以体验为基础的持续过程。

学习者总是带着自己的原有经验来进入新的体验学习，旧的经验是新的体验的基础，新的经验是对旧的体验的修正、加深，从而形成一个螺旋上升的过程。

第三，体验学习是运用辩证方法不断解决冲突的过程。

库伯认为，学习的过程是具体体验、反思观察、抽象概括、行动应用四者环环相扣的，在这个学习过程的内部又有理解和转换两个向度。因此，学习本身就是充满矛盾和紧张的，而体验学习正是运用辩证的方法持续解决冲突的复杂过程。

第四，体验学习是一个适应世界的完整过程。

体验学习发生在人生的每个阶段，童年、青少年、中年、老年，每一个阶段，个体都在接触、摸索、实践、反思、体悟，这贯穿其一生。体验学习也发生在所有的人类环境——学校、社会、家庭，发生在课堂，发生在实验室，也发生在菜市场、车站……人在不断体验的过程中，去适应不同的情境和环境。

第五，体验学习是个人与环境之间连续不断的交互作用过程。

正如杜威所认为的，经验是动态的持续过程，人在与环境的互相作用之中不断处于平衡与失衡的状态，而正是在这种交互得失的过程中，人完成了与环境的相互改造。体验学习注重沟通与对话，当下的感知只在当事者的体验中，是融通了环境与体验主体的一种存在。传统的学校教育中，学习的发生只是在学校内，课堂中，书本里。而体验学习强调学习不应该囿于书本和规则，应该是主体与环境的一种互相作用的过程。

第六，体验学习是一个创造知识的过程。

学习中的学习者不应该只是吸收间接知识（公共知识），而是应该在与环境交互的过程中去发挥和积累个人经验，创设和生成自己的个体技能知识，实现公共知识和个体知识的相互转换。

（三）美术体验学习中的个体技能知识生成逻辑

鼓励学生通过合作、探究、参与等活动方式展开学习，通过体验学习的方式和方法来获取知识、技能和情感，是新课改后的重要倾向。但是，由于长期以来我国的高中美术教育受“工具理性”的影响，过分强调学科的知识结构，课程的实施和教学的展开成为理性化和科学化的普遍性程序。这种教育模式过多强调知识和技能的获得，没有照顾学生在学习时的参与性、情感态度的发展，过程让位于结果，忽视了学生的需求和个性特征。所以，强调体验学习是我们当今教育的一个重要方向，尤其是美术学科核心素养的提出，更是要求学生在丰富的体验中，逐步生成个体的美术素养。

希腊哲学家赫拉克利特最早有“生成”这一思想。他说：“一切都通过斗争和按必然性而发生。”[1]黑格尔继承和发展了赫拉克利特的思想，认为“生成”表示有与无的相互转化、有与无的具体的统一。这种有和无的相互转化或过渡就是“生成”。唯物辩证法认为，生成是物质世界发展的主要环节，是新事物形成和确立、内容不断丰富、结构趋向复杂化的种种过程，是许多可能性的萌生和把其中的某种可能性转化为现实性的过程，即新事物生长和旧事物灭亡的过程。“生成”在传统文化中有抚养、养育、长成的意思。比如，《晋书》应詹传云：“（韦泓）既受詹生成之惠，詹卒，遂制朋友之服，哭止宿草。”杜甫《屏迹》曰：“桑麻深雨露，燕雀半生成。”在实际应用中，“生成”一词含义有所拓展。

王一川教授曾经贴切地描述体验生成的意义：“它是一种正在生成，是瞬间的正在生成。这一瞬间一旦打破、消解，它也就随之隐匿了。即使我们马上回头反思它，想用清晰的语言说出它，然而当我们‘回过神来’时，我们已是‘妙处难与君说’了。”[2]其实，这也充分说明，在艺术体验中，只要你积极参与生活，主动亲历生活，就可以体验到超越此在的束缚而升腾到心醉神迷的美学世界中。“艺术作为生命超越中介本体，其中介原则是生成，艺术的生存即生成。”[3]生成是生命向未来的吁请与伸展，通过艺术的体验学习，生命在有限和无限的不断转换中，在矛盾冲突的运动过程中，达到一种平衡和统一。这种无限的运动便是对个体情感的涵养和育化，不断开启自己本质和处境的新维度。在艺术的体验中，人不断探索着艺术的秘密，挑战着生命的潜能，创造着生命的意义。因此，体验学习就是在探究、反思的动态过程中，不断生成经验、积累知识和充实自我的过程。

[1] 许征帆主编 . 马克思主义词典 [M]. 长春：吉林大学出版社 ,1987:254.

[2] 王一川 . 意义的瞬间生成——西方体验美学的超越性结构 [M]. 济南：山东文艺出版社 ,1988:205.

[3] 王岳川 . 艺术本体论 [M]. 上海：生活 · 读书 · 新知三联书店 ,1994:121.

体验学习中美术个体技能知识的生成模式和生成逻辑是什么？我们可以结合大卫·库伯的体验学习理论来研究分析。库伯是体验学习理论的集大成者，他系统研究和总结了杜威、勒温、皮亚杰等学者的学习理论，在《体验学习：体验——学习发展的源泉》(*Experiential Learning: Experience as the Source of Learning and Development*) 一书中提出了著名的体验学习概念。他把体验学习阐释为一个体验循环过程：具体体验——对体验的反思观察——进行抽象概括——行动应用——具体体验。如此循环，形成一个贯穿整体且完整的学习经历，学习者自动地完成反馈与调整，经历一个学习过程，在体验中认知。他的体验学习圈理论 (experiential learning) 对我们有很好的启示作用。（图 1-1）

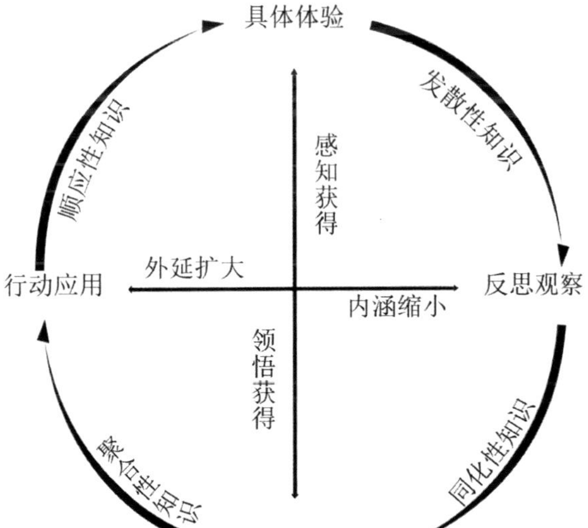

图 1-1 体验学习圈[1]

库伯的体验学习圈适用于任何一种学科的学习，包括美术学科。现以美术个体技能知识学习的发生阶段为例进行分析。如果没有具体

[1] 邓鹏，王欢．“体验学习”教学设计研究：主题、环境体验[J]．电化教育研究，2013,34（12）:88-92.

的体验，学习者只能站在旁观者的角度，导致学习很难发生。比如，你一旦关注你正体验的事物的复杂性及独特性，那么你会对事物进行认真观察并做出公正的描述。同时，你会通过抽象思维概括出事物的特点，认真分析，并通过实践，在行动中完善你的分析结果。但是实际上大部分的人在这几个方面并不是均衡发展的，不同的学科，其侧重点也有不同。比如，美术学科运用得更多的是形象思维的能力，侧重具体体验和行动应用。但如果没有反思观察和抽象概括，知识就难以完成内化。以上所说的获得完整体验学习的四个环节，其实也是个体技能知识生成的一个过程。

美术是一种视觉的艺术，如果没有对图像的具体感知，美术学习就很难在真正意义上发生。凡·高说过："美是来自于现实的，处处追求美的艺术也来自于现实。谁如果曾经真正地努力而虔诚地追随过伟大的艺术家，那么他一定可以发现，大师们的创作无一例外地深深植根于现实。我相信，只要你具备了与大师们同样的眼光与情怀，你便会在现实中感受到这种创作。"[1] 其实凡·高所说的植根于现实就是具体体验。比如，当一个学生徜徉于桂林山水并醉心于它的秀美时，可能会希望用水彩的形式将风景描绘下来。可是，当他第一次画水彩画，他并不知道该怎么动手。于是，他会观看网络视频或观察教师的示范进行学习。如果他之前有画水粉画的经验，那么，这会引发他的即时或延时的思考，并提出为何水彩画不似水粉画容易覆盖，怎么能更好地控制水分等等诸如此类的问题。然后，他会进入"反思观察"。他会集中注意力，聚焦问题，库伯称之为"内涵缩小"。若无内涵的缩小，体验可能就会稍纵即逝。然后，学生会得出一些结论，比如，水彩颜色调和过多或覆盖过多会容易显脏。于是体验学习就进入了"抽象概括"阶段，这也是学习生成意义的一个很关键的环节。形成抽象概括与结论还需实践的检验，于是他开始在纸上进行实践，这便进入了"行动应用"阶段。个体的抽象概括应用在行动实践中，这是"外延扩大"

[1] 凡·高.凡·高论艺术 [M].李华，译.成都：四川美术出版社，2003:2.

的阶段。通过外延的扩大，体验才能获得发展，而非停留在此时此刻。要注意的是，体验学习是一个持续的、螺旋上升的发生过程。它通过“看”与“做”的交替，形成了学习迁移。第一次画水彩画就开始有具体的体验，当前一个体验完成后，又开始新的体验。当然，新的体验是在前一个体验的基础上开始的。于是，在这种实践与反思的过程中，学习者不断地解决一个个问题，形成一次次认识，获得一次次经验，他的水彩画的个体技能知识在这个过程中慢慢生成，他的美术表现能力也逐步得到提高。

在上述的体验过程中，学生至少可以获得五个方面能力的发展。

第一，获得认知能力的发展。

库伯基于学习整合观，将学习分为具体体验（concrete experience）、反思观察（reflective observation）、抽象概括（abstract conceptualization）、行动应用（active experimentation）等四个环节，从而使体验学习实现了程序化和科学化。库伯认为，体验学习是一种过程而非结果，体验是主动地学习，而不是被动地接受和重复。学生只有通过质疑和实践才能成为发展的主体。库伯建构的体验学习圈，其内部又可以从理解和转换即纵横两个向度进行讨论。

认知是一种意识活动。意识是由官能、对象和两者之间的认知关系构成的。官能包含表象、感觉和观念。对象包括理性范畴和知性范畴。[1]因此，认知能力是大脑通过官能（感官）摄取信息，对其进行加工、储存和提取的能力。这种能力，也指研究、理解、概括、分析、推理、预测的能力。认知能力其实包含了学习体验的整个过程，即感知能力、反思能力、抽象概括能力以及应用和解决问题的能力。首先，感知能力发生作用，即在具体的艺术情境中，获得即时的个人体验，并对感觉所提供的信息进行阐释和判断。然后，学习者通过观察思考，并结合自己已有的经验去反思、判断、总结、归纳。正如杜威所说，反思就是识别我们所尝试的事和所发生的结果之间的关系，

[1] 马明奎．艺术生存论 [M]. 上海：学林出版社，2007:67.

没有这种反思便不可能产生有意义的经验。[1]这个阶段是学习者静观和内省的过程。紧接着，通过抽象思维，将事物的本质抽象加以概括，形成日常或科学的概念，这种概括是产生学习迁移的关键，从而将感知转换为认知结构，也即知识智能化的过程。最后，学习者在行动应用中，不断提升解决问题的能力。

第二，获得探究能力的发展。

体验学习发生在一定的情境之中，必然经常面临不同的问题。比如说，在绘画过程中你解决了明暗的问题，但还需要解决空间的问题；你在写实性绘画中处理空间的手法，和表现性绘画中处理空间的手法又不一样。也就是说，在不同的问题情境中，要针对问题做出假设，然后去寻找答案，对问题进行分析、推理，然后实践，去主动获得知识，去主动应用知识，去获得解决问题的能力。活动就是情境，美术核心素养就特别强调学生要在活动中解决问题，也就是提倡在学习中培养学生的探究能力，提高学习的效率和质量。

第三，获得实践能力的发展。

提高个体技能知识，核心是提高实践能力。杜威用“做”(do)和“受”（undergo）这两个概念说明了活的生物在与环境互相改造中获得的经验。同时，杜威提出“做中学”的思想，就是强调在体验和活动中使得学生将学校的知识和生活的过程联系起来。由于儿童能真正从有教育意义和有兴趣的活动中学习，“做中学”会使他们获得更为生动和持久的意义，有利于他们的成长和发展。在活动中学习，学生能很好地锻炼实践能力和处理问题的能力。比如，现行几个版本的高中美术教材的学习模块设计都建议每节课后安排相关的体验活动，旨在指导学生在不同的情境中去提高实践创意的能力。

第四，获得审美能力的发展。

在美术体验学习中，技能的学习不是纯粹的操作。真正的艺术技能学习，是融于审美的体验之中。人与技术的沟通，必须是在人与美的沟通前提之下，才能产生对话。通过审美的体验，人与美达到瞬间

[1] 约翰·杜威.民主主义与教育[M].王承绪，译.北京：人民教育出版社，2001:154.

性契合、融洽的状态。“审美体验作为高强度的、深层的、难以言说的瞬间性生命感悟，它意味着人生意义的瞬间生成，也就是意味着人与人、人与自然、人与技术世界之间的审美沟通。”[1] 在不断的审美体验中，学习者的审美能力也必然会得到发展和提高。

第五，获得适应能力的发展。

体验学习是在人与环境的相互作用中进行的。在这个过程中，经验的自然根基和活力得以恢复。在美术技能知识获得的过程中，个体经常在平衡与失衡的动态过程中进行改造。个体要学会跟环境进行对话和沟通，将身与心、心与物同一。在技能操作的过程中，人与物的同一，是技术提高的关键。我们提倡学生要认识美术活动和其他学科的关系，学会用美术的方式解决生活中的问题，用美术作品创意性来表现自我，用视觉艺术的形式与外界沟通和联系，并通过美术实现与他人的情感交流，以专业的眼光来评价自己和他人的美术成果。总之，体验学习就是不断地适应与周围环境之间的互动关系，以获得自身的发展。

[1] 王一川．审美体验论 [M]. 天津：百花文艺出版社 ,1992:33.

第二章

个体技能知识生成方式的演变及其反思

一部人类社会史，就是一部人类教育史。教育具有工具性和目的性，尤其是学校教育，其根本任务是培养全面发展的人才，以适应社会发展的需要。中国自古崇尚中庸之道，孔子就曾说过：“君子中庸，小人反中庸。”另外，中国传统文化有着重集体轻个人的价值取向，强调个体的诚心诚意与修身养性，强调个体对家庭、社会、国家的奉献精神和责任担当，而忽视个体差异和个性发展。在学校教育中，人的个性化作用、知识的隐性形态，在很长一段时间内不但没有得到足够的重视，甚至还被视为消极和负面的东西。从20世纪中期甚至更早时期开始，西方不少教育理论家对个体知识、体验学习等理论就进行了深入的探讨。这些理论对欧洲国家的现代教育转型起到了非常重要的作用。同样，个体知识、体验学习等理论被引入国内后，对我国当代美术教育产生了非常积极的影响。

第一节　传统美术教育中个体技能知识的生成方式及其反思

北宋时存世极短的国子监画学（1104—1110）是我国最早的高等美术教育机构，而西方的第一所正规的艺术学院迪塞诺学院（Academia del Disegno），即今意大利佛罗伦萨美术学院，直到 1563 年才创建。但实际上，人类的美术教育在很早之前就已经存在，而且古代美术技艺主要依靠民间传承。研究一个国家的教育制度，绝不能割裂该国教育的历史传统。当代的教育思想，多多少少会有历史的传承性，受到传统教育思想的影响，留有传统教育思想的痕迹。因此，对教育的历史进行回顾和反思，能够帮助我们更好地理解当代教育思想，并对推动当代教育思想向前发展具有启发意义和借鉴作用。

一、传统美术教育中个体技能知识的生成方式

在春秋战国时期，老子在《道德经》中就有这样的描述："道可道，非常道；名可名，非常名。"从字面意义上看，这句话大意是：所谓道，可以说得出口的就不是真正的道；所谓名，可以说得出口的名就不是真正的名。这大致可以看作东方文化对个体技能知识中一种非常重要的知识形态——"缄默知识"的最早理解。孔子曰："君子不器。"（《论语·为政第二》）人们对这句话的理解虽然不同，但从字面上看，可以解释为"君子不像器具那样（只有某一方面的用途）"。因此，在我国传统社会中，知识分子"重道轻器"，一直奉行"德成而上，艺成而下"的观念，艺术和艺术家的地位一直非常低下。文人作画，大多为生活之余兴，或者是他们无法实现经邦济世理想后的无奈之举，而世人对技艺与从事技艺者也大多持不屑甚至鄙视的态度。在中国古代，绘画作为一门工匠技艺，难登大雅之堂，故其传承主要依靠民间来进行。根据《魏书》记载，当时百工技艺的传承是有着非常严苛的法律规定的："五公以下至于卿士，其子孙皆诣太学，其百工巧孙皆当习其父兄之业，不准私立学校，违者师死身，主人门诛。"[1]我国古代技艺传承主要依靠"父子相因、师徒相袭"的方式，通过师傅对学生（学徒）或父亲对儿子的手把手教授来培养技艺的继承人。到了隋唐时期，因佛教兴盛，需制作大量壁画而形成"画行"。"画行"要求从事技艺者严格遵守行业伦理和职业规范，并逐渐形成非常严格的师徒关系、尊卑差别。即使是唐宋时出现的画院，仍然以师徒传授为主。从魏晋南北朝到隋唐时期，摹写是绘画技艺传承的重要途径，尤其是唐代雕版印刷术的发明及其大规模应用，使画谱的刊印变得很发达。唐朝之后，美术教育的途径主要有两种模式：一为师傅口授、父子亲传，二为对画谱与法帖的临仿。临仿在形式上虽然有异于师傅或父亲的亲身示范和传授，但仍然是一种师承形式，一招一式无不秉

[1] 李永林．中国古代美术教育史纲[D]．北京：中国艺术研究院，2000:20.

守师法或古法。

中国古代艺术非常讲究“衣钵相传”，绘画技艺的学习必须有明确的师承关系。唐代张彦远对此有很好的总结：“若不知师资传授，则未可议乎画。今粗陈大略云：至如晋明帝师于王廙，卫协师于曹不兴，顾恺之、张墨、荀勖师于卫协，史道硕、王微师于荀勖。卫协……各有师资，递相仿效，或自开户牖，或未及门墙，或青出于蓝，或冰寒于水，似类之间，精粗有别。”[1] 这种父子相传、师徒相因的艺术传承方式，有其深刻的历史背景。其一，中国从秦汉到清代这两千多年的时间里，一直以封建社会的小农经济为主体，并形成了中国传统的社群组织和家族制度，这使得美术技艺注定采用内部传承方式。其二，中国儒家文化非常重视师道尊严，它把“师”与“天、地、君、亲”并列为民众终极关怀和人伦秩序终极所在，有着至上的权威。“一日为师，终身为父”，这也是父权宗法的延伸。因此，中国传统艺术“师徒制”讲究一脉相承，与传统之伦理道德息息相关。学徒们通过口耳相传、密相亲授的教育方式，观摩师父的技艺操作过程，领悟其中不可言说的精妙，并通过日复一日、年复一年的技艺训练，不断吸收和理解各种技艺手法，体悟和消化师父在一招一式中传达出来的精髓。画家们在这种内部传承机制的得天独厚的艺术氛围里耳濡目染，不断学习，最终将各种不可言说的精妙技艺手法内化为自己的个体技能知识。

中国美术的精要能在数千年的历史中得以传承下来，很大程度上得益于这种“师徒制”的技能知识传承方式。但是，随着现代化的发展，行会组织的崩溃最终导致了师徒制的瓦解。同样，在教育领域，人才培养的规模化也导致了师徒制的瓦解。但对于缄默知识的传递和获取，师徒制的优势是显而易见的。当今学校提倡的“工作室制”和“导师制”，便可以看作“师徒制”的一个现代转型。传统美术技能知识学习方式对现代的美术教育仍有不少启发，我们应该对传统文化进行研究和反思，学习传统文化中的精华，使其为己所用，不断创新。

[1] 张彦远．历代名画记 [M]. 杭州：浙江人民美术出版社 ,2011:22.

二、传统美术教育中个体技能知识生成方式的反思

传统美术技能知识的学习和传承方式，给我们带来了很多非常重要的启发与反思。第一，技进乎道。美术技能和审美素养的提高是实践积累的结果。这一过程，是个体技能知识形成并发挥重要作用的过程。中国的传统教育一直强调，勤学苦练是达成技艺纯熟的必要条件，因此人们常将“铁杵磨成针”与王羲之“临池学书”的故事作为学习的典范教育后人。古人所津津乐道的“读书百遍，其义自见”，也说明了勤奋对于做学问的重要性。学习传统技艺，既要通过观摩师傅的操作过程来领悟，也要通过师傅的指导和自己的反复尝试与训练来达成。这种尝试和训练，是学徒获得技能的非常重要的途径，它需要调动身体器官，尤其是感官对事物进行反复接触，不断积累知识，不断获取经验。练习是技艺提高的前提，但是合乎目的性和规律性的统一，对于学徒习得艺术的正经，却是更为重要的，因为一味地盲目练习，其实是很难提升技艺的。技能知识的获得是一个积极的过程，是能动的领会，是负责任和具有普遍效率的行为。正如波兰尼所举弹钢琴的例子，绘画也同样需要技巧，但是光知道这些技巧规则不代表能画好一幅画。如果要把技艺上升为艺术，创作出好的作品，就必须在自己的绘画生涯中不停地运用这些规则，使技巧和规则真正内化为完全个性化的理解和表现，并使之化成不可言说的“习惯”和自然而然的行为表现。这样，美术学习就积淀为一段时间内的“顿悟行为”，最后达到创作的自如境界。实际上，这也是中国禅宗特别重视的妙悟之道。

第二，青出于蓝而胜于蓝。荀子明确提出：“言不称师谓之畔，教而不称师谓之倍。倍畔之人，明君不内，朝士大夫遇诸涂不与言。”（《荀子·大略》）荀子甚至认为：“人无师无法而知，则必为盗；勇则必为贼；云能则必为乱；察则必为怪；辩则必为诞。”（《荀子·儒效》）师道尊严是中国传统教育之基本前提，而“师云亦云”则是其最基本之要求。“师徒制”下，师傅可通过技艺的示范将无法言说的知识传

递给弟子。但是如果按照师傅的示范方式亦步亦趋，尽管徒弟不可能全部知道也不能完全解释这些技巧的效力来自何处，但是在这不知不觉的反复观察和学习中，就学会了师傅们也可能道不明讲不清的隐含规则。“一个人要想吸收这些隐含的规则，就只能那样毫无批判地委身于另一个人进行模仿。”[1]在师徒相授的技艺实践中，“师道尊严”的基本前提是尊敬、信任老师，从而信任和尊重他所传授的技能、知识、道理。可是，在中国传统社会中，这种师徒关系却逐渐衍化成一种教师占绝对主体和权威地位的关系，即以师为尊，否则即为忤逆。这造成了学生对老师的畏惧和师生地位的不平等。这种不平等关系，无异于阉割了学生主体能动性，压抑了其天性的释放和创造力的发挥，使得学生难有质疑或不敢质疑，从而表现为循规蹈矩、照搬照抄。中国传统的美术教学推崇师承，主张一脉相承，继承者往往在艺术风格和表现方式上与师傅（前人）有很大的相似之处，甚至以仿效的相似程度来评判一个人绘画水平的高低。所以，学习者往往很难完成超越，其个性化的创造很难凸显，艺术的发展与创新也很难实现。这便是师徒制保守的地方，它很容易造成学习的封闭性。师徒制固然能担负起技能传承的整体责任，但没有关注整个关系结构中的行为主体互动。“由于儒家道德的工具化，造就了中国传统社会中人的逆来顺受、因命适运、因循守旧的心理，并演变成为中国社会的深层禁锢，从而丧失了个人创造和社会创新的内在动力。”[2]

目前，在我国基础教育领域，教育模式仍然深受传统思想和教育方式的影响和桎梏。在师生关系中，“师云亦云”，强调教师是知识的化身，是知识的传授者，学生是知识的接受者，教师成为知识领域的垄断者和权威代表。知识仍以单向输出为主，而不是互动构建。这就导致了学生的个人经验没有得到有效激发，学生的个人知识没有发挥应有效力，学生的个性没有得到充分释放，学生的创造潜力没有得

[1] 迈克尔·波兰尼．个人知识——迈向后批判哲学 [M]. 许泽民，译．贵阳：贵州人民出版社，2000:80.

[2] 施惠玲．制度伦理研究论纲 [M]. 北京：北京师范大学出版社，2003:29.

到足够挖掘。

美术学习不应该是亦步亦趋完全仿效老师，不应被捆绑在世俗的权威下。青取之于蓝而胜于蓝的前提是“出”于蓝，青之所以为“青”，是因为它虽然带有蓝的特性，但也有自己的形貌和性格。这也告诉我们，美术学习应当走出传统的局限，摆脱权威的束缚，释放个性。社会和学校要创造和提供宽松自由、包容鼓励的学习氛围，学生也要有探索未知、超越前人的志向和勇气。在美术教学中，应当建立起“对话”的师生关系，在对话与互动中，重拾教师和学生的尊严，在师生平等交流中建立起相互理解、相互信任、相互尊重的关系。只有不受压抑的个体，才能有自主的权利去思考和创新，才能在体验中去积累、激发和生成个体技能知识，并更有效地去管理它和运用它，让其在美术学习中发挥积极的作用。美术学习理应博采众长，也应自成一家。因此，现代美术教育要破除陈陈相因之旧习，在学习老师（师傅）技艺之精华的同时，也要强调学生的自由追求和个性释放。学生的个人经验和美术体验是个体技能知识的重要来源，也是导致学生个体差异的重要原因。我们应该引导学生学会学习，建构自己的知识体系，把人的精神解放和个性创造作为美术教育的重要使命。

传统的美术传承方式中的师徒制，以口耳相传的方式，非常朴素和直接地将技艺中不外显、师傅也难以解释和说明的隐性知识，通过示范、观摩和练习，在反复实践中，促使学生体悟其中难以言说的精妙。在我们的基础教育中，由于规模化教学等现实原因，这种传统的学习方式很难实现。但是，我们应该在条件允许的情况下，逐渐复兴、改良和发展这种传承方式。

总之，传统的师徒制优势与劣势都是显而易见的，它能通过耳濡目染、言传身教将各种技艺的精髓授于徒从而培养出优秀人才，但它所具有的封闭性、单一性、小规模的特点，却难以适应现代人才培养的需要。因此，我们要做的是，借鉴传统的师徒制在个体技能知识传授上的经验和优势，探索能够满足现代教学需求的新型“师徒制”教育模式。这种新型“师徒制”教育模式，能够与现代科技相结合，如借助多媒体、视频教学示范等形式，以更直观的方式给学生以技能的传授和示范。此外，还可以通过“非遗”进校园、参观手工艺坊等多种形式，让学生近距离感受传统技艺的魅力。唯有抱着开放宽容的心态去吸收，去批判，去改进，才会使学生在美术学习中更有效地生成自己的个体技能知识，进而提高美术素养。

第二节 现代美术教育中个体技能知识的生成方式及其反思

一、现代美术教育中个体技能知识的生成方式

有别于传统的师徒相授，由学校系统施教的新型艺术教育模式在我国肇始于晚清学堂，而现代专业教育发轫则以 1918 年设立的国立北京美术学校为标志。20 世纪中国美术教育的现代因素从明代后期西洋传教士来中国开始酝酿，自此，西洋美术在宫廷、教堂和民间开始传播。19 世纪末 20 世纪初，中国现代教育改革主要受西方、日本的影响，开设图画、手工等课程，注重学生审美意识和实践能力的培养，使中国美术教育进入一个崭新的历史时期。到 20 世纪初，各种私立美术学校的建立，特别是上海美术专科学校的建立，使中国的美术教育开始从无序走向有序，构建起一个较为先进的美术教育体系，并赋予中国美术教育以丰富的内容和远大的目标。20 世纪 30 年代，新兴的美术教育发展非常火热，它主要以学院式的写实主义为训练目标。

第二次世界大战结束后，艺术教育领域出现了三大思潮：表现主义、重建主义和科学理性主义。表现主义以 19 世纪的浪漫主义为基本的信念，呼吁抛弃僵死的艺术传统，朝着较少社会约束而个性表现的可能性不断扩大的教学方向发展。这期间，以创造性自我表现为主要目标的儿童中心学校出现，并以罗恩菲德和里德的思想为代表。艺术思潮在 20 世纪虽然此消彼长，但毫无疑问的是，在艺术教育领域，个体知识已经得到了相当的重视，尤其是在后现代知识观出现后，这一趋势更为明显。后现代的知识观是建立在对现代知识观的批评之上的，是一种动态、生成的知识观，是注重情境的知识观，是一种批判性的知识观，也是一种个体性的知识观。在后现代的视野中，知识离不开个体精神的映射和个体实践的参与。因此，知识的公共性能是相对的，个体性是绝对的，必须通过个体知识的作用表现出来。教育的核心概念是“心灵”。心灵能积极创造和能动反映，它赋予生活以意义，这是用创造的方式积极解释和转变概念的能力。后现代课程观强调师生应当在对话中创造更为复杂和开放的学科结构和秩序。它的教学目标、规划和评价等都是开放的、灵活的。在后现代课程观中，个体知识得到了空前的重视，其在教育中的地位也日趋凸显。

新中国成立后，在徐悲鸿的美术创作和美术教育的理念推导下，在苏联的示范效用下，我国形成了现实主义的美术主流，并构建了一套比较完备的美术教育体系。自此，中国的美术教育也更加有序化。但在“苏派”一统天下的情况下，民族化、个性化的东西逐渐式微。受苏联“基础知识”教育理论的影响，以及考虑到当时中国文化、经济落后的现实状况，为了尽快提高综合国力，提高教育水平，更多、更快地培养社会所需人才，教育部在 1953 年 3 月颁布了《中学暂行规程（草案）》，并提出中学教育目标之一，是使学生“得到现代化科学的基础知识和技能，养成科学的世界观”，首次提出“双基”概念。[1]

[1] 田保华 . 教育有道 [M]. 济南：山东文艺出版社 ,2018:60.

1979 年教育部颁布《全日制十年制学校中小学美术教学大纲（试行草案）》，在“目标和任务”中明确了教授学生初步掌握基础知识和基本技能的“双基”任务。这种教学理念在很长一段时间内一直是我国美术基础教育的指导思想，教学内容、教材编制、考试评价都围绕着“双基”进行，并形成了我国特有的教育经验。在特定的历史时期，“双基”教育对国民整体素质提升发挥了巨大的作用，具有历史合理性。但是不可否认的是，追求整齐划一的“双基”教学，很大程度上背离了学生的生活经验，压抑了学生的个性化发展，阻碍了学生个体技能知识的生成。

长期以来，在我国基础教育领域，美术学科是不受重视的，被列入“小三门”，教育条件完全不能同其他学科相比。即便在新中国成立后，美术教育在高中阶段也是长期缺席的。这一状况，直到20世纪90年代末才有所改观。1997年7月，国家教委颁布了《全日制普通高级中学艺术欣赏课教学大纲(初审稿)》，将美术和音乐两科整合在一起，称之为“艺术欣赏”，这标志着美术课程正式进入普通高中课程体系，并从此建立了我国相对完整的基础教育美术课程模式。《全日制普通高级中学艺术欣赏课教学大纲(初审稿)》规定，艺术欣赏课总学时为68课时，音乐、美术各占一半课时，同时，音乐欣赏课、美术欣赏课原则上在高一、高二分段进行，也可阶段交叉或间周轮换上课。授课形式以常规教学班为单位进行，必要时也可合班上课[1]。关于内容设定，《全日制普通高级中学艺术欣赏课教学大纲(初审稿)》大纲规定：美术欣赏基础知识占30%，中外美术名作欣赏占70%。但是，教学大纲规定的学习内容非常单一，课时很少，而且在实际执行的过程中，课时又大打折扣。因此，该阶段的美术教育对个体技能知识仍然是不够重视的。

[1] 《全日制普通高级中学艺术欣赏课教学大纲（初审稿）》,1997.

新世纪开始后，我国在美术基础教育领域进行了自上而下的大刀阔斧的改革。美术基础教育从注重“双基”的训练到倡导从学生生活出发，注重学生个性和创造力的培养，注重学生情感、价值观、态度的表现。自此，无论是美术课程标准还是教科书的编制，我国美术教育出现了明显的注重个体技能知识的倾向。2003 年教育部颁布《普通高中美术课程标准（实验）》，标志着高中美术教育进入了一个新的阶段。《普通高中美术课程标准（实验）》将高中美术学科学习设置为“美术鉴赏”“绘画•雕塑”“设计•工艺”“书法•篆刻”“现代媒体艺术”五个模块，学生可根据自己的兴趣来选择学习（至少选择三个模块，才可获得规定的 54 个学分），其内容设置也非常丰富。《普通高中美术课程标准（实验）》在美术教材的内容安排上特别关注学习体验活动的设计，鼓励学生以多种形式和多种方法来体验学习的过程，形成自己独有的感受。通过课程标准中出现的一些高频词语，我们也能发现其对“个体技能知识”的重视是前所未有的。比如，《普通高中美术课程标准（实验）》多次出现“体验”“参与”“探究”“合作”“过程与方法”“活动”“生活”“解决问题”“个性”“交流”等词语。2016 年，教育部门提出的美术学科核心素养培育，标志着高中美术教育的又一次转型。2017 年颁布的《普通高中美术课程标准（2017 年版）》以立德树人为根本目标，着眼于美术学科核心素养的培养，以促进学生全面发展、满足学生个性需求、倡导探究式美术学习、运用质性评价为基本理念。

尹少淳认为，知识和技能本身无可非议，且必不可少，但问题在于知识和技能不等于素养和能力，且多数时候知识和技能未能转化为素养和能力，因此，如何把知识和技能转化为素养和能力就显得尤为重要。为此，美术教育应当更加关注知识和技能的获得方式，如何将知识和技能内化为个体的稳定素养，以及如何运用这些知识和技能。

2016 年中国美术基础教育进入核心素养时期，尹少淳进一步提出，应当围绕核心素养，从两方面入手，促进学生的技能知识和素养的生成。其一，选择有利于形成核心素养和获取知识的方式开展美术教育。其二，将知识与技能放在情境中去解决问题。核心素养下的美术教育，应当鼓励学生发挥自主性，注重学生的已有经验，积极开展具有探究性、研究性的学习活动，让学生在体验中学习，并通过“做中学”以明白知识的意义和用途，这才是体验学习的实质。

新课改后，我国基础教育的课程体系改变了“大一统”和“一刀切”的做法，开始试行“国家课程、地方课程和学校课程”三级管理的课程政策。这种政策，既能体现国家从宏观上把握课程体系改革的基本要求，微观上又给各地各校根据自身实际情况制定相关课程留有发展的空间。这种给各地各校以一定自主权的做法，体现了课程政策较以往更加注重“个体”实际情况及其特色。课改精神要求，师生之间应当改变以往老师具有单边权威的状况，在师生之间形成良性的互动对话机制，建构一种以学生可持续发展为本的新型和谐的教学路子，树立一种素质教育的师生观。在美术的教与学中，既强调学生的主体意识和个性意识，又强调教师在这个过程中的促进作用。同时，教师也应当有更大的发挥空间，并能够充分利用校内外美术教学资源，为学生创设丰富的学习环境，激发学生的学习动机，提高学生的学习兴趣，提升学生学习的主观能动性，让学生在各种丰富的情境中主动地学习和生成性地学习。

总之，美术教育应当采用一种注重过程、动态、质性的教育模式。

二、现代美术教育中个体技能知识生成方式的反思

清朝末年，西方列强的坚船利炮一定程度上打开了中国国门，但也使得中国人上百年来生活在屈辱之中。这既是西方军事上的打压，同时也是西方强大的科技、物质力量对中国人、中华民族造成的一种打压。顿开国门使我们慑于西方强大的军事力量，也使我们在文化心理上产生了矮人一头甚至恐惧的心理。此外，我们缺乏对民族文化的一种正确认知，甚至在一段时间内出现了文化断裂的现象，又由于对自己的文化认识不足，因此在寻找文化对象或者依赖时，倾向于把目光投向外国。基于这样的背景，审视我国现代美术教育发展的历程可以发现，在国家积弱积贫的年代里，经济的落后导致我们对自己文化缺乏自信，仿照甚至照搬日本、苏联、欧美的教育模式，中国传统优秀文化却被束之高阁，甚至遭到丢弃。虽然新课改进行了大刀阔斧的改革，但“冰冻三尺，非一日之寒”，百年来社会激变过程中所形成的人们在生活、思维、交往方式上的桎梏并不是一天两天就能够改变的。而且，中国的基础教育一直非常重视公共知识也就是间接知识的学习，这使得在美术教学中，个体知识让位于公共知识，体验学习让位于课堂的程序化学习。这种过度科学化、理性化的学习方式，在很大程度上脱离了学生的实际生活，违背了学生的学习和发展规律，因而无法激发学生的学习兴趣，学习的效果自然也大打折扣。

直接体验是学生学习的源泉，而知识和技能的获得才是学习的最终目的。学习不能忽略个体的成长要素，否则学生获得的知识是一种“死”的知识，是一种“无用”的知识，这对于个人和社会均无益处。个体精神成长、创造潜力和感受力应该在一个教育系统里获得均衡发展，教师应该运用最有效的手段去帮助个人认识自我以激发其创造性。在学生的学习活动中，表现力往往基于经验的多少和体验的强度，因此，教师如何去增加学生的经验就显得非常重要了。

审美活动和艺术创作经常是难以言喻、不可捉摸、不可规范的。在中国，庄子第一次在美学上发现和强调这种现象，比如，庖丁解牛便是创造一种“游刃有余”的自由境界。而孔子所言的“游于艺”，其前提是“志于道”，强调技艺要合乎目的性和规律性。进一步说，技艺的发展是非常个人化的，只有个体亲历了，才能真切地体验并进行美的创造。

第三章

个体技能知识与高中美术学习

党的十八大、十九大报告均把立德树人作为教育的根本任务，要求培养德智体美劳全面发展的社会主义建设者和接班人。“美术学科核心素养”这一概念的提出，其目的就是希望每个个体能够掌握基本的知识和技能，并培养出丰盈的、乐观的、积极的价值观和人生观，以获得满足终身发展和适应社会发展的能力和素养。在这一大的背景下，我国美术基础教育理念也正在不断转变中，学生学习目标的设定和教学具体手段的实施，都以提高核心素养和实现人的全面发展为根本宗旨。

第一节　高中美术教育的逻辑起点

首先，教育的本质是育人，其根本任务是立德树人。司马光曾说：才者，德之资也；德者，才之帅也。因此，美术教育的内容、教育方式、评价标准都必须紧紧围绕立德树人这一根本目标进行。学校不只是学习知识和技能的地方，也是提升素养、塑造心灵的场所。其次，教育应当遵循"因材施教""因人施教"的原则，理解个体差异，重视个体特质。"每一个学习者的确是一个非常具体的人。他有他自己的历史，这个历史是不能和任何别人的历史混淆的。他有他自己的个性，这种个性随着年龄的增长而越来越被一个由许多因素组成的复合体所决定。这个复合体是由生物的、生理的、地理的、社会的、经济的、文化的和职业的因素所组成的，而这些方面对于每一个人来说，都是各不相同的。当我们决定教育的最终目的、内容和方法时，我们又如何能够不考虑这一点呢？进入教育过程的个体是一个具有文化遗产的儿童，他具有特殊的心理特征，在他的内心有家庭环境的影响和四周经济状况的影响。"[1] 每一个个体都是独一无二的，都有着他的特殊性。美术教育是一种素质教育，应该在"立德"的基础上，实现"树人"的目标，朝着德艺双馨的目标奋进。

[1]　联合国教科文组织. 学会生存——教育世界的今天和明天 [M]. 北京：教育出版社，1996:195-196.

一、观照个体审美体验的独特性和情趣性

我国美术基础教育自实施新课改以后，个体的审美独特性和情趣性受到了教育部门相当程度的重视。课程目标要求学生能够运用直觉、想象、思维来进行学习和创造活动，以充分发挥个体的表现力和创造力，并在学习过程中形成健康的审美情趣。

（一）个体审美体验的独特性

审美个性是指人在欣赏美、表达美、创造美时所展示出来的一种具有一定倾向性的、较为稳定的心理和行为的总和。

首先，审美体验既包括主体的身心亲历（如走进大自然以感受大自然的美），也包括主体在心理上所虚拟的“亲历”（如对美术作品作者移情性的理解以及对自身经历的回顾与反思）。影响审美的因素非常多，包括个人先天气质、个人审美水平、社会生活环境、学历教育水平、个体生活经验以及对事物的不同理解等。因此，不同个体在审美体验方面存在很大差异。即使对同一审美对象，由于审美主体亲历的方式和实践不一样，他们之间也会有不同的情感和体会。总之，审美体验是个人的，是个性的，而不是雷同和可替代的。其次，人类审美心理倾向于追求新奇和适当的刺激，而对没有距离感和千篇一律的事物，心理和情感上很容易产生审美疲劳。清代大戏曲家李渔在《闲情偶寄・词曲部下・宾白第四》中曾大力提倡审美的新异。他非常形象地指出：“同一语也，以尖新出之，则令人眉扬目展，有如闻所未闻；以老实出之，则令人意懒心灰，有如听所不必听。白（指戏曲对白）有尖新之文，文有尖新之句，句有尖新之字，则列之案头，不观则已，观则欲罢不能；奏之场上，不听则已，听则求归不得。尤物足以移人，尖新二字，即文中之尤物也。”也就是说，人的审美心理决定了人在

进行审美时倾向于追求新颖独特的艺术形态，或者说，个体本身就偏好审美的独特性。其次，审美对象千差万别、各具特点，而且事物本身也是不断运动变化的，在不同时间呈现出不同的状态。古希腊哲学家赫拉克利特曾经说过，人不可能两次踏进同一条河流。克拉底鲁则进一步认为，人甚至一次也不可能同时踏进同一条河流。因此，个体在不同时间面对同一审美对象时，心理的感受会有差异。

鉴于主体审美体验的独特性，当前的美术基础教育需注意以下几个方面。第一，美术基础教育应尊重个体审美体验的独特性。《普通高中美术课程标准（2017 年版）》（以下简称《课标》）多次提到要尊重学生的个性。比如，在美术课程的性质定位中，《课标》提出，“促进学生全面而有个性地发展。同时，帮助他们适应社会生活”。因此，在美术教育中，学校和教师要尊重学生个体审美体验的独特性，并通过多元的评价体系去引导学生个性审美健康发展，而不是用统一的标准来衡量学生的发展。第二，美术基础教育要注重培养个体审美体验的差异性。审美的独特性是在活动的基础上形成的，而活动是人存在和发展的方式，是个体内部世界与外部世界进行沟通的桥梁，它可以使更多的可能变为现实。《课标》在课程内容模块的教学提示中也指出，要“积极开展小组学习，给每位学生表达个人观点的机会，鼓励不同审美感受、观点之间的交流，让他们学习如何表述、证明个人观点，如何尊重、理解他人观点。注意保护学生在作品鉴赏中表现出的个人独特见解，发展批判性思维能力”。因此，学生应当广泛和积极参与丰富多彩的美术体验活动，不断适应，不断创造，不断发展主体性和个性，并使个体的审美独特性在活动中得以展示和发展。美术老师则应当通过“差异性”的教学，向学生提供丰富的学习内容，让他们学会处理不同情境下的不同问题，以满足不同个体的不同发展需要，并引导学生通过自主、探究、合作等多种学习方式，积累不同的审美体验。第三，美术基础教育应体现个体审美体验的独特性。传统教育往往是用一种模式化、标准化的方式培养人才，误将知识当作真理，因而忽略了个体在学习活动中所呈现的审美体验差异，忽视了个体参与知识建构的主观能动性。与传统教育不同的是，当代美术教育在尊重和培养学生审美体验独特性的基础上，希望学生“能感受和认识美的独特性和多样性……通过语言、文字和图像等方式表达自己的审美感受”[1]，鼓励学生在美术创作和表现时，对事物要有自己独特的看法和理解。

（二）个体审美的情趣性

情趣与趣味，既是艺术审美范畴，又是人生审美范畴。情趣包含两个重要方面：一是“情”，具体指人的性情、禀性、气质等情感有关的智力倾向；二是“趣”，既有乐趣、兴趣之意，也有趣味、品位之意。高雅的审美情趣能拓宽学习和生活领域，激发人的想象力，使人呈现出积极、向上、文明、乐学的生命活力。低俗的情趣则使人鄙俗、颓废，不利于人的身心健康。情趣带有强烈的个人倾向，它是主观的反应模式，体现了个人的生命状态和性情意趣。情趣也是一种价值性情感，因为个体对事物的审美判断带有价值性，显现了主体的价值观。

新课改后的美术教育强调个体审美的情趣性。一方面，关注学生美术学习的情感状态，让学生由被动地学转向主动地学，也即乐学。宋朝著名理学家程颐曾指出，“教人未见意趣，必不乐学”（杨时《二程粹言上·论学篇》）。明朝著名思想家、阳明心学创始人王守仁也曾倡导乐学。他认为，乐学效果“常使精神力量有余，则无厌苦之患，而有自得之美”（王守仁《王阳明全集》）。乐学在美术学习中有三重境界。首先，“耳得之而为声，目遇之而成色”，通过形象的感知，进入悦目悦耳的感性之境；其次，通过理性的反思观察和抽象概括，进入悦心悦意之境；最后，经由行动研究来表现美、创造美，进入悦志悦神之境。实际上，只有通过乐学，才能使审美的体验上升到高级的阶段，使自己具备对美的独特判断力和鉴赏力。这个体验的学习过程，充分体现了学生的生命价值。因此，我们强调高中生应该学会分析、

[1] 《普通高中美术课程教学大纲（2017 年版）》

评价美术作品及美术现象，形成健康的审美情趣和审美观念，以养成对美术终身爱好的情感。

另一方面，关照个体审美的情趣性，还需要对学生进行正确引导。梁启超说趣味是由内发的情感和外受的环境交媾发生出来的，[1] 也就是说，外受的环境也能对学生高雅审美情趣的形成发挥重要作用。美术学科五个核心素养的提出，其目的也是希望学生从不同的角度，在不同的学习领域中进行体验、感知、创造，以形成自己的个体技能知识和美术素养，提高美术情趣。学生应当通过不同的途径，如在平时的日常生活中，在与人的交往中，在各种场所中，努力创造各种学习机会，积极参与各种学习活动，如参观博物馆艺术展览、参与艺术演出活动、进行少数民族地区艺术采风等，不断丰富个体知识，增强个体体验，使自己处于健康、积极的生活情趣与审美情趣中，在潜移默化中培养健康、丰富、和谐的美感。总之，积极的审美情趣对智力起着支配的作用，有利于引导学生和谐发展，并使美育渗透到生活中的各个领域，使学生乐于学习，进而对美术产生持久的兴趣，从而为提高美术知识、培育美术素养创造条件和打好基础。

二、注重美术素养生成的个体性和缄默性

（一）注重美术素养生成的个体性

“素养”不同于“素质”，前者更加侧重后天的积累和养成，可以将它视同于“修养”。《汉书》李寻传有言曰：“马不伏历，不可以趋道；士不素养，不可以重国。”将其翻译成白话文，大意为：“马匹没有得到足够的营养，是没有力气在路上奔驰的；人没有足够的能力，是没办法使国家强盛的。”这句话要表达的含义是：要想在某些方面达

[1] 梁启超．梁启超文存 [M]. 南京：江苏人民出版社，2012:136.

到很高的水平和境界，能够堪当大用，就必须经过艰苦卓绝的训练，持续不断地锤炼自我的修养。

就美术学科而言，教师应当鼓励学生能以独立、独特的审美角度去观察和审思事物，在进行美术表现和创造时表现出一种不同于他人的“个性”。但是，受“社会效率”所驱动的传统教育课程并不重视学生的个人知识和特殊文化，这使得学生的美术学习脱离生活，“像一个脱离现实的傀儡一样，从事学习；而在另一个世界里，他通过某种违背教育的活动来获得自我满足”[1]。美术教育亦因此被置于一个非常尴尬的处境，很难有良好的发展。

显然，每个学生在学习美术时，其面临的主观和客观情境有所不同，心理状态也必然存在差异，因此，技能知识在生成过程中必然带有强烈的个体特征。正是考虑到个人和地区的差异性，新的高中课程标准强调了以下几点：关注学生个性化、多样化的学习和发展需求，促进人才培养模式的转变，着力发展学生的核心素养；采用必修课程、选择性必修课程与选修课程相结合的课程组织形式，增强课程的选择性；有条件的地方或学校为适应学生的多种选择，满足当地或本校学生美术学习、职业发展的需要，可以根据当地美术教学资源，编写既体现美术学科核心素养又具有鲜明地域特色的地方或校本美术教材；要敢于解放学生个性，交还并尊重学生在课程中应有的权利。

（二）注重美术素养生成的缄默性

美术素养是在体验中生成的，而体验则具有丰富性和复杂性等特点，并且隐含着一些不可言说的成分。体验本身就意味着在场，而只有在场的人，只有身临其境的人，才可能产生复杂、紧张、剧烈、多变的心理活动，才能激荡起沉醉在其中的一种难以言说的特殊感受或特别感觉。对于不在场的他者而言，这种感受或感觉是无法言传和无

[1] 张华. 经验课程论 [M]. 上海：上海教育出版社 ,2000:247-248.

法体会的。比如，只有真正攀登过黄山的人，才能真正体会危峰兀立、怪石嶙峋、云海变幻所带来的震撼力和冲击感，才能对生长在危岩峭壁之上的迎客松所展示的古老而顽强的生命力产生由衷而深沉的感慨，进而激发起对大自然的敬畏之感与崇敬之情。相反，如果你没有去过黄山，那么黄山在你的心目中，只是一座拥有“天下第一奇山”之称的名山而已，其感受必然是浅显、模糊、平面和抽象的。

个体技能知识的生成和美术核心素养的培育，必须经历一个动态的、复杂的循环过程。青少年永远生活在活动之中，他们在活动中去体验自我、感受世界、探求真理、领悟智慧、增强能力。他们对周围的世界始终充满好奇之心，始终抱有探究的兴趣。他们在丰富多彩的社会活动中，不断生长和形成探究世界的内驱力和好奇心，进而使身心获得自由成长与和谐发展。因此，当今课改的一大主题是突出学生应当在体验活动中成长这一要求，而且特别突出了情感、态度和价值观的重要性。

美术基础教育应当特别重视学习过程与学习方法，鼓励学生通过感受、体验、参与、探究、思考和合作等方式去积极开展美术学习活动，不断学习和巩固基本的美术知识与技能，进而形成有益于个人、家庭、集体和社会的情感、态度和价值观。在动态的学习中，学生与生活接触的方式和范围都具有个性化特点，学习体验的方式和过程也是通过个体体验、亲自参与和自我领悟得以完成。因此，美术学习带有很强烈的个体性和缄默性特征。

第二节　美术课程目标取向的基本理念

高中各学科的核心素养具有显著的内在性和主观性，是具体的、整体的和个体的，“不是指向外在、客观的知识，有别于也超越了作为独立知识体系构成的学术分支的学科逻辑。对它的习得，不是‘拥有’，而是‘具有’，就像我们只能说‘拥有’一把椅子，而不可以说‘具有’一把椅子一样”[1]。就美术技能知识而言，它一旦被个体所“具有”，那么也将具有显著的个体性、主观性和内在性等特点，即成为个体的美术素养。从这个角度来说，个体技能知识即为个体的素养。

2016 年教育部提出的美术学科核心素养分为五类，即图像识读、美术表现、审美判断、创意实践和文化理解。尹少淳教授在解读五大核心素养的时候，用五环之图形象地表达了它们的关系。图像识读和美术表现这两种素养是美术学科所独有的、基本的素养，而其他三种素养则是衍生出来的并与其他学科共有的素养。当然，五种素养并不是彼此孤立的，而是相互依存、联系紧密的。（图 3-1）

[1]　杨九诠．学科核心素养与复杂情境［EB/OL］．中国教育报 ,https://www.ecnu.edu.cn/info/1095/5756.htm,2016-11-30.

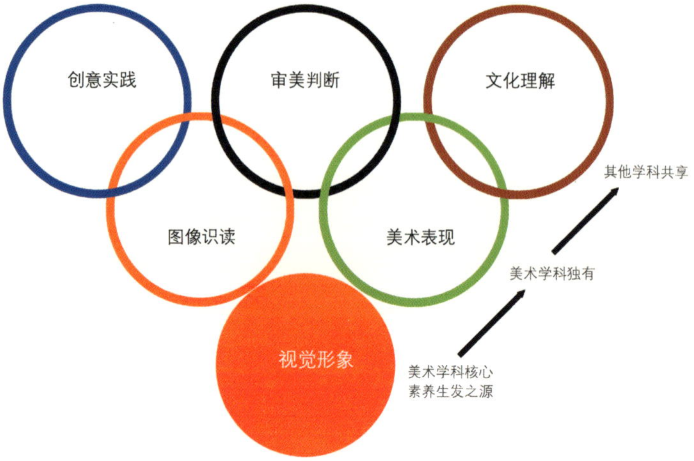

图 3-1 美术学科核心素养

一、图像识读：识别与解读的能力

所谓图像识读，是指对美术作品、图形、影像及其他视觉符号的观看、识别和解读。[1] 识读是以内在的建构为主，“识” 是视觉的感性的运动，“读”是知觉的理性的分析。观看、识别和解读图像的目的是获得美术知识和有益信息。我们处于一个视觉的世界，身边充斥着各种各样、形形色色的视觉图像，它们源自绘画、雕塑、摄影、广告、新媒体等。如果我们没有学习怎么去识别、判断、选择这些视觉图像，不能探究、理解、解读这些视觉文化现象和信息的意义，那么我们就是另外一种意义上的文盲，即视觉文盲。我们不仅要学习视觉分析的理论和思维，也要在实践中去学习使用它们的方法，通过体验去生成图像识读的技能知识。

因此，在当今这个“读图时代”，是否具有能力去辨析和解读现

[1] 尹少淳 . 普通高中美术课程改革述要之二 美术学科核心素养 [J]. 中国美术教育 ,2016,218(4):07-10.

实生活中的视觉文化现象，是衡量学生图像识读核心素养水平高低的重要标准。培养图像识读素养，需要从以下几个方面着手：

（一）感知力：审美直觉和知觉平衡发展的能力培养

图像识读素养的生成，取决于视觉思维发展的结果。但长期以来，很多人以为，大脑获取信息和对这些信息进行加工是两项不同的工作，其过程是截然不同的。甚至有人认为，感性的材料获取虽不可或缺但是是低级的，只有推理、抽象、概括、区别才是大脑的高级认识活动。遗憾的是，这种片面、武断和错误却很流行的认知，造成了知觉和思维的割裂。阿恩海姆认为，要纠正这种偏见，“最需要的东西并不是过多的美学和更艰深的艺术技巧教育，而是使人们得到关于更普遍的视觉思维存在的雄辩事实。一旦我们在理论上理解了这一点，就会努力在实践中去弥合那种使理性能力的教育受到削弱的有害的分裂（感性与理性的分裂）”。他甚至认为，视知觉具有思维的一切本领。他把知觉的认识分为直觉认识和推理认识。“直觉认识发生在一个各种‘力’之间自由相互作用的知觉领域内。……大量的思维活动和解题活动都是在自觉认识（或通过直接认识）中进行的。……知觉中的思维机制决定视觉对象的大小、形状和色彩，等等。而这种思维机制又是‘场’力间的互相作用。”[1] 推理思维不是按照直觉来把握对象的整体形象，而是通过形象中的各个成分和它们之间的关系，对对象进行识别和分辨，并通过这种分离来获得每个成分以及每种关系的性质，从而获得心灵的稳定形状。因此，只有匡正对知觉的偏见，我们才能更好地理解知觉的作用。“图像识读”素养的提出，肯定了感觉和知觉在美术学习中的重要作用，并强调了两者的紧密联系。

研究表明，只有不断训练和影响个体的感官和心理，才能使个体在较为平衡的心理结构状态下能瞬间对视觉图像做出正确的反应，并

[1] 鲁道夫·阿恩海姆.视觉思维——审美直觉心理学 [M].滕守尧，译.成都：四川人民出版社，1998:311.

间接对智力产生影响。内在情感的丰富性和深刻性需依靠敏锐的感知，即通过与外部世界的交互作用，去把握自然和艺术的形式而完成。因此，教师应当向学生提供丰富的视觉教学内容。新课改响应这一需求，在高中美术教材的内容编排上做出了积极的改革，将过去用一本教材就囊括的美术内容，分成了七个美术门类并单独成册，其提供的视觉内容较之以往更为丰富和更为生动。同时，为贯彻新课改的宗旨和精神，教师应当在教学课件的内容设计上，使用丰富而精美的图片，给学生以美的感受和直观的印象。培养感知力最可靠的途径是亲历现象世界。只有经常去欣赏、观察、感受外部世界丰富的视觉图像，去倾听、对话、触摸外部世界的各种生命运动形态，才能透过外在的形式，去体会生命力的舒张、顽强、更迭、变化、律动，去领悟视觉图像中虚与实、静与动之间的生命力和情感活动。也只有这样，才能将外在的物象内化为感知，使自己的感觉活动逐渐适应对象世界中的活动模式，保持对视觉形象的敏锐度，养成丰富的视觉经验。由此可知，多举办一些户外美术活动，多创造一些体验和实践机会，让学生能够面对和接触更多自然而真实的视觉图像，对于培养学生感觉的敏感度和知觉的整体性，具有非常重要且不可替代的作用。

此外，教学内容的形象化和生动化，对于培养学生的图像识读素养亦是相当重要的。美国艾奥瓦大学研究人员发表在《PLOS One》期刊上的一项新研究表明，相较于听觉材料，人们更能记住看到的或者感觉到的事物。[1]更多的科学研究表明，视觉材料的平均记忆率为25%，听觉材料的平均记忆率为15%。如果将视觉与听觉两者结合起来，平均记忆率则高达65%。如果能够加入其他记忆形式的记忆材料，平均记忆率会更高，记忆的持续时间会更久，记忆的效果会更好。因此，教师在教学中应当运用形象化、生动化、多样化的教学材料或教学方式，促使学生交替使用各种感觉器官进行记忆与学习。这既能激发学生更

[1] 研究人员将82位学生分成三组，被实验者面对60种听觉、视觉、触觉材料，分别对每种刺激物用5秒钟的时间进行记忆，三组学生分别在接受刺激任务的第一天、第二天和下一周进行测试。研究表明，时间间隔越久记忆准确度越低。同时，能准确识别的视觉和触觉刺激物较为明显地比听觉的高，而触觉记忆略高于视觉，但区别不是很明显。

高的学习兴趣，也能增强学生的记忆能力，因而会更加有利于学生获取知识和巩固知识。尤其是在美术学科的教学过程中，教师应该不仅是讲授知识和传授技能，而且需要更多加入视觉因素和动作实践环节，才能帮助学生更好地获取信息，进而培养出更敏锐的感知力，促进个体技能知识的生成和美术核心素养的提高。

（二）预成图式：学习的顺应性和同化性巧相补充的能力培养

19 世纪英国艺术理论家约翰·拉斯金（John Ruskin）和罗杰·弗莱（Roger Fry）等人认为，“画家必须把他对所见对象的全部所知从心灵中清除，一洗往事，素心以待”[1]，即可视世界是一切艺术难题的根源。英国 19 世纪的风景画家康斯太勃尔曾自称“自然的奴仆”，当他面对着一处风景时，心灵就要像一张白纸来如实地记录对象。20 世纪英国美学家和艺术史家贡布里希（Ernst Gombrich）对这种以纯粹的视觉认识对象的观点提出了疑问与反驳，并提出了“预成图式”的重要概念。贡布里希指出，每个人都只可能按照前人所规定的模式来表现对象，甚至在他接受专业的技术训练之前，他所接受的文化就规定了他接受对象的方式。按照贡布里希的观点，康斯太勃尔只可能画出一幅“英国的”风景画，他画不出“真实的自然”。

根据“预成图式”理论，“图式”是一个心理学概念，是指视觉图像与心理影像的对应关系。当人们观赏和理解一个视觉图像时，总是在一定的程度上受预成图式的制约。预成图式是人的生活经验与生存环境以图式方式在无意识中的积累，是指由经验、学习而来的在大脑皮层上留下的长时间记忆痕迹的观念模式。这种积累构成了人对视觉图像的心理期待与趣味指向。因此，一定的文化传统与一定的文化环境对人的视觉表现方式与接受方式具有决定性的影响。实际上，视

[1] E.H. 贡布里希 . 艺术与错觉——图画再现的心理学研究 [M]. 林夕，李本正，范景中，译 . 长沙：湖南科学技术出版社，2000:217.

知觉深受过往经验和记忆的影响，因而艺术创作者和接受者的行为，均建立在自身已有经验的基础上。贡布里希指出，个体在做一件事之前，必须有一个出发点和标准，才能匹配、制作、再制作以完成物像。

对艺术家而言，早期的艺术经验（艺术教育）总是潜在地制约着他的图式方式。比如，画家必须以过往的人类经验和自身经验作为起点和基础进行创作，而不是头脑空白，没有目标，没有标准，盲人摸象般地乱涂乱画。当然，这种遵从一定的标准去创作的方式，应当带有批判意识和质疑精神，而非那种没有主见的盲从行为。

预成图式理论也指出，预成图式是知觉活动的潜在心理形态。恩格斯认为，经验有外在的物质经验，也有思维规律和思维形式这种内在的经验。主体作用于客体的方式、结构，在漫长的历史时期中，也会不断抽象、提取、积淀、移入并内化为具有“先入之见的巩固性和公理性”的主体认识结构。[1] 贡布里希认为，视和知是有区别的，“知”是经验的积累，即“预成图式”，“知”是“视”的基础。认知心理学家皮亚杰则提出，认知具有“顺应”和“同化”两种功能，这与贡布里希的“预成图式”理论不谋而合。皮亚杰认为，认识的起源是一个复杂的问题，既不起因于有自我意识的主体，也不起因于将自己烙印在主体上的客体，它既包含主体又包含客体，是这两个方面的巧相补充。皮亚杰进一步指出，主客体不是完全分化为两个不同类别的相互作用，而是依靠中介（感知或概念）来作为接触点，连接起内部本身和外部世界的逐步建构。[2] 按照他的理论，知识不是单来自主体或客体，而是两者互相作用和建构，并在这种建构和体验中形成了经验。由此可见，“预成图式”涵盖了思想观念和文化结构，烙印着个体知识和经验，带有明显的主体性和个体性。因此，学生在进行图像识读活动和培养图像识读素养时，不可避免地要受到“预成图式”的影响。教师在指导学生美术学习时，也应该有意识地关注、重视并引导学生在看待事物时能够形成自身的独特视角，鼓励他们用自己的语言对美

[1] 刘雨 . 写作心理学 [M]. 长春 : 东北师范大学出版社 ,1990:45.

[2] 皮亚杰 . 发生认识论原理 [M]. 王宪钿 , 等 , 译北京 : 商务印书馆 ,1981:21-22.

术作品和现象进行评述与解读。

同时，“预成图式”也存在消极作用，容易造成思维的定式。因此，教师在教学时，要积极引导学生冲破个体的局限，主动深入生活、深入实践，积极与他人讨论和交流，努力增加体验的深度和广度，在不断地吐纳之中形成新的认识和新的理解。

（三）想象力：审美意象联系和结合的能力培养

具有丰富的想象力是图像识读素养生成的重要条件，而知识和经验都是培育和催发想象力的温床和沃土。

按照一般理解，想象力是人在大脑中描绘图像的一种能力。当然，人在大脑中想象的内容非常丰富，并不只是视觉图像，还包括听觉、嗅觉、味觉、触觉等内容，甚至还包括痛苦、忧愁、欢乐、舒畅等各种情绪体验。上述内容，都能通过想象力在人的大脑中被“描绘”出来，犹如身临其境。比如，当你说起天空，人们就可以想象出彩云、月亮、星辰、飞鸟等各种各样的事物，也能想起蔚蓝、深邃、辽阔、苍茫等各种概念。总之，想象力是人的头脑“描绘”画面的能力，就如同一支画笔和一张白纸，凭借人的意志，无论什么东西都可以在头脑里被画出来，色彩鲜艳的、丰富多样的、天马行空的、无拘无束的想象力是人的大脑中一种非常强大的功能。按照生理学观点，想象力是属于人的右脑的一种形象思维能力。

赫伯·里德认为，客体一旦被主体所看见，“其轮廓的映象、质量和颜色经过眼睛的透镜，由脑登录为‘意象’。脑在这一动作中所领会的是客体的外貌。我们由经验知道客体尚有其他的特征，只是一时尚未为眼睛所见……知觉的动作达到巅峰时便知道了客体的外观。”[1] 他继续指出，想象力是指把各种意象联系与结合起来的能力，不论是在思考的历程或在感情的历程中。[2] 当对视觉形象进行知觉的时候，唤起的想象是视知觉想象。这种想象，并没有完全脱离眼前的

[1] 赫伯·里德.通过艺术的教育[M].吕廷和,译.长沙:湖南美术出版社,1993:41.

[2] 赫伯·里德.通过艺术的教育[M].吕廷和,译.长沙:湖南美术出版社,1993:44.

知觉对象，而是主体在面对知觉对象时，用审美的态度介入知觉的过程。于是，眼前的图像便激发起主体的想象。比如，在某一个深秋时节，你因为心情不好，独自来到橘子洲头散心。而当你踏上橘子洲头，突然想起毛泽东的词《沁园春·长沙》，那么，你的心境和态度就会马上改变，眼前的视野也会突然变得寥廓起来：抬眼望去，江面仿佛有千帆竞发，长空似乎有雄鹰展翅，远山的红枫变得更加鲜活热烈；江边行走的人都成了风华正茂的少年，他们正携手漫游，高谈阔论，指点江山；停靠江边的渔船，恍惚间好像也在急速地行驶；几个勇敢的少年正在江中游泳，他们激起的朵朵浪花，一阵一阵地拍打和撞击着江面飞驶的轮船。这种发乎现实的景象，一旦加入想象，就被赋予了灵性和新生。

因此，美术教师应当创造机会，引导和鼓励学生去接触丰富的图像和景象。这对于培养和激发学生的想象力，进而提高学生的图像识读素养，具有十分重要的作用。

（四）理解力：审美价值观和判断力的培养

“理解力”这个词源自拉丁文“comprehendere”，意指“抓住总体”，意思是对某个事物或事情的认识、认知、转变过程的能力。阿恩海姆认为，艺术活动是理性活动的一种形式。“视知”既要用眼睛看，也要用头脑进行思维。知觉和思维是交错在一起的，而且知觉“理解”周围环境的机制，与思维的心理机制，大体上是相同的。阿恩海姆格式塔理论指出，形不是客观的复现，而是知觉对事物对象进行了较大幅度的改造。知觉并不是首先感知事物外部的某个细节、某个局部、某个片段，而是瞬间对这些成分进行加工或组织以获得完整的印象。这种组织和建构的过程，既是通过经验积累所形成的迅速反应（即“习惯成自然”），也是主体对事物对象的理解参与。

理解力的培育，既需要有潜移默化的文艺熏陶，也需要有系统的教育训练。要想提高自身的理解力，既要如前文所说的那样保持对生活、自然、社会中的文化艺术现象和图像的大量感性接触，去认真学习和了解文化艺术的精神、风格、符号等知识，从而形成正确的价值观和判断力，也要结合自己的经验，从不同角度去看待事物，以形成自己独特而有意味的理解。

综上所述，主体必须与大量的视觉形象以及现实生活保持接触，并在与客体之间的相互作用中形成正确的判断，才能培养敏感的视觉感知力和想象力，才能不断提高自身的图像识读素养。

二、美术表现：体验与表现的快乐

“美术表现是指运用传统与现代的媒材、技术和美术语言创造视觉形象。”[1] 美术是一门利用各种媒介、符号和隐喻手段，用以表达思想和交流情感的学科。通过美术学习，人们掌握一定的美术表现方式，用来解决工作、学习和生活中的诸多问题。因此，“美术表现”是基于交流和表达的需要而提出的，也是当今社会人们的基本素养之一。

学生经过构思与反思，可以创作具有思想和文化内涵的美术作品，以美术表现的方式来表达自己的情感、思想和意图。而且，美术表现的应用范围非常广。比如说，用手机拍照并用相关应用软件对所拍照片进行拼图组合，用橡皮泥捏出一个形象，用电脑软件修改或制作图像等。只要能体现自己的想法，阐发内在的情感和思想的美术行为，均属于美术表现。美术表现从儿童语言功能没有发育完全的时候就已经开始了。比如，儿童常常通过涂鸦来“说话”，或借助“表现”以表达自己内心的真实感受和理解。美术表现不同于美术创造，它所需要的技巧少一些“专业性”。但是，美术表现仍然需要一定的技能与

[1] 尹少淳 . 普通高中美术课程改革述要之二 美术学科核心素养 [J]. 中国美术教育 ,2016,218（4）:07-10.

知识，比如空间意识、造型意识以及一定的审美能力。美术表现包含着认识、理解以及对美的追求，是自我实现的需要。它既可以采用传统的手绘表现形式，也可以就地取材，大量运用本地传统美术技艺。后一种方式可以使美术更加贴近学生生活，让学生释放自然天性，以获得体验的快乐。

（一）情感的表达：情感的释放和调节

心理学家认为，情感有信号和调节两种机能。情感的信号功能指个体以体验的方式表达出自己对周围事物意义的认知，并对他人施加一定的影响。作为信号系统，情感关联着人在面对对象时的反应，所以它是知、情、意的统一。情感的调节机制指人对内部和外部活动的一种调节。古人云“情动于衷而形于言”，意即情感在内心有所触动而形成外在的语言。美术的表现活动往往与学生的情感表达纠缠在一起，并像镜子一样反映了学生内心的情感世界。高中课业负担重，学习紧张，学习的目的性强。美术学科作为非考试科目，可以让学生没有负担地学习和展示，把情感向外舒展。同时，美术学科非常强调实践，学生在美术表现的过程中，需要更多的身体器官参与进来，使大脑和身体达到更加一致的协调和运作，使个体内部和外部达到和谐统一，进而滋生出愉悦的情感。德国实验心理学家冯特（W. Wundt）提出情感三维学说，即情感具有三种维度：愉快—不愉快、紧张—松弛、兴奋—抑郁。按照这一理论，情感存在着向背两极状态，即人的任何一种情感体验，都有与之相反的情感体验予以对应。实践证明，美术表现可以释放负面的情感或情绪，并引导情绪或情感往积极的方向发展。比如，美术治疗可以借助非语言的视觉形态进行情绪表达，以达到康复的治疗作用，其价值就在于“心智（也包括手指）的全神贯注使经常受压抑的患者释放出其创造性的能量”[1]。同样，对于学生情感的

[1] 爱德华兹．美术治疗 [M]．缪青，巩丽群，柳岚心，译．北京：中国轻工业出版社，2010:1.

表达与释放，美术表现具有积极作用。

从更高层次来讲，美术表现的主体是人，绝不能忽略人的自由心灵在艺术中的核心地位。美术的表现可以让艺术和生命圆融互摄、浑然一体，可以使个体伸展自己的性灵，并在这种生命的、体验的方式中不断涵养自身。

（二）情感沟通：对话自我和世界

学生可以通过美术表现来获得沟通的能力，也可以通过表现来满足沟通的欲望。沟通，既包括向内沟通，也包括向外沟通。向内沟通有两类：一是如前文所述的通过表现来使自己的内在机制达到一种和谐的状态；二是通过视觉的表现来体现自己的意图、心情，抑或是记录其对生活的感受等。向外沟通，是指通过美术表现与生活世界展开对话，或将美术表现作为一座与他人对话的桥梁。

美术表现是个体向内沟通的重要手段，并以此认识自己。“认识自己的作为，乃是任何身心平衡的人的先决条件……自我认识是一项活的科学，它包含了对社会、智慧、情感和心理上的变化，以及儿童创作需要的了解。”[1] 杜威认为，儿童生长的基础是四种本能或兴趣：谈话或交际方面的兴趣、探究或发现东西方面的兴趣、制造东西或建造东西的兴趣、艺术表现方面的兴趣。“儿童的生动活泼的生长是依靠这些天赋资源的运用获得的。”[2] 另外，他还提出艺术表现的冲动主要和社交的本能——想讲述和表现的愿望联系着，“是从交际的和建造的本能中发展起来的。这是它们精华和充分的表达”[3]。个体对美术的自由表现，是将表现作为自己感知的“触角”，去触碰、试探、体会、感受外部世界，并通过自己不断的体验和尝试来适应社会。个体在很早的时候就知道用美术表现来与世界进行沟通联系。儿童在语

[1] 罗恩菲德 . 创造与心智的成长 [M]. 王德育 , 译 . 长沙 : 湖南美术出版社 ,1993:23.

[2] 杜威 . 杜威教育论著选 [M]. 赵祥麟 , 王承绪 , 编译 . 上海 : 华东师范大学出版社 ,1981:38.

[3] 杜威 . 杜威教育论著选 [M]. 赵祥麟 , 王承绪 , 编译 . 上海 : 华东师范大学出版社 ,1981:37.

言没有充分发展的时候，喜欢用美术这种非语言的形式来表达自己的想法和对事物的理解，以及沟通与世界的对话。随着年龄的成长，个体在不同的阶段，利用各种美术表现的材料，并以自己的方式去“言说”自己对世界的认知。这不但是他们沟通自己情感世界的一个方式，也是其内心思考与外界世界开展交流的窗口，其目的是用以释放自己的天性，从而获得自由而快乐的体验。

三、审美判断：趣味和标准的演绎

所谓审美判断，是指审美的心理过程，即审美主体在审美经验的基础上，对审美对象的审美特性进行研究、分析和概括后，对其做出确认和评价的过程。审美判断分为感性判断和理性判断两种形式。所谓感性判断，是指简单地肯定或否定事物的美或丑。所谓理性判断，是指通过理论来论证事物的美与丑。笛卡儿是美学史上较早讨论审美判断内涵的哲学家。德国另一位伟大的哲学家康德则对审美判断做了较为系统的阐述。他认为，审美判断只涉及事物的形式而不触及利害关系等内容，是自由的、无明确目的的，是个人主观的，又有着广泛的普遍性，是一种非逻辑的不借助概念的“情感判断”和个人先验的无关功利的“纯粹观照”。康德进而认为，由于审美判断带有主观性和价值性，因而不是知识的或逻辑的判断。实际上，审美判断受个体经验的影响非常大，即个体的审美趣味和态度会作用于个体的审美判断。但是，审美判断应当具有共同承认、普遍必然的有效性质。

（一）美感：感受和体会美的能力培养

审美的判断，必须具备对美的感受和体会的能力。如果没有美感，就无所谓对美的判断了。“美感”，即审美的感受和体会，可称为“审美意识”“审美经验”“审美感受”等。美感的建立不是认识活动，认识活动是建立在主客两分的基础上。主客关系是主体对客体“是什么”的追问，而审美意识却根本不去过问对象“是什么”，这与认识的性质截然不同。张世英认为，审美意识是人与世界的交融，相当于传统文化中的“天人合一”。从存在论上来说，是双方合二为一的关系，正如王阳明所说的天地万物与人原本是一体，其发窍之最精处是人心一点灵明，人的心与物是“一气流通的”，无可“间隔”。张世英指出，审美意识不是认识和思维，而是一种感情、情绪、情调或体验，“意境”“心境”或“情境”这些词里面都既包含有‘境’，又包含有‘心’。他进一步指出，明清之际的王夫之关于情境合一的理论更有系统性，即“情不虚情，情皆可景；景非虚景，景总含情”，也就是说，无景之情和无情之景皆不成审美意象。[1]因此，超越主客关系，就是一种“忘我之境”，而美感就在于“天人合一”与“情景交融”的“忘我之境”。

美感具有直觉性。阿恩海姆将知觉思维分为直觉的认识和推理的认识，并认为直觉认识发生在一个各种“力”之间自由互相作用的知觉领域内。他举例说，人在观看画时，会对整个画面进行扫描，知觉到画面的色彩、形状以及它们之间的种种关系。这些要素在观者的知觉经验中相互作用，而这种相互作用，就如同大脑中的“力”在进行高度复杂的加工。这个加工过程很少进入意识层面，进入意识的只是这种相互作用的最终结果。因此，从表面上看，审美直觉是审美的开端，实质上它是一系列复杂的心理机能综合运作的结果。张世英认为，“思”（认识）是对原始直觉的超越，而审美直觉是对思的超越，超越并不意味着抛弃，而是包含和渗透。这种意义上的思，与“情”结合，称为“思致”。由此可见，美感的直觉性是“人类特有的高级精神活动，具有某种瞬间掌握对象整体关系的特殊功能，带有直觉性、瞬间性、综合性和不可言传性”[2]。这种不可言传性的特殊功能，其实是由我

[1] 张世英．哲学导论 [M]. 北京：北京师范大学出版社，2014:108.

[2] 钟呈祥，张晶主编．艺术概览 [M]. 北京：中国传媒大学出版社，2012:2.

们的经验积累所获得的，也是我们个体技能知识的一部分。

通过以上的论述，我们知道，美感的能力是靠人的经验积累起来后所获得的那种瞬间的爆发和反应。伽达默尔曾说过，“所有被经历的东西都是自我经历物，而且一同组成该经历物的意义”。这意味着我与我过去所经历过的，一同构成了现在的“我”这个完整不可分割的生命整体。这正是他提出意义丰满（Bedeutungsfülle）的意味所指，即艺术体验中的意义丰满更多地指向了生命的意义整体。[1]

实际上，“美感是体验”已成为美学家们的共识。叶朗先生指出：“审美活动是要通过体验来把握‘生活世界’的活生生的整体。这个‘生活世界’的整体，最根本的就是人与世界的交融。”[2]他引用王夫之的“现量”说、禅宗的“直接性”思想以及张世英的“超出自身”等理论，详细论述了美感是体验这个观点。他最后总结道：“审美体验是与生命、与人生紧密相联的直接的经验，它是瞬间的直觉，在瞬间的直觉中创造一个意象世界（一个充满意蕴的完整的感性世界），从而显现（照亮）一个本然的生活世界。”[3]

综上，美感的直觉性、直接性无不是在体验中培养和显现的，这也进一步证明了体验对于生成个体技能知识或美术素养的重要作用。

（二）审美趣味：高雅与敏感的审美能力培养

审美趣味是中外美学史上讨论比较多的问题。在中国，关于审美趣味的学说，有六朝钟嵘的“滋味说”、唐柳宗元的“奇味说”、宋严羽的“别趣说”、清李渔的“机趣说”。在西方，关于审美趣味的学说，有赫奇生的“内在器官说”、休谟的“相对性”和“主观性”、康德的“无利害关系”和“先验共同感”等。

---

[1] 汉斯·格奥尔格·伽达默尔.伽达默尔作集第一卷 诠释学1真理与方法 补充和索引[M].洪汉鼎，译.北京：商务印书馆，2021:110.

[2] 叶朗.美学原理[M].北京：北京大学出版社，2009:87.

[3] 叶朗.美学原理[M].北京：北京大学出版社，2009:98.

审美趣味是指人们按自己的审美标准，审视审美对象时所形成的感情、态度和兴味。比如，有人喜欢古典艺术，有人喜欢行为艺术，有人偏好具象绘画，有人倾向抽象绘画，这些都是审美趣味在起作用。审美趣味，既有个体的差异性，也有社会的共同性。审美趣味是一种有异于生理趣味的高级心理能力，它既不是完全由主观唯心主义和先验决定，也非只是遗传和本能。审美趣味，既与个体后天的生活经验有关，也与个体的心理能力有关，两者共同影响了审美趣味。个体的后天生活的经验，必然会受到他所处的时代文化、地域文化、家庭文化、教育背景、风俗习惯、社会生活条件等因素的影响。比如，唐朝崇尚丰腴之美，现代则认为清瘦是美，这都是因为不同时代有不同的社会风尚。因此，个人所接触到的环境以及后天的审美教育，都会逐渐孕育他的审美趣味与审美倾向。同时，审美趣味也受到个人的审美观、价值观、人生观以及文化素养等因素的制约。因此，审美趣味是高级还是低级，是发达还是不发达，既受荣格（Jung）所说的集体无意识（先验）的影响，也受个体无意识（潜意识）的影响。荣格认为，“集体无意识”是“具有在所有个人身上完全相同的集体性……非个人性本质。这种集体无意识并非是单独发展而来的，而是遗传而得的”[1]。人类在进化的过程中，社会、种族经验会在人脑中留下生理痕迹，形成各种无意识的原型，并不断遗传下来。我们在艺术活动中体验越多越深刻，潜在的原型显现的机会就越多，知觉和行为的可能性也越多，这是人类生命和感性的最深源泉。

李泽厚先生提出了“建立新感性”的观点。他认为，个体的创造并不是完全受制于群体，个体的生动性和创造性可以对集体的心理积淀和既成事实提出挑战，这种个体的挑战和变革可逐渐被群体采纳、接受或普遍化，并构成群体的心理事实。[2]李泽厚先生将之称为“自然的人化”，这种人化包括外在的人化和内在的人化。前者是人改造客观世界的整个历史成果，使客体变成美的事实，这是美的本质。后

[1] 荣格 . 原型与集体无意识 [M]. 徐德林，译 . 北京：国际文化出版社 ,2011:37.

[2] 李泽厚 . 华夏美学 · 美学四讲 [M]. 北京：生活 · 读书 · 新知三联书店 ,2014:312-313.

者则是主体的心理（情感、需要、感知、愿欲等）获得审美情感，这是美感的本质。因此，个体美感的建立，是脱离不了社会实践的。要形成高级的、积极的审美趣味，就需要引导学生在平时的学习中，多去接触经典的美术作品，多去美术馆、博物馆观赏美术作品和艺术展，也可通过网络观赏虚拟美术馆和博物馆的作品，多和美好的事物及人打交道，多去体验生活中的不同的美。只有这样，才能形成积极的、高雅的、发达的、敏感的审美趣味。

（三）审美态度：审美的态度和价值观培养

所谓审美态度（aesthetic attitude），是主体审美时表现出的一种心理倾向。审美态度包括对事物的审美价值的认识，对事物的审美情感，对事物美的感知、欣赏、评价和创造的行为倾向。审美态度与科学态度是不同的，它的不同表现主要在于：不致力于解决理论和实践中的问题，不涉及概念思维。如果有意识地利用概念对审美对象进行分析、批判、肯定或否定，审美态度便立即消失。审美态度也不同于实用态度，它的不同主要在于：它不关心行动的目的以及达到目的的手段。如果把注意力转移到实用生活目的上，审美态度便不复存在。

审美态度在很大程度上决定着审美对象的价值，决定着对象是否美或能否发现对象的美。人的知觉并不完全是客观的，在看待事物时多多少少会带有主观的色彩。朱光潜先生在《我们对于一棵松树的三种态度》一文中，描述了不同身份的人（木商、植物学家和画家）在“知觉”一棵松树时所表现的不同态度。由此，他认为古松的形象并非固定的，一半天生一半人为，是随观赏者的性格、情趣乃至身份职业变化而变化的。他通过这个例子，总结出如下结论：人看待事物有科学的、实用的、美感的三种态度，有审美的眼睛才能见到美。[1] 美感的态度专注事物本身的形象，其心理活动偏重直觉。它需要抛弃实用（功利

[1] 朱光潜．谈美 [M]. 桂林：漓江出版社 ,2014:6.

主义）和科学（抽象、逻辑）的态度，走向“无所为而为”的活动状态。审美主体应该从日常生活中抽离出来，保持超功利的态度，这样才能从审美的角度去专注于审美对象，并获得美的感受。瑞士心理学家爱德华·布洛（Edward Bullough）提出了著名的“距离说”，认为审美要保持超功利的心理距离，而且这种心理距离是要适中的，不能过远或过近。心理距离过远，会造成不理解，导致冷漠和无动于衷，陷入主观的臆想。心理距离过近，可能会陷入艺术的虚幻之中，将其与现实等同起来。

审美的态度，是一个人态度和价值观的重要体现。因此，在美术教学的过程中，我们要积极引导学生，抱着审美的态度去观赏对象，并抛弃那些依附于人心理中的非审美因素，单纯地从对象的本身形象出发，去挖掘和发现对象美的特质。

四、创意实践：个性与创意的表达

创意实践是指由创新意识所主导的思维和行为。[1] 我们可以将创意和实践分为两个部分来理解。其一，学生在美术学习的时候要有追求创造新意的自觉。其二，在创意思维的指导下，学生要有行动的自觉和内驱力。

高中教育是一种普及化的教育，所以“创意实践”这一美术学科核心素养的制定对学生的要求就比“创新实践”相对低一点。当然，相较于“美术表现”而言，“创意实践”对学生的美术素养则提出了更高的要求。

[1] 尹少淳．普通高中美术课程改革述要之二 美术学科核心素养 [J]. 中国美术教育 ,2016,218（4）:07-10.

（一）经验与知识是创意实践的翅膀

牛顿曾说过这样一句话：如果说我比别人看得更远的话，那是因为我站在巨人的肩膀上。这句话强调了前人所探索的知识和所积累的经验对于后来者的重要性，也说明了个体要了解和掌握足够多的知识才能够看得更远，走得更远。

创意实践不是凭空而来的东西。如果说，创意实践是泉水的话，知识和经验就是井。井底挖得越深，井壁筑得越牢固，井水越能源源不断地涌出并被蓄积起来。美术知识分为公共的知识和个体的知识，它们都是由智力形成的源泉，对创造力都很重要。第一，美术知识和经验可以帮助学生在美术学习领域创造出新颖的作品，避免那种重复低效的劳动。第二，知识和经验培养创造力，能够帮助一个人形成逆向思维，使其在美术实践的时候能有与众不同的想法。第三，知识和经验对个体创造力的激发，对美术作品的构思和完成，有着极其重要的作用。第四，以惯性存在的这一部分知识往往已经内化为一种个体的知识了，它可以使人们的脑力专注于创新而非基础知识。第五，知识和经验可以让人留意到一些偶然的、意料之外的现象，并使之成为创新的一个重要来源。

好的课程应该既重视公共知识的学习，也重视个性化知识的积累，即在学习学科知识和积累生活经验等方面找到平衡。只有这样，才会使学生获得独特的视角和产生新的想法。心理学家罗伯特·斯滕伯格将知识分为正式知识和非正式知识。他认为，非正式知识是在某一领域或职业内经过一段时间积累起来的，往往是无法明确传授和言明的知识。斯滕伯格引用来自高校和工业研究领域的科学家的观点和实例，证明非正式知识的重要性。科学家发现，创造力更强的科学家（由同行评判）与创造力较弱的科学家，对非正式渠道知识的重视程度是不同的。创造力更强的科学家更注重与其他人的交流，他们在与科学家协会其他成员进行互动交流时，其内容通常会超出他们所在的领域。美术领域同样存在这一现象，即创造力往往发生在自己与他人的互动、交流以及不断体验和尝试之中。因此，在美术学习中，通过加强师生之间或者学生之间的互动交流，往往能碰撞出创意的火花。

（二）思维风格决定创意实践方式

思维风格是指个体在解决问题或完成任务时运用智力和知识的倾向性。思维风格并不是一种智能，而是运用智能的方式。思维有很多种风格，不同思维风格的人对待事物的方式有很大不同。具有保守型思维风格的人，喜欢恪守固有的规则模式，在学习中往往墨守成规；具有激进型思维风格的人，喜欢有新意、不确定的情景，喜欢尝试新鲜事物，不喜欢一成不变的任务，常常最大限度地超越现有规则和程序，对有多种可能的事情非常感兴趣，他们有创新的潜力，但是又容易喜新厌旧，缺乏耐心，因而不足以做出一些创造性的活动；具有局部性思维风格的人，非常关注细节，较为务实，行为明确，但是却难以把握全局；具有创造性的思维的人，喜欢研究问题，思维敏捷且具有跨越性特点，求新求变。显然，创意实践最需要的风格，就是创造性思维风格。

思维决定行为。大量的研究证明，人们在解决问题时，普遍存在着思维的定式。同样，学生的过往经验亦容易造成思维的定式和局限。因此，教师在教学的过程中，要积极引导学生运用创造性的思维方式去思考问题。第一，要意识到常规的存在并主动去打破它们。打破常规的前提是认识到常规的存在，因此，教师应当帮助学生去分析是哪些陈规旧习束缚了思维。第二，主动与他人进行合作，是一种非常重要的素养。打破思维定式要积极地征求他人的反馈意见。这就要求在学习的过程中，不要以自我为中心，而要养成与他人合作的精神，多参与集体的美术体验活动，在合作中取长补短，共同成长。第三，要积极主动地去学习。富有创造力的人，往往就是求知欲旺盛的人。只有积极主动地去学习，使知识不断加以内化和巩固，才能不断发现美术的奥秘，体验美术的魅力。荣格的心理类型理论认为，与创造力最为密切的风格是感觉型风格和直觉型风格。相对感觉型风格而言，直觉型风格更具创造性和开放性，更能观察和把握到事物的全貌，更能把握整体发展的架构。可以看出，荣格的直觉性思维基本上等同于斯滕伯格的创造性思维。

个体所具有的思维风格，比如保守或者开放、内倾或者外倾、局部或者全局、无序或者并进，对个体美术学习的风格具有决定性影响。显然，运用直觉型思维或创造性思维来处理美术学习中的问题，是高中生需要进行针对性训练的。

（三）动机是创意实践的内驱力

心理学家马斯洛（A. H. Maslow）在《动机与人格》一书中把需求分成生理需要、安全需要、归属和爱的需要、尊重需要、自我实现需要五个层次。他认为，自我实现的需要是最高级的需要，有这种需要的人会产生一种强烈的内驱力，驱动他全心全意、聚精会神地关注目标和愿望的实现，进而获得心理的满足。显然，人们在创造的过程中产生“高峰体验”，获得超然的、欣快的、如痴如醉的情绪体验，属于一种非常高级的需要。

内在的动机是指人们从事某个任务是为了享受过程所带来的心情愉悦感，而非为了外在的目标。托马斯 · 马龙（Thomas Malone）和马克 · 莱普（Mark Lepper）将内部动机定义为人们在没有外部诱因的情况下从事的事情。研究人员已经证实，一个具有良好的内在积极性的学生，大多具备非凡的专注力、较高的认知水平以及持之以恒的毅力。简而言之，内在动机可以带来更深层次和更持久的学习。[1] 在主体学习过程中，兴趣和好奇心起到了激活原有知识体系的作用，有助于学习者将新知识和原有知识进行关联。

[1] 巴格托 . 培养学生的创造力 [M]. 陈菲，等，译 . 上海：华东师范大学出版社，2013:321-322.

我们体验自身喜欢的挑战，或者是让我们获得适合自己的某种技能。斯滕伯格的“动机原则”（laxative principle of motivation）可以给我们带来有益的启发。该原则认为，经常受外部动机推动，会使得我们依赖外部的支配，难以推动自己的发展。内在的动机则会驱使个体去关注任务本身，通过个体与任务本身的融合以获得满足感，进而产生强大的驱动力。有鉴于此，教师在引导学生美术学习的时候，应当尊重学生的兴趣和爱好，并加以适当引导，努力做到顺势而为。同样，学生也应该有意识地根据自己的喜好选择自己喜欢的美术模块进行学习，让内驱力成为学习的强大推力，将被动的学习转化为主动的学习。陈丹青曾经说过，正是西藏采风的经历使他建立起对西藏风土人情的深厚感情，促使他创造了深切感人的《西藏组画》。侨居海外的李自健内心有着浓烈的乡愁，触动他创作那一系列敦朴纯美而感人至深的家乡印象系列油画。

五、文化理解：共享与包容的境界

所谓“文化理解”，是指从整合与跨学科的文化视角看待和理解美术作品和现象，并认同中华民族的优秀文化，尊重人类文化的多样性。对于美术来说，我们可以通过作品“以小观大”，透过当时的作品而感知当时的社会文化；也可以“以大观小”，通过对当时文化特征的认识，理解具体作品的意涵。[1]

掌握一定的个体技能知识，不仅是个体适应社会的必要条件，也是提升自身价值、增加生命厚度的必然要求。高中美术教育在注重美术学科性的同时，不应忽视文化对个体美术素养的建构作用。多元性、非确定性的知识，对个体形成探究能力和批判思维，具有十分重要的影响力。

[1] 段鹏，等．基于核心素养的美术教学——对首都师范大学美术学院尹少淳教授的访谈．亚美中 CNU(微信公众号).2016 年 5 月 30 日

（一）以“在场”的姿态进入

黑格尔在《小逻辑》一书中认为，“哲学”一词是指不同门类的、无可穷尽的知识，无论是从个体的角度去寻求普遍的标准，还是在偶尔、纷杂繁芜无序的事物之中寻求必然性和规律，都属于广泛的哲学知识体系。他认为，现代哲学思想的内容，既取材于人类对于外界和内心的直觉和知觉，也取材于人们自身对于当前的外界自然和当前的心灵心情的直观和知觉。[1]因此，我们必须通过与事物的亲密接触，去发现它与我们自身确定性的一致，从而接受或承认它为真。黑格尔将这种以经验为出发点的哲学称为“经验科学”。艺术是不断演变的，是一种动态的变化过程。从共时性来说，艺术有不同的门类。普通高中美术学习有五大领域，七个艺术门类，它们之间相互交叉，相互渗透，又独立自律地发展。因此，我们要求学生要有文化的视野，从不同的视角去看待不同种类、不同地域、不同民族、不同国家的艺术。文化理解中的最大障碍：文化视差（cultural parallax），即因文化价值观的差异和文化时空隔膜形成的认知局限，使人在审视文化事物的角度出现了偏差，使之得不到自然的准确视像，把握不到事物的本质特征。[2]而我们在看待不同形式的艺术时，并非依照完全不一样的价值判断和审美。它应当具有一个多方认同与默契的构架结构，并需要个体以“在场”的姿态去看待、体验、体味不同的美术文化，去融入不同的艺术中，尽量避免以“外者”“他者”的身份站在外面指指点点，从而形成文化视差。

（二）接纳和包容文化的多样性

文化是人类的生存方式。中华民族历经坎坷，文化的根脉未断，最根本的原因是中华文化具有极大的包容性和接纳度——吸纳和利用

[1] 黑格尔．小逻辑 [M]. 贺麟，译．北京：商务印书馆，2019:45-46.

[2] 刘宓庆．文化翻译论纲 [M]. 北京：中译出版社，2019:91.

其他文化的优秀元素，用以充实和发展自己的文化。几千年来，分分合合，合合分分，中国始终作为一个泱泱大国屹立于世界民族之林。这种泱泱大气，不仅在于中国的国土辽阔、人口众多，更在于中华文化所具有的包容性。任何外来文化，遇到中华文化，其精华都会被中华文化吸取并为己所用，从而成为庞大的中华文化体系的一部分。

用文化的视角去看待问题和现象，这是一种基本的素养。作为21世纪的中学生，应该有广阔的人文视野和包容的胸怀，尊重和理解他文化，不用狭隘的民族主义和“他者”身份去看待“他文化”“异文化”，对不同理念的文化抱有包容的态度。对于“文化理解”，我们可以用哈贝马斯（Habermas）的“交往理性”理论加以理解，即主体要处于一个非自我中心化的世界理解之中，用一种对话的共享理性去看待文化的多样性。唯有抱着乐观积极且理智审慎的态度，方可避免因排斥和不理解产生的片面化和狭隘性，才能使自己处于一种多元和丰富的文化学习之中。因此，应该广泛地接触中外优秀的美术作品，探索其文化的内涵，既要能够接纳世界的多元文化，也要认同中华民族的优秀文化。

（三）树立民族文化的自信心和认同感

2016年习近平总书记在坚定“四个自信”的内容中，正式提出了文化自信，并认为文化自信是更基本更深沉、更持久的力量。文化自信是我们社会主义建设的根本性指导思想。习近平总书记在哲学社会科学工作座谈会上的讲话中谈道：“历史和现实都表明，一个抛弃了或者背叛了自己历史文化的民族，不仅不可能发展起来，而且很可能上演一场历史悲剧。”文化自信，是一个国家、民族、政党对自身文化价值的充分肯定，对自身文化生命力的坚定信念，对自身文化影响力的坚定信心。文化自信主要体现在三个层面上，首先是对中华文化自信，其次是对文化创新力自信，还有就是对文化普遍意义自信。

中国文化历史悠久，美术因应文化而生，并伴随其发展而发展。美术是一种文化，应当从文化的视角看待美术，将美术置于整个社会发展之中。因此，美术具有整合的特点，是与社会有关联的文化。但是，中国的传统文化正受到外来文化的巨大冲击。处于青少年时期的高中生，认知能力不全面，看待问题往往具有片面性，加上对中国传统文化缺乏了解。在他们眼里，传统的美术文化魅力难以抗衡现代美术文化，民族的文化没有欧美文化那么先进。当然，随着国家综合实力的不断增长，鄙薄中国传统文化的浮躁习气将日渐消退，这正如清华大学陈来教授在《贞下起元》一文中所说，“儒家文化为代表的中国文化经历了 20 世纪的严厉批判，已经走过低谷，开始面临一个新的发展”[1]。令人欣慰的是，目前的高中美术教材已经加入了很多优秀的传统文化内容，如民间艺术、中国画、书法、篆刻等，引导学生深入了解我国优秀的民族民间文化，以增加学生对中华优秀文化的认同和自信。而近年来非物质文化进校园也屡次在教育部文件中被提及并倡导，不少学校也开展了各种非物质文化进校园的活动。这些举措有利于引导学生深入了解我国民族民间传统文化，增加学生对中华优秀文化的认同和自信，促进非物质文化的校园传承。

[1] 赵宇飞主编．中国人的文化自信 [M]. 贵阳：孔学堂书局，2014:195.

第三节 师生关系的基本理念

日本学者佐藤学认为，如果把学习作为意义与人际的“关系重建”加以认识，那么，学习的实践就可以重新界定为学习者与客体的关系、学习者与他自身（自己）的关系、学习者与他人的关系。他进一步指出，学习的活动是建构客观世界意义的活动，是探索与塑造自我的活动，是编织自己同他人关系的活动。[1] 在教与学的双边活动中，教师与学生的关系直接影响到教学和学习效果的好坏。因此，新时期的美术教育鼓励破除不平等、单向权威的传统师生关系，倡导走向对话的、共享的新型师生关系。

一、注重教与学的对话

尤尔根·哈贝马斯（Jürgen Habermas）认为，交往是双维度的，它涉及不同言谈者之间的相互理解的对话关系。相互沟通的交往理性，是和谐的教与学关系的前提。只有让师生之间处在积极的对话关系下，

[1] 佐藤学．学习的快乐：走向对话 [M]. 钟启泉，译．北京：教育科学出版社，2014:38.

才能产生一个具有完整现象的教与学的过程。

（一）对话是一种关系

正如福柯（Michel Foucault）所说，世间的东西不能脱离话语而存在。我们和世界就是一种话语关系。在传统师生关系里，教师控制了绝对话语权，学生处于“失语”状态。在这种状态下，学生的积极性和创造力是受到压制的。因此，只有把教育行政权力操控的权势角色转变为协调引导角色，使施教者不再处于一种传递主流意识形态的附属地位，而是拥有更为主动、积极的话语权，才能改变施教者和受教者之间的话语对立，让受教者在教育中的主体地位和话语权得到重视和尊重，进而享受到平等的文化资本，营造动态均衡的对话氛围，最终实现教育“人本精神”的回归。

所谓“对话”，不是单方面的训话，也不是自言自语或独白。对话，需要双方或者多方参与。伽达默尔指出：“对话就是对话双方在一起相互参与着以获得真理。”[1] 因此，对话是平等的、民主的，是一种你中有我、我中有你的关系。德国哲学家马丁·布伯认为，人持有双重的态度，因此世界于他也呈现为双重世界，一是“我—你”，二是“我—它”。在后一种形式中，无需改变原词本身，便可用“他”或“她”来代替“它”。“经验者滞留在世界之外。经验‘在他之中’，而非位于他和世界之间……它绝不染指经验，而经验根本无从企达它。经验世界屈从于原初词‘我—它’。原初词‘我—你’则创造出关系世界。”[2] 传统美术教学中的师生关系，与其所设定的目标一样，具有单一性，即老师是绝对的权威，两者是典型的“我—他”的关系，无法产生对话和互动。所以，基于个体技能知识的美术学习，应当建立在学生的经验之上，在体验活动中建立一种交往的主体间性行为，打破单一主

[1] 伽达默尔．赞美理论 [M]. 夏镇平，译．上海：生活．读书．新知三联书店，1988:69.

[2] 马丁·布伯．我与你 [M]. 陈维纲，译．北京：生活．读书．新知三联书店，2015:20.

体性，形成相互理解、沟通的交往理性，进而达到师生关系的和谐，达到教与学的和谐。因此，对话是一种关系的体现，它不是主客体之间的不平衡，也不是主体与主体之间的相互隔离，而是一种能够产生关联的有效互动。

（二）对话是一种态度

传统师生关系是严肃的、单一的甚至对峙的，无法使师生双方产生有效的互动和对话，因此无法满足以促进学生个体发展为目的的新课改的要求。那么，我们应该如何转换师生关系呢？首先，教师需要意识到问题的存在，更需要有转换传统师生关系的态度和行为。教师应该放低姿态，去倾听学生的心声与需要，真正做到想学生之所想。只有这样，教师才能真正走进学生的内心，才能帮助他们解决和处理生活和学习中的问题，促进学生身心和学习的发展。其次，学生也要改变观念，积极与教师建立良好的互动关系。中国一直重视“师道尊严”，这种文化传统对人们的影响非常深刻。学生应该勇于冲破这种传统，在尊重老师的前提下，要有质疑的态度和挑战的勇气去面对美术学习，而不是亦步亦趋，全盘接纳。总之，对话是一种态度：于教师而言，是放下架子、放下身段，去发现学生身上的闪光点，才能真正做到因材施教，因势利导；于学生而言，是把自己视为独立的个体，多和他人沟通和交流，并敢于质疑权威和勇于挑战权威。

（三）对话是一种存在方式

对话，是一种精神上的相互回应和理解，本质上是一种体验活动。“我—你”关系中的某一方，以移情作用和同理心为基础，进入“你”的世界，进而真正了解“你”、同情“你”、欣赏“你”，在“你”

的存在中发现我的存在，并回应“你”，进而在这种终极关怀中体验自己。由此可见，主体并不是一个孤独存在体，而是在体验世界与他者时观照自己，从而获得自身内在世界的澄明。

体验具有直接性，它不需要任何中介。在体验中，“我”在世界之中，世界亦在“我”之中，主客体不可超然于外。交往主体在对话中的体验是独特的，是不可替代的。从师生关系来讲，如果教师把学生当成“他”来对待，就不可能体验和关怀每个个体的独特，无法理解每个学生个体的不可替代性，无法珍惜每个学生的个体知识。没有在体验中树立对话的关系，是传统师生关系中的沉疴痼疾，是教师长期作为权威角色的根源所在。因此，必须改变现状，在对话中塑造平等互动的新型师生关系。

二、注重师生审美体验的意义共享

（一）编织师生共同生活

陶行知先生说过：“学校是师生共同生活的处所。他们必须共甘苦。甘苦共尝才能得到精神的沟通，感情的融洽。”[1] 杜威的生活教育也坚持认为，师生的共同生活过程具有教育作用，能启迪彼此，刺激想象。教育生活是师生共同存在的“家”。在这个“家”中，师生共同生活，彼此感化，在具有平等、对话特点的师生关系氛围中，美的意义才能真正向师生敞开，师生才能体验真正的美和幸福。师生能够在共同的审美体验中，体验和分享彼此的情感，形成艺术的理解和共鸣，由智能的追求转向对个性价值的追求，由对知识的追求转向对意义的追求。

[1] 顾明远，边守正主编．陶行知选集·第1卷[M]．北京：教育科学出版社，2011:212.

（二）创建师生共同实践

师生在课堂上的实践与创造，其面临的情境是非常复杂的，时常会有许多未曾预料的东西出现。因此，课程内容是不可能全部预先规定好的，而是必须根据具体情况随时进行动态调整，以适应新的复杂的情景。当代教育主张教师和学生是绝对平等和相对独立的两类主体，教师与学生之间、不同教师之间、学生与学生之间都是主体与主体之间的关系，即“交互主体”的关系。教育本质上是教师与学生这两类主体之间的交往过程，教师与学生在交往过程中，形成一种独特的共同体——“教育共同体”（educational community）。[1] 因此，教育的发生过程，应该是一个批判、质疑、创造和生成的过程。就美术学科而言，很多技法的传授和知识性的讲解，学生很难领会其中要义，只有经过老师亲自示范，学生观摩和实践体验，才能有所领悟和掌握。有些户外的美术课（比如写生、美术考察等）常常面临着更为复杂的情境，师生只有在共同实践中，培养彼此的默契度和融合度，才能解决具体的问题。在师生互动时，老师答疑解惑，对学生的实践操作进行具体的指导，实际上也是教师积累教学经验的过程。在教学过程中，教师和学生共同积累各种各样来自课堂和平时生活中的经验，一起融入活生生的学习情境之中，彼此的创造力就不会被束缚。在这种共同的实践体验中，师生共同解释课程的真正内涵，共同孕育课程的根本意义，共同彰显课程的本来面目，使课程在师生的共同实践中呈现勃勃生机。

[1] 张华．经验课程论 [M]. 上海：上海教育出版社，2000:265.

第四章

个体技能知识与美术学科核心素养

美术教育的目的是培养和提升学生的审美感知力、鉴赏力、表现力和创造力。第一，美术学科是一门注重操作技能的学科，表现力和创造力均以操作技能为前提。高中美术学习包括五大领域，即图像识读、美术表现、审美判断、创意实践和文化理解，其中美术表现和创意实践领域与操作技能直接相关，都是需不断实践练习才能够完成一定任务的动作系统。第二，心智技能是操作技能的前提。心智技能包含观察、分析、感知、想象等因素，它们是审美感知力、鉴赏力、判断力的基础。所以图像识读、审美判断和文化理解这三大素养的提升都需要心智技能发挥作用。第三，美术学习注重个体知识或缄默知识的获得和传递。技能中有很多不可言说的知识，它们只能通过示范、实践操作来传递和领悟。第四，审美感知力、鉴赏力等美术素养的生成，需要大量感性的接触和情感的体验方能形成理性的判断和反思，即需要用身体之，以心验之。

所以，个体技能知识与高中美术学科核心素养关系的研究，必须厘清两个问题：一是个体技能知识和高中美术学科的关系是什么；二是在美术学习中，怎样才能促进个体技能知识和美术素养的生成。

第一节　个体技能知识与美术学科的关系

要知晓个体技能知识和美术学科的关系，首先需要详细分析美术学科的整体知识结构，然后再具体探讨美术技能与知识的获取方式。

一、美术学科的整体知识结构

（一）美术学科的技能知识结构

艾斯纳(E. W. Eisner)提出的“以学科为基础的美术教育”(Discipline-Based Art Education,简称DBAE)理论将美术课程划分为四个领域，即美术创作、美术批评、美术史和美学领域。进一步，美术学科知识可概括为美术理论知识与美术实践知识两大类别。美术理论“广义上包括美术史、美术基础理论和美术批评；狭义上单指美术基础理论。一般通行狭义的美术理论”[1]。而美术实践，笔者

[1] 李泽厚,汝信主编.美学百科全书[M].北京:社会科学文献出版社,1990:319.

认为，从狭义上看，它是指美术理论指导下的造型艺术创作和表现，从广义上看，是指一切美术活动。

美术知识的内容非常庞杂，高中美术学习不可能一一兼顾。从现阶段我国美术基础教育的教材编排和课程内容安排来看，美术学科主要学习的内容是美术基础理论以及造型艺术创作和表现。现行的高中美术学科的内容有：必修课——美术鉴赏内容系列；选择性必修课程——美术表现内容系列（绘画、中国书画、雕塑、设计、工艺、现代媒体艺术）；选修课程——美术史论基础、速写基础、素描基础、色彩基础、创作与设计基础。高中美术学习的目的是，通过上述三个内容系列十二个学习模块进行美术的基础知识和基本技能的学习和训练，以提升学生的美术素养。《普通高中美术课程标准（2017 年版）》规定选择一个模块，修习 18 学时可获得 1 学分。每位学生必修课为 54 学时。建议学生在选择性必修课中选择两个模块获得 2 学分。在取得必修课 3 学分的基础上，学生可根据自己的兴趣在选修课或选择性必修课程的一些模块中选学，获得 9 学分，以满足发展和升学考试的需要。

十二个学习模块中，“美术鉴赏”是属于美术理论的学习，从知识特征来讲是属于陈述性知识，或者说公共知识领域，目的是培养学生的图像识读、审美判断和文化理解素养。其余门类均是造型艺术或现代媒体艺术，其内容以美术技能知识学习为主。当然，内容中有关知识的一些具体事实（如“素描简而言之就是单色画”等）及抽象概念和原理（如素描的三大面、五大调子等），也属于陈述性知识。

虽然知识的类型不同，但它们之间并非彼此孤立，而是互为支撑，甚至是可以互相转化的。同样，高中美术学科不同模块之间的内容也并非孤立的，而是相辅相成，不可或缺。通过美术鉴赏，我们可以获得美的感受，提高自己的欣赏与评析的能力，获得有关美术的基本知识。这一部分虽以公共知识为主，但需要运用个体的感知和经验，对作品进行联想、分析、判断以及移情式的体验等，才能理解审美对象和现象，并获得美的感受。“每个个人都有自己的独特的活动以及相应的经验。正是由于这样我们才有了关于‘个性’的概念。”[1]由于个体的差异性，学生在进行作品欣赏时必然带有个体的理解和价值判断。造型艺术和新媒体艺术学习，其主要目标是在活动的实践中培养技能水平，更多的是调动我们的操作能力。但是，如果没有审美能力作为基础，没有基本的美术知识和认知技能作为指导，那么操作技能的学习就是盲目而缺乏意义的。

《普通高中美术课程标准（2017年版）》列出了十二大学习模块，不同模块对技能的要求规定有所不同，从中可以看出其逻辑关系。比如，学习“绘画”，首先要“通过绘画鉴赏活动，开阔学生的艺术视野，使他们形成学习绘画创作的基本观念”，然后“在具体的绘画教学过程中，培养学生的整体观念、空间与造型意识”，再是“通过临摹、写生、默写的方式，帮助学生获得对技法理论、工具材料和表现技法的认识和运用能力。通过不同的绘画练习方法，帮助学生认识和掌握不同的绘画构图方法，懂得造型元素和形式原理的运用以及透视、比例、结构和色彩知识，体验和学会不同工具和材料的使用方法，以及绘画技法表现的程序和要点”。由此可以看出，绘画学习，不单纯是技法的练习。首先是要学习和了解美术的基本知识（陈述性知识），然后是学习某项技能的相关规则、规律和知识（程序性知识），再是通过实践表达自己的思想和个性（技能）。总之，个体技能知识的生成不是靠孤立的、单一的学习，而是靠持续的、互为联系的学习。

（二）美术学科与个体技能知识结构

个体技能知识结构的划分，可以借用王一川先生对审美体验发生结构的划分方法。他在著作《审美体验论》中将审美体验发生结构划分为三个层次：历构层、临构层、预构层。个体技能知识的历构层是指个体头脑中对自己和社会先前历次活动所不断内化的知识积淀，如高中生在以往（小学、初中，乃至学前时期）的美术活动中所积累的

[1]　王一川．审美体验论 [M]. 天津：百花文艺出版社，1992:86.

个体技能知识。学生在当下的学习建构和发生不是镜子式的映现或白板式的复现，其效应依赖于过去的知识水平、活动技能、心理结构、经验积累、体验深度等。“巴甫洛夫心理学表明，任何条件反射的形成，不仅取决于刺激和影响的强度和力量，而且取决于机体本身的状况和高级神经活动的个性特征。个体的全部经验影响着条件反射的形成和巩固。”[1] 因此，学生历构层的知识积累对当下的技能知识学习具有深刻的作用，可为新的技能知识积累和发生提供内在的图式。临构层不同于历构层。历构层是一种历时状态，是过去历次经验的积淀。临构层不是一种积淀，而是一种突现，是共时态中的一瞬间。当你站在大海边，海水此起彼伏，海浪声声入耳，远处海天相接，你沉浸在这自然壮丽的景观中，与它融合、同一，在这种凝神聚气中，你与客观世界互相作用，客观世界的状态，以及你作为主体的活动状态等，都在瞬间内化在主体的头脑中，并变成了主体活动的图式。由此可见，亲身的体验最能够激起主体那一瞬间的饱满情绪的感受，并充分进行审美体验。预构层则代表着未来意象，这种未来的意象以过去的经验积累和现在的学习体验作为基础。过去的经验是否丰富和现在的体验是否广泛深刻，直接决定着未来意象。历构层为基础层，临构层为中介层，预构层为上层。三个层次互相渗透、交织，不断形成升、降、聚、散的螺旋体，产生一次次新的审美体验。

因此，当下学习的目的，就是充分融入生活或学习情境，从艺术的角度去体验不同事物带来的美感，同时调动历构层的经验知识，参与建构临构层的知识，为预构层提供丰富的审美经验和技能积累。

[1] 王一川 . 审美体验论 [M]. 天津 : 百花文艺出版社 ,1992:96.

二、美术个体技能与知识的生成

素养和知识是有区别的，后者往往带有工具性的目的，具有外在的、可量化的特征。知识和技能进入人的本体，使身心合一，稳定存在于人的生活和行为中，并逐步内化为个体所拥有的稳固的品质，才能升华为素养。就美术素养而言，它是在经过美术的训练和实践后所形成的一系列能力（如审美、想象、表达、创意、判断等）和个性品质（包括情感、态度、价值观等）。因此，美术素养是整体的、协调的、内化的个人品质。

（一）美术知识的生成

知识结构指“知识体系（包括知识系列）在认识主体头脑中的内化而形成的由智力联系起来的多要素、多系列、多层次的动态综合体”（《哲学大辞典》）。素质是个体通过后天的知识学习和积累并将知识内化所形成的。先天的知识结构是以隐性状态存在的，它对后天知识结构的构建有潜移默化的作用。但同时，它对人的影响是潜在的和有限的。后天知识结构对人的性格、喜好、态度、价值观、禀性的塑造都是决定性的。当然，两种知识结构也并非彼此脱离而单独存在，后天知识结构反映先天知识结构，它们在学习中都不可忽视。但对于美术学习而言，在了解个体的先天知识结构的差异和特性的基础上，更应重视后天的“养”成。

美术技能知识的学习，首先要有基本的美术知识作为铺垫和基础，而非某项专门美术技能的学习。美术基础教育属于通识教育，它既包括对美术理论知识的初步了解，也包括对基本技法的初步学习和审美能力的初步培养。

心理学家认为，智力和能力是不同的，在定义与概念上应当加以区分。智力是由观察力、记忆力、想象力、思维力、注意力五种因素有机结合构成的，是进行认知活动并运用知识经验等解决问题的能力，是掌握知识的必要条件，是发展能力的必要基础，属于人的个性心理特征范畴。心理学家认为，技能是人通过练习（或实践活动）获得的能够顺利完成任务的一种动作方式。[1]

美术能力实际上是一种非常复杂的综合性能力。心理学家发现，当遇到诸如美术、音乐之类的特殊能力时，用上述的定义是无法解释的。因此，他们提出，所谓特殊能力，根本不能单纯地把它归为能力，它实际上是智力的某些因素和一般能力的某些因素的综合，应当称为智力。[2] 这种观点将智力因素包括在能力之中。此外，有人按能力的适应性将能力分为智力、专门能力和创造力三种。这种分类方法也是将智力归入能力范畴。

布卢姆将认知领域的目标分为识记、领会、运用、分析、综合、评价。“识记”是记忆的一个重要环节，注重测验情境。比如，要了解古希腊美术是如何影响西方美术，必须用识记的方式对美术发展趋势和历史演变进行记忆。识记是认知发展的基本要求，但是仅仅对知识进行记忆还远远不够，还必须领会知识。所谓“领会”，是指认知者所具有的一种理智能力和理智技能。[3] 领会作为认知环节，它要求学生在交流时知道交流的内容，并可以理解不同形式的交流内容，如口头语言、文字、符号等。有三种领会的行为，第一种行为是转化，它是指个体能把交流内容转化为其他术语，或转化成一种交流形式。[4] 比如，当你问火车站如何走时，你能将他人对“如何走”这一问题的冗长复杂的回答，用自己可以理解的符号形式（如简洁的地图）进行直观表述，并且能够领会各部分的关系。领会的第二种行为是解释，是指在自己

[1] 常锐伦．中学生学科能力目标与培养·美术 [M]. 北京：中国城市经济社会出版社 ,1990:15.

[2] 常锐伦．中学生学科能力目标与培养·美术 [M]. 北京：中国城市经济社会出版社 ,1990:15.

[3] B.S. 布卢姆，等编．教育目标分类学：第一分册 认知领域 [M]. 罗黎辉，等，译．上海：华东师范大学出版社 ,1986:86.

[4] B.S. 布卢姆，等编．教育目标分类学：第一分册 认知领域 [M]. 罗黎辉，等，译．上海：华东师范大学出版社 ,1986:86.

的头脑中将一种观念建构成一种新的结构。领会的第三种行为是推断，是指对交流所涉及的内容的趋势、倾向做出预估。总之，“领会”注重于掌握材料的意义和含义。

“运用”是指在没有说明抽象概念的用途时，知道如何运用于适当的情境。比如，当学校举行艺术文明寝室比赛时，为美化和装饰自己寝室，学生能采用实验的程序去寻找答案和解决方法。“运用”非常注重抽象概念，并将其运用于特定的情境。

“分析”是指将材料分解成较简单的组成部分，然后弄清楚各部分的本质属性和它们的关系。比如，在了解古希腊美术对西方美术影响的认知基础上，能鉴别和分析史料中的各种因果关系，具有区分重要细节与次要细节的能力，如分析古希腊美术对古罗马美术的影响，以及对文艺复兴时期的美术造型的影响等。

“综合”是指将各要素、各部分、各属性重新组合、加工，联合成一个统一的新整体。比如，在进行色彩艺术表现的时候，如何在画面中经营和处理不同的材料、色彩的搭配、空间的表达等问题。它不仅显示了作者表现艺术语言习惯的特点，而且也显示了其对各种问题的态度、对自我的知觉等。综合处理的过程，融合了个体的知识、习惯与态度，打上了个人的烙印和符号。

“评价”是处理认知行为的最后一个过程，也是联系情感行为的一个主要环节。[1] 评价是一种解释的指向，它涉及前面五种目标行为的综合，且带有内在价值。我们鼓励学生对自己或他人的作品进行多元化评价，这是培养学生整体能力的一个重要环节。

（二）美术技能的生成

辛普森等学者于 1972 年提出将动作技能目标分为七个层次，即感

[1] B.S. 布卢姆，等编．教育目标分类学：第一分册 认知领域 [M]. 罗黎辉，等，译．上海：华东师范大学出版社，1986:178.

知、准备、有指导的反应、机械动作、复杂的外显反应、适应与创新。这些目标层次，其实就是知识从外化到内化的过程。如果没有内化，学习就不会达到高阶的层次。培养美术学习的操作技能，首先需通过视觉的感知（如观摩、观察等途径）获取信息，并了解某项操作技能的相关知识、信息和动能等要素。然后，需要做好心理、生理和情绪上的准备。之后进入模仿和尝试错误阶段，即有指导的反应层次。学习者将反应变成习惯，才能自信地完成动作。这说明知识（技能）的内化需要不断地参与和实践，并将操作变成习惯。一旦进入这个阶段，知识逐步内化为个体的技能知识，并逐渐形成熟练、精准、协调的操作。这种技能操作中的奥秘，连学习者本人也可能无法言明，只是通过不断观摩和操作，使得机械动作进一步变成复杂的外显反应。学习者不断修正自己的动作模式，以适应具体情境的需要。比如学习编织技能，学习者首先通过观摩形成基本认知，然后进行模仿和尝试制作，再反复练习，“触发”大脑中储存的知识，把某些编织手法变成熟练的动作，并编织出成品。如果学习者能根据生活情境的需要去编织物品（如编织灯罩或者编织水果篮），则说明学习者在编织技能上已经有了高度发展的水平，即达到了“适应”的层次。进一步，如果学习者能自己在编织方法、式样、材料等方面创造新的动作模式以适应具体情境的需要，则说明他的技能水平已经达到了很高的层次。因为“创新”是操作技能的最高层次，能够创新的学习者的知识已经完全内化。这个过程融合了认知和情感，因为如果没有基本的编织知识（认知）和较高的兴趣、鉴赏能力，学习者的编织技能很可能只停留在较低级的阶段，无法上升到高水平层次。

学习如果没有融入情感、态度和价值观，很难真正将知识内化为“个体”的技能知识。获得知识和技能的人，已经具有主观条件和实施方式，能够将知识外化为可产生美的形式和具有实用功能的操作力。这种转化，表明学生获得了某种美术能力。素养的生成，是指主体获得了一种综合能力，这种综合能力是智力和非智力形态及其要素的综合。

（三）情感的生成

进入新世纪，基础教育课程改革的一个重大发展便是提出了课程教学的“三维”目标。奚传绩教授认为，“三维”目标对推动基础教育课程改革发挥了积极的作用，学科核心素养作为对学生发展目标的一种结果性规定，如要作用到学生，需通过各个部门、各个环节来传递和落实。其内涵不仅包含“三维”目标，而且更强调能力、情感态度和价值观，是对“三维”目标的综合提升。[1] 因此，个体技能知识不是单单指技能和知识的获得，而是强调人是一个整体的、多方位发展的个体，它体现的是一个人的综合学科素养。

克拉斯沃尔（D.R.Krathwohl）等人按照价值内化的程度制定了情感领域的教育目标分类，即接受、反应、价值评价、组织、价值或价值体系形成的性格化。许多研究证明，认知和情感永远不能完全分开。兴趣对认知能力的发展和知识的获取有很重要的作用，认知的发展不能脱离情感的目标。情感虽然更多地表现为隐性的、抽象的内部心理过程，但它与审美态度的形成、审美情操的培养以及审美能力的发展都有很密切的联系。

情感对个体形成正确审美态度、提高鉴赏能力、提升审美趣味、塑造积极健康的个性品质，都具有非常重要的作用。情感的反应更多的是一种内部心理的过程，具有一定的内隐性和抽象性。

在情感领域的发展中，情感学习的第一个层次是对事物的接受（或注意）。就美术学习而言，其经常呈现的状态是视觉形态的刺激。只有不断经历视觉刺激，才能促进视知觉的发展和对视觉形象的敏感性。但是，前提是学习者愿意接受和注意这些现象和刺激。比如，如果让那些不了解美术的人反复观察毕加索的《亚威农少女》，他们可能会产生厌恶情绪。相反，对于那些敏于欣赏艺术的人来说，《亚威农少女》那种夸张而怪诞的人物形体和比例，扭曲变形的部

[1] 奚传绩．立德树人与核心素养——普通高中课程改革精神解读[J]．中国美术教育，2016,218（4）:4-6.

位，有些狰狞可怕又带有一点非洲神秘主义的因素，大胆的色彩对比，给人很强的视觉冲击力。可能他们每一次观赏都会有新的感触和发现。

情感学习的第二个层次是“反应”。反应不仅仅是对事物的注意，更应该是积极的注意。克拉斯沃尔把“反应”分为三个亚类别：默认的反应、愿意的反应和满意的反应。尤其是后面两个亚类别，意味着主体体验的深入，以及与对象的相互交流、融合程度的加深。也就是说，当学习者对最初的行动承担越来越多的责任时，内化程度就会不断加深。

情感学习的第三个层次为“价值评价”。价值评价是指学习者用一定的价值标准去评价某些对象和现象。这个价值标准虽然是评价者个人的标准并受个人信奉的基本价值的影响，但它更多的是由社会产物内化并被个体接受而形成的。例如，某个人在欣赏美术作品时，会提出自己的观点，但其个体行为却表现出一致性和稳定性。

情感学习的第四个层次是组织。所谓“组织”，是指学习者连续将价值加以内化，遇到多种价值观念呈现的复杂情境时，将各种组织组成一个体系，以确定各种价值之间的关系，以及它们的相对重要性。“组织”有两个亚类。第一个亚类是“价值的概念化”。“当学生特别努力地去论证或用言语捍卫自己的观点时，在许多情况下，对某一价值的信奉会伴随着概念化。”[1]概念化是抽象的，因此它应该是符号性的，如美术家可能用他所熟悉的某种媒介来表达自己的感受。第二个亚类是“价值体系的组织”，即要求学习者将各种价值组合成一个复合体，并使之具有和谐有序的、内在一致的关系。它的目标是让学生形成一种人生哲学。

情感学习的最高层次是“由价值或价值复合体形成的性格化”。一旦进入这一层次，即表明学生已经将自己的信念、观念、态度等价值层次进行整合，并形成了一种内部一致的体系。这表示，这些学生

[1] D.R. 克拉斯沃尔 ,B.S. 布卢姆 . 教育目标分类学：第二分册 情感领域 [M]. 施良方，张云高，译 . 上海：华东师范大学出版社 ,1989:170.

已经形成了完整的审美观或人生美学。

综上，笔者从两个大的方面（先天和后天）论述了个体技能知识的生成机制。后天的个体技能知识生成是知识、技能和情感三个方面共同发展的成果，也是由理论到实践、由外而内、从感性到理性逐渐内化的结果。虽然在高中阶段，学生不可能在知识、技能和情感上均达到高阶层次，但是在学习过程中，应该结合这三者，并通过体验学习，使自己情感上呈现对美术学科的乐学状态，享受技能与知识的学习过程，遵循科学的规律，发展个体的潜能，从而逐步提升自己的学科素养。

第二节　个体技能知识生成与美术学科素养提升机制

美术学科核心素养的培育和个体技能知识的生成，需要满足四个要求。第一，观看、欣赏、分析大量的视觉图像，此过程既有感性的接触与刺激，也需要理性的判断与升华。第二，接触视觉形象，是基于对各种审美对象和文化现象怀着包容、理解和尊重的心态进行的。第三，抛却实用（功利主义）和科学（抽象、逻辑）的态度，从审美的角度专注于审美对象，也是基于审美的体验，并由此逐渐积累审美经验。第四，遵循技法操作的相关规范与方法，锻炼技能操作能力，训练对美的表达能力和创造能力，用艺术来表现情感，体现个性和创造性。

一、美术个体技能知识与审美感知

有血有肉的人的审美，是人类心理本体的一种自然倾向。审美艺术首先积淀于个体感性的器官，它控制着个体性的主体（审美意识系统）的审美水平，同时通过审美态度形成个体的审美心理结构（一种审美过滤器）。于是，审美感官、主体水平（审美意识系统）、审美态度（审美心理结构），三者成为一个审美的中介三角结构。因此，审美感知的发展是美术个体技能发展的基础。每个人需要与周围世界发生感性的、直接的和自然的关系。个体充分运用感觉器官去观看、倾听、触摸、品尝，以获得对事物的敏锐感觉，这构成了个体进行理解、想象和情感活动的基础。

美术学习需要对视觉图像进行大量感性的接触，这些感性接触来源于书本、网络、社会、自然等。如果没有图像（视觉）对感官的大量刺激，个体的审美感知力就会变得迟钝。人逐渐摆脱动物性的束缚，其感官能力才会变得高级。用美的眼光去看待周遭事物是美术学习的重要目的。正如马克思所说："只是由于属人的本质的客观地展开的丰富性，主体的、属人的感性的丰富性，即感受音乐的耳朵、感受形式美的眼睛，简言之，那些能感受人的快乐和确证自己是属人的本质力量的感觉，才或者发展起来，或者产生出来。"[1]审美包括简单的感觉和较复杂的知觉。感觉要素在审美体验中起着非常重要的作用。感觉一般指对事物表面的、外在的和个别的特征的关注，而知觉则是对事物整体性甚至包含情感表现的把握。如在欣赏凡·高的作品《麦田》时，个体感知到的不仅是颜色、明暗、笔触、形状等要素，而且是这些要素整体呈现出来的画面张力、氛围以及体现的情感。

知觉活动不是将各要素进行堆叠，而是以主动的态度去解释和理解，它与某些过去的经验在心中积淀的"图式"，以及由环境和目的性行为造成的"期望"有关。审美知觉不同于普通知觉，它不受实用

[1] 苗耀辉．马克思人的价值思想研究 [M]. 沈阳：辽宁大学出版社，2020:87.

目的所驱使，而是与特定历史、文化和情感模式联系在一起。正如滕守尧先生所说：“审美知觉不是知识的判断，不是科学的归类，而是透过事物的形式达到对它们的情感表现性的把握。”现代心理学揭示的“差异原则”证明，人的知觉对那些完全与心中图式相符合或完全不相符合的形式是没有兴趣和无动于衷的，只有与内在图式有一定差异性的图式，才能引起人敏锐的知觉，这就是我们所说的“距离产生美”。从这个层面上来讲，美术学习是必须与学生生活和经验产生联系的，如此才能与学生的内在图式发生链接，吸引学生的注意。但是，如果是他们完全熟悉的事物，就没有解决问题的必要，这必然难以引起他们敏锐的知觉，也就难有探究下去的兴趣。尤其在高中阶段，学生已经积累了一些审美经验，探索世界的愿望非常强烈。因此，在他们的审美知觉的发展中，应当运用“差异原理”，使其与审美事物进行大量的感性接触，才能调动其想象、情感和理解的参与，使其审美感知的能力获得较好的发展。

二、美术个体技能知识与审美经验

审美经验的构成是一个动态的过程。滕守尧先生将这个动态的过程分为三个阶段。第一阶段为准备阶段，这个阶段的情感是带着某种期望进入审美注意状态。第二阶段是高潮（或实现）阶段，这个阶段由两个主要环节组成。第一个环节是审美知觉以及它所造成的感性上的愉快。第二个环节是审美的特殊认识，通过情感、想象等参与造成的精神上的愉快。第三阶段是效应阶段，即形成审美判断，引起更多的审美欲望、更高雅的审美趣味和更丰富的情感生活。随着审美经验的不断积累，审美能力会不断增强。（图 4-1）[1]

[1] 滕守尧 . 审美心理描述 [M]. 成都 : 四川人民出版社 ,1998:78.

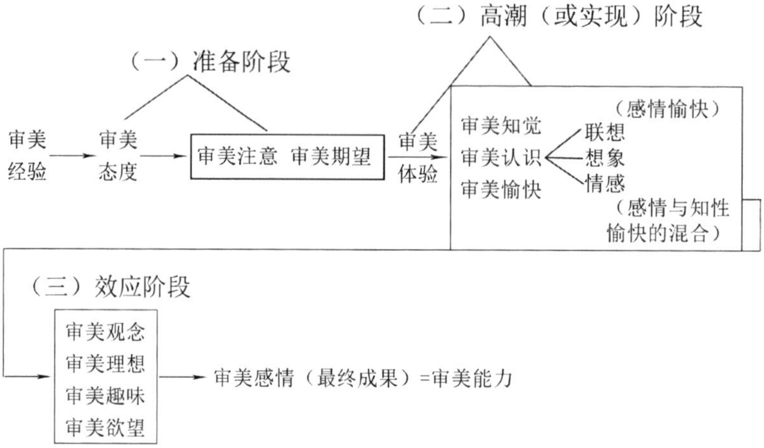

图 4-1 审美经验三阶段

审美注意具有非功利性的特点。审美注意的频次，取决于个体对审美对象感知的敏感度。如果感知不够敏感，那么审美注意就难以被唤醒。感知是否敏感，依赖于个体的审美经验积累。审美注意是一种积极且具有活力的期望情绪，有利于形成健康的审美态度，在此过程中，审美特质本身成了认识对象。我们从审美中获得的是由许多特质相互协调而形成的一个整体，滕守尧先生将这个整体称为“知觉完形”，英加登则将其称为“和谐质”或“格式塔质”。至此，个体才能真正沉醉在“审美对象”所散发的魅力之美中。在知觉阶段，审美者经过对知觉完形的本能组织和对物体的大体扫描，对知觉完形进行进一步的审视和观照，同时产生了对知觉完形的赞美、欣喜的情感反应。因为审美认识是一种非概念、非判断的活动，文艺批评家据此认为，这种活动是不可言传的。审美判断是由审美认识所产生的一种必然的或直接的心理效果，带有主观的合目的性。判断是审美经验的主干，它表示审美主体从模糊到清晰的发展状态和理性恢复。对审美对象做出判断，也即意味着审美经验的结束。随着审美观照的结束，保留下的是对美的对象的认识，于是审美愉快便转变为审美欲望，并促使主体去追求和创造美。

除了直接的效果之外，审美经验还会产生一些间接的或较深远的效果，这种效果表现在两个方面：一是认识美和鉴赏美的能力得到提高，二是情感生活的丰富。[1]学生审美趣味与鉴赏力体现了学生的审美水平，直接关系到图像识读和审美判断素养，而且审美趣味与鉴赏力也是其他几种美术学科核心素养的基本前提。如上所述，学生在后天学习的过程中，审美经验如若频繁发生，他的审美感知力和鉴赏力将大大提高。

鉴赏活动或审美活动能充分调动审美者的感知、想象、情感、理解等各种心理能力，这些心理能力可对审美完形进行体验和认知，使人产生一种积极向上的内驱力。经常参与审美体验的人，他们的想象力等各种心理功能将得到训练，这不仅能帮助他们发现美和创造美，而且还能帮助他们在其他领域取得成功。比如，那些具有较高审美能力的人，能用区别于常人的独特视角看待问题，从而理解和善待他人。

三、个体技能知识与美术表现

个体的技能知识能够通过美术表现进行外化，外化的内容可包括五个方面：一是个体的美术知识与技能水平，二是审美的素养，三是主体内在情感，四是个体生活经验，五是前四种内容的整合态 —— 整体素养与个性。下面将对上述五个方面进行分析。

[1] 滕守尧．审美心理描述 [M]. 成都：四川人民出版社 ,1998:89.

第一，美术核心素养的外化有赖于个体技能水平。高中美术学科五大核心素养，其实都与技能有着非常密切的关联，尤其是美术表现素养和创意实践素养的呈现，都必须通过个体技能知识的显性表现。个体技能知识中那种隐性的、不可言明的知识形态，能够通过这种外显的创造和表现，有效地对外突显。比如，通过绘画的构图、色彩搭配、画面关系处理，可以了解个体绘画的技术水平。再比如，通过照片的光影处理、画面构图、曝光程度，就能了解拍摄者的摄影水平。因此，个体必须具有一定的技能知识水平，才能将自己想要表达的东西呈现出来。“读书破万卷，下笔如有神”，一个人下笔想要如有神助，需要有一定的知识储备和技能训练。

第二，个体技能知识的外化是个体审美素养的体现。本书第五章教学实验的一个环节要求学生编织完成一件美术作品，根据学生作业完成的结果分析，多数学生具有基本的美术作品编织技巧，但同样的表现主题，最后呈现的效果却存在差异。比如，在用纸编条编织水杯套时，有些同学会在水杯色彩、杯口花边上做一些特殊的装饰和特别的设计，做出的水杯套在形式美上比其他同学更胜一筹。通过美术作品的审美呈现，我们可以了解学生在审美感受、审美想象、审美表现等方面的美术素养水平。凡·高说过：“作为一个画家，起码应该懂得比例、明暗，以及透视规律，而一个优秀的画家则须精通绘画的比例，以使完成优秀的作品成为可能。精通绘画比例似乎还不够，还应该有其他一些东西，诸如美丽的线条、独特的构图，或者是思想和诗意，如果给它们一个更为准确和高雅的概括，那就是灵魂。”[1] 这里所说的灵魂，可以理解为画家个人性格、知识、阅历、审美等内化为个体美术素养的表达，是不同于其他任何人的独特表现气质。当然，我们不应该用画家的标准来要求高中学生，也不能以画家的标准来衡量高中学生美术素养的高低。但是，学生在进行美术表达时，若能具有凡·高所言的“诸如美丽的线条、独特的构图，或者是思想和诗意”

[1] 凡·高.凡·高论艺术 [M].李华，译.成都：四川美术出版社，2003:2.

中的某一点，也能说明他具有有别于他人的、带有个性的审美能力和创意表现。因此，美术学科特别强调个体技能知识，强调个体独有的才情、创造力和表现力。而对于“独特”的学生，美术教师应该给予相应的保护以及正确的引导、鼓励，还应该去挖掘学生身上的“与众不同”之处。

第三，美术表现是个体内在情感的表达。美术表现与内在情感活动紧密相关，它既是内在情感活动的外部呈现，也是个体自我内心生活的发现、体认和丰富。个体的内在情感和技能知识是隐蔽的，但它可以通过艺术表现的形式向外显现。如凡・高在作品《向日葵》中，用大胆不羁的线条、坚实有力的笔触、明亮灿烂的颜色将花瓣刻画得富有张力，充分表达了他那火辣炙热的情感。蒙克在作品《呐喊》中，用扭曲的人物、压抑沉闷的色调宣泄了他在不幸遭到生活的连续打击后的孤独绝望的心情和状态。当然，艺术家用艺术作品表达自己的内心情感时，不应该只是一味地宣泄情感，而应当像林风眠先生所说的那样：“艺术家为情绪冲动而创作，把自己的情绪所感到而传给社会人类，换一句话说：就是研究艺术的人，应负相当的人类情绪上的向上的引导，由此不能不有相当的修养，不能不有一定的观念。”[1]西汉儒学思想家扬雄曾说过：“故言，心声也；书，心画也；声画形，而君子小人见矣。”其实绘画作品同样也能反映出一个人的精神面貌、性格气质、情感状态。

第四，美术作品是创作者个体生活经验的彰显。艺术离不开生活，美术作品渗透着美术创作者的生活经验。“真正的技巧，是从深刻研究现实和正确理解现实从而正确地加以反映的要求开始的。艺术形象的多样性和多面性，永远是来源于生活的多样性和多面性。公式化、概念化的作品，是技巧很低的。”[2]王朝闻先生的这段话很好地解释了个体技能知识的呈现和生活的关系。他认为，艺术家在塑造艺

[1] 林风眠．林风眠论艺 [M]. 上海：上海书画出版社，2010:24.
[2] 王朝闻．论艺术的技巧 [M]. 北京：艺术出版社，1956:6.

术形象时所表现出的创造性，与他的生活经验具有密切的关系。他用一个具体的例子来说明这种观点。在《白蛇传》的一次演出中，青蛇理直气壮地向法海追讨许仙的时候，饰演青蛇的演员在破坏幸福的敌人面前流下了要忍下却又难忍的眼泪。一般演员不这样表演，但这是一种很值得注意的技巧。这种表演和她激昂的语调与愤怒的面部表情不是矛盾的，而是和谐的，它不是一般的悲哀的表现，而是愤慨的表现，不是软弱的表现，而是和她那坚强的性格相一致的激情的表现。这样表演，能使人更憎恶法海和他代表的社会力量，既强化了白蛇和青蛇行动的正义性，也增强了戏剧的说服力，不"一般化"地反映了生活的复杂性。实际上，这是一种可贵的创造。这位演员事后接受访问时说，她并不经常这样表演，也不是存心这样表演。那么，她这富有创造性的表演是不是完全偶然形成的呢？当然不是。事实上，该演员是一个性格比较倔强的女孩子，她曾在旧社会遭遇艺人常常遭遇的不幸，而且和不幸的遭遇进行过斗争。这就解释了这位演员的表演为什么能够这样富有创造力。因为，具有相关的生活经验、经验的深度和广度以及由此形成的情感对于提高艺术技巧有相当大的作用。[1]

第五，美术创作的初衷和动机，是实现和彰显人的个性发展。首先，美术作品表现了创作者的兴趣和爱好，体现了创作者的自由选择和自我追求，表达了创作者的主体生命意志。同样，学生选择怎样表现和创作，也体现了他们的内在意愿和个体自由。他们对于世界和生活的理解，会通过他们所创作或表现的艺术形象呈现。对其进行支配或对其进行限制，都会阻碍其创造力的自由发挥，使得他们的想象空间难以拓展。因此，应当让个体技能知识得到充分的发挥和显现，只有这样才能彰显人在艺术中的自由意志。其次，美术作品能够体现创作者的独特个性。一千个读者就有一千个哈姆雷特。美术老师应该都有这样的一种感受，就算是对于一组普通的静物，学生的表达方式总是会有差异。这不但体现了不同个体对对象的理解，也体现了学生个体美术素养的差异。

[1] 王朝闻 . 论艺术的技巧 [M]. 北京：艺术出版社 ,1956:10.

再次，应当尊重学生的个性特点、自我经验以及属于他们个体的知识形态，并给予恰当的引导。只有尊重个性自由，美术教育才能凸显出教育的真正价值，并回到教育的初衷和初心。

可见，个体技能知识通过美术表现进行外化，体现的不单单是个体的美术技能，还是个体的生命综合态。

第五章

高中美术学习的实证研究

毛泽东在《〈农村调查〉的序言和跋》中指出：“‘没有调查就没有发言权’，这句话，虽然曾经被人讥为‘狭隘经验论’的，我却至今不悔；不但不悔，我仍然坚持没有调查是不可能有发言权的。”帮助学生学习是教育工作者的责任，但只有了解学习的性质和影响学习过程的诸因素，才能有效地指导学生的学习。辩证唯物主义者认为，实践是认识的唯一来源。人们在反复的社会实践中获得丰富的感性认识，并将感性认识所获取的信息进行加工，进而获得理性认识。理性认识是否符合客观实际，还需在实践中去检验，并把从实践中获得的理论，再回到实践中去指导实践。

为了在实践中验证个体技能知识的相关理论，并用理论来指导教学实践，笔者带领湖南师范大学美术学院大四的十位同学，在湖南省娄底市新化县S中学高中部进行了为期一个半月的教学实验活动和调查研究，以期深入了解高中美术体验学习情况，发现美术学习中存在的问题，并找到解决的办法。笔者又分别在湘阴县A中学、汨罗市W中学、耒阳G中学、桂阳县C中学、通道县Y中学等五所县级中学展开调查，扩大样本量，增强调查结果的效度。

学生美术学习受到学生个体、学校、教师、家庭等多方面因素的影响。学生个体因素是影响学生美术学习的基础性因素，学生的美术学习兴趣、学习态度、自主参与相关美术体验学习活动的积极性等因素是学生美术个体技能知识提升的原动力；学校和教师因素是影响学生美术学习的关键因素，学校课程开设、教师专业能力、教师教育教学方式等直接影响学生的美术学习质量；家庭因素是影响学生美术学习支持性因素，不同的家庭艺术资源、艺术氛围、对艺术学习的支持度对学生美术学习有着重要影响。因此本研究主要从个体、学校、家庭三个方面展开体验学习的调查。

第一节　基于个体技能知识的美术体验学习调查

一、问卷的设计与实施

（一）调查的设计思路

为了有效开展基于个体技能知识的美术体验学习的教学实验，首先必须了解几所中学的学生对美术体验学习的认知情况、体验学习情况以及学生对教学情况的反馈。为此，笔者设计了《基于个体技能知识的美术体验学习调查》（学生问卷），分别对六所高中的不同文化水平的班级的同学进行了抽样调查（问卷见附录一）。

（二）问卷设计的内容

为较为全面地了解学生的美术学习情况，《基于个体技能知识的美术体验学习调查》（学生问卷）设计尽量做到层次分明，设计科学，简洁易懂。本套问卷共设计有 26 道题目，分为两种基本类别。其中，第 1—24 题为客观的封闭式选择题，分单选和多选，但在某些多选题的可选答案中会有一个开放式作答方式，以弥补封闭式制卷的缺陷；第 25 和 26 题为开放式问答题，学生可根据实际情况和自己的主观感受自由作答。

问卷的内容主要是分为以下四个部分：

第一部分，调查学生对美术学习的认知和态度情况。了解学生对美术的态度和认知情况，探索其中的原因，为笔者以后的教学实验提供学情依据。

第二部分，调查学生美术体验学习的具体情况。这一部分将从美术学科核心素养的五个方面展开调查。为了提高答题的流畅性和逻辑性，题目非严格按顺序整合在五个模块的内容里。

第三部分，基于体验学习的教学情况反馈。这部分是从“学”的角度来透视“教”的情况，了解教师在教学过程是否注重体验学习，以及是否注重学生的个体技能知识的生成。

第四部分，调查学生在教学实验前和实验后（实验时间为两周）美术学习态度的转变情况，了解学生的意愿，听取学生的建议，为后面的教学和研究工作提供依据。

考虑到 S 中学过去的美术教学状况，本次问卷的发放选择在教学实验的第三周开展。第三周是教学实验将深入进行的准备阶段，在前两周的时间，实验组对本校的美术教学和美术学习情况有了基本的了解，并开始进入教学实验的初级阶段。通过问卷调查，了解学生基于个体技能知识的美术体验学习的基本情况，为之后的教育实验和理论研究做好铺垫。为确保调查的有效性，作者将结合后面的美术核心素养测评的结果，对调查结果进行总结分析。因本次问卷调查第一期在 S 中学进行，后期为了扩大调查的样本量，笔者又在其他五所学校进行了一次更大规模的调查。鉴于第二期调查时没有进行教学实验，所以问卷调查的第四部分在此次调查中没有使用。

二、学生问卷调查结果

《基于个体技能知识的美术体验学习调查》（学生问卷）共发放问卷 1200 份，回收 1161 份，回收率 96.75%。经筛选后，最终确定有效问卷为 955 份，问卷有效率为 82.26%。其中，男生有效问卷 423 份，占总有效卷的 44.29%，女生有效卷 532 份，占总有效卷的 55.71%。

问卷分为四部分。第一部分（1—5 题）调查学生对美术学习的认知和态度情况。第二部分（6—19 题）调查学生美术体验学习的具体情况，包括学习方式、学习风格和学习表现等。为了解学生体验学习的风格，笔者还使用美国教育家大卫·库伯的“体验学习方式量表”（Learning Style Inventory）进行了单独测试，一并纳入本部分进行分析。第三部分（20—24 题）了解基于体验学习的教学反馈情况。第四部分（25—26 题）为开放性问答题，了解学生对如何有效开展美术学习的相关建议和意愿。调查问卷见附录一。

本研究使用 SPSS 21.0 和 Excel 统计软件结合进行统计和分析。选择题采用百分制进行统计分析。

（一）高中生美术学习的认知和态度情况调查结果

本部分的调查目的是了解高中生对美术的认知情况和态度。1—5 题采用选择题形式，第 5 题为多选排序题。

认知决定行为。学生是否认识到美术学习的重要性，决定了他是否会认真对待美术学科。第 1 题的问题是：你觉得美术学习重要吗？调查统计结果如下（图 5-1）：在回收的 955 份问卷中，选择“很重要”的有 121 人，仅占总人数的 12.67%；选择“比较重要”的有 341 人，占总人数的 35.71%；选择“一般”的有 363

人，占总人数的38.01%；而选择“不太重要”的有65人，占总人数的6.81%；选择“不重要”的有65人，占总人数的6.81%。

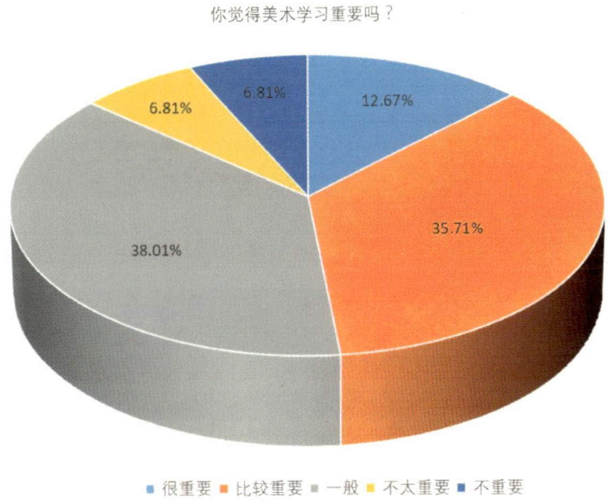

图 5-1 学生对美术学习重要性的认知比例分布

兴趣是推动人们求知的一种内在力量，也是学生学习的强大动能。了解学生是否对美术学习感兴趣，并通过不同的指标分析学生对美术学习感兴趣或不感兴趣的内在原因，可以为如何提高学生的美术学习兴趣提供决策依据和决策建议。第2题的问题是：你对美术学习感兴趣吗？调查统计结果如下（图5-2）：选择“很有兴趣”的仅95人（9.95%），选择“比较有兴趣”的为337人（35.29%），选择“一般”的有450人（47.12%），选择“没什么兴趣”的有61人（6.39%），选择“没有兴趣”的为12人（1.26%）。

学习的目的决定学习的态度，学习态度能调节学习行为。因此，了解学生学习的目的，对于调节学生的学习行为，具有非常重要的意义。第3题的问题是：你学习美术的目的是什么？调查统计结果如下（图5-3）：认为是“提高自己的审美素养”的有348人（36.44%），占比最大；认为是“多一些美术技能知识”的有286人（29.95%），认为是“升学的需要”的则为152人（15.92%）；认为是“不知道”的达147人（15.39%）；选择“其他”的有22人（2.30%），但大多没有具体回答美术学习的“其他”目的是什么，仅有少数几位同学认为是“因为兴趣”或“没有考试负担，比较轻松”。

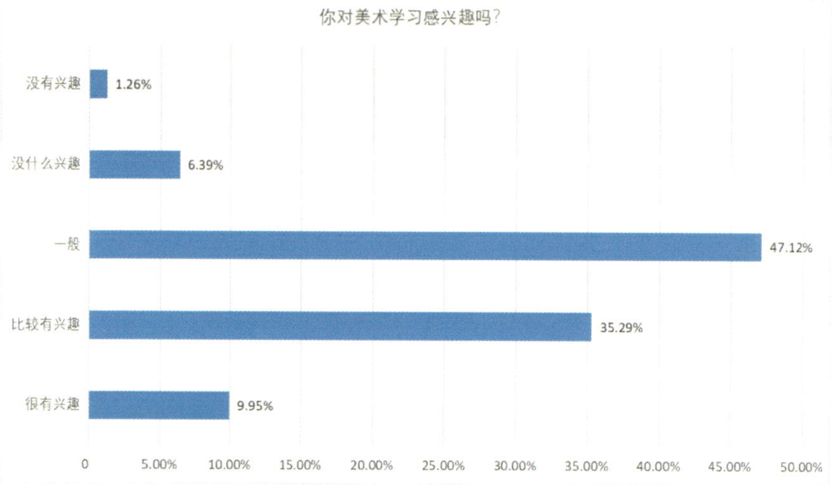

图 5-2 学生对美术学习感兴趣程度的比例分布

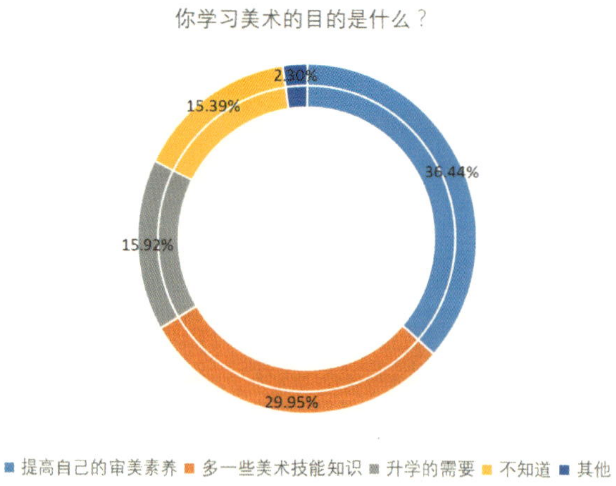

图 5-3 学生对美术学习目的的认知比例分布

重视过程的体验使学生“乐学”，能更有效地进行学习。问卷调查第 4 题的题目是：你更享受美术学习过程还是学习结果？调查结果如下：享受“学习过程”的有 663 人，占总人数的 69.42%；享受“学习结果”的为 225 人，占总人数的 23.56%；认为“都不”有 67 人，占总人数的 7.02%。

了解学生感兴趣的学习领域，可为教师在教学内容的选择上提供依据，也可为如何提高问卷调查之后所进行的教学实验的效果提供参考依据。第5题的题目是：你最喜欢下面哪个美术领域？该题设计为多选排序题，让学生根据自己的喜好对高中美术学习的九个美术门类进行排序。因为本题有9个子选项，为了便于呈现统计结果，笔者对喜欢程度进行加权分处理。喜欢程度排名第一的为9分，第二为8分，以此类推，第九的为1分。按照喜欢程度由高到低进行排序，最后的统计结果为：摄影摄像、绘画、设计、电脑美术、工艺、美术鉴赏、雕塑、书法、篆刻。（表5-1）需要说明的是，《普通高中美术课程标准（2017年版）》较之《普通高中美术课程标准（实验稿）》在美术学习门类或者学习模块的划分上有所调整。依据当代课程发展趋势以及课程内容的关联性原则，本次课程标准修改时将“电脑绘画/电脑设计”“摄影/摄像”整合为“现代媒体艺术”，将“中国画”“书法”“篆刻”整合为“中国书画”。为了便于第二次调查数据和第一次调查数据的综合统计，第二次调查问卷仍然沿用第一次调查时将高中美术划分为九个学习门类的方式进行调查，调查结果如下：

表 5-1　受学生喜爱的高中美术九个学习门类比例分布

美术领域	加权得分	百分比
摄影摄像	6478	15.30%
绘　画	5568	13.15%
设　计	5553	13.11%
电脑美术	5005	11.82%
工　艺	4400	10.39%
美术鉴赏	4389	10.36%
雕　塑	4231	9.99%
书　法	4035	9.53%
篆　刻	2690	6.35%
总 计	42349	100.0%

（二）高中生体验学习情况调查

1. 图像识读与美术体验学习

图像识读能力的培养，既需要在学习过程中有大量的感性接触（即“识”），也需要有理性的判断（即“读”）。高中美术鉴赏学习领域是培养学生图像识读和审美判断素养的最重要领域。但是，体验学习强调学习内容的基础性和选择性。基础性是指发挥学科功能的基本知识和基本技能的内容，选择性是指满足学生全面发展的，具有个性的、多样化的内容和学习资源。不同的学习途径和内容可以让学生体验和学习新的事物和新的知识。

本部分主要调查学生学习的内容和途径，以了解学生是否具有丰富的美术感性体验，了解在学习过程中是否经常有理性的反思，并以此验证和说明“图像识读”素养测评结果。

调查结果显示，学生美术学习内容主要为美术鉴赏与绘画，与现代媒体、雕塑、篆刻等学习领域接触较少。在有关利用校外美术资源的调查中，调查结果表明（图 5-4）：955 份有效试卷中仅有 11 人选择经常去参观美术展览，表示从没去过的学生高达 70.58%；知道数字博物馆或美术馆的同学也仅为 17.25%，“不知道”的则达 82.75% 之多。同时，学生对本地的美术资源了解也不是很多，如认为自己“很了解”的仅有 0.73%，“比较了解” 的也只有 6.6%。（图 5-5）

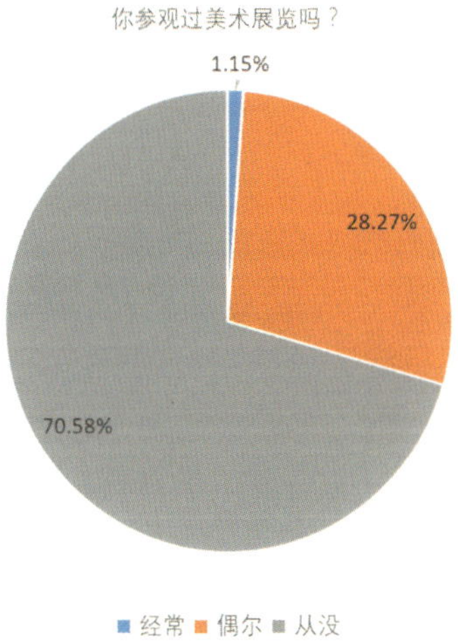

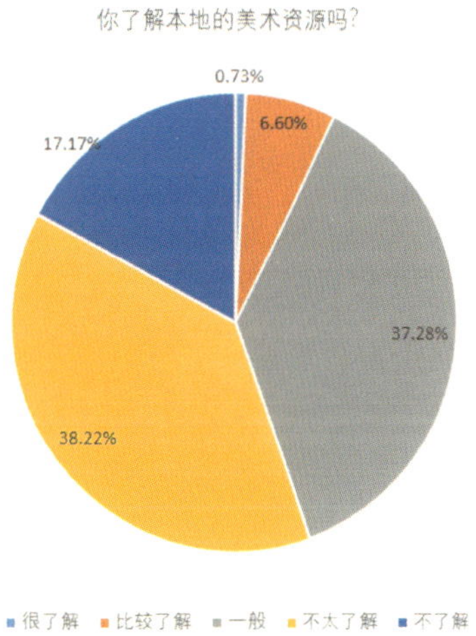

图 5-4 学生参观美术展览频率的比例分布　图 5-5 学生对本地美术资源了解程度的比例分布

在图像识读素养测试中，学生读的能力较为欠缺。产生这个问题的原因很明确地反映在笔者采用的美国学者库伯设计的“体验学习风格量表”的测量结果上。（量表见附录三）根据体验学习风格量表的测量结果，在四种体验学习方式中，反思观察和抽象概括的得分相对偏低（加权平均法）。根据方差分析和独立样本 t 检验发现，抽象概括与其他三种学习方式有显著性差异。（表 5-2）同时，笔者采用皮尔逊相关性分析方法，对体验学习的四种方式进行两两相关性分析，分析结果为：除抽象概括与反思观察无相关性外，其他两者之间都存在负相关性。（表 5-3）由此可见，学生在平时的美术学习中，抽象思维与直接经验脱离，导致读的能力较为欠缺。该次体验学习方式调查只对 S 中学随机抽选的 187 名学生进行测量。

表 5-2 美术体验学习的相关性分析

相关性 \ 体验学习方式		具体体验 (CE)	反思观察 (RO)	抽象概括 (AC)	行动研究 (AE)
CE	Pearson 相关性	1	-.212**	-.531**	-.248**
	显著性（双侧）		.004	.000	.001
	N	187	187	187	187
RO	Pearson 相关性	-.212**	1	.013	-.570**
	显著性（双侧）	.004		.858	.000
	N	187	187	187	187
AC	Pearson 相关性	-.531**	.013	1	-.407**
	显著性（双侧）	.000	.858		.000
	N	187	187	187	187
AE	Pearson 相关性	-.248**	-.570**	-.407**	1
	显著性（双侧）	.001	.000	.000	
	N	187	187	187	187

**. 在 .01 水平（双侧）上显著相关。

表 5-3 美术体验学习方式调查项目得分（`x ±S ）

N	具体体验 (CE)	反思观察 (RO)	抽象概括 (AC)	行动研究 (AE)
187	33.37±6.17	30.75±5.32	24.95±6.02	30.84±6.91

2. 审美判断与美术体验学习

审美判断是审美经验中的重要环节。学生的个人审美经验、审美趣味、认知水平等要素对审美判断素养形成有着很重要的影响。为此，本部分主要从学生的审美趣味、视觉图像认知力与判断力这两个方面考查学生的审美素养。同时，调查结果可以反映学生美术体验学习的深度和广度。

《高中美术学科核心素养测评试卷》（见附录五）第五道题要求学生在两幅画中选择一幅自己更喜欢的。测试结果显示，几乎有一半的学生选择较为高雅的那幅作品，另一半则选择了较俗气的那一幅。此外，几乎 90% 以上的学生都倾向于喜欢具象的艺术，而对抽象的艺术表示不喜欢、不理解甚至是厌恶。由此可知，大部分学生审美判断能力较低，仅能从单一审美维度看问题，审美视野较窄。不少学生对不同风格的美术作品未抱有包容和理解的心态，文化理解的素养偏低，且很多学生没有掌握一些基础的美术知识，理性分析问题的能力较弱，图像识读和审美判断的素养还处在初级阶段。

3. 美术表现与美术体验学习

学生参与学习的方式、参与体验学习的程度、参与体验学习的意愿等因素，都直接关系到美术表现素养的生成。以下将从上述几方面进行调查，以探究影响学生美术表现素养高低的因素。

在当前核心素养提出这一大背景下，应当提倡和鼓励学生积极采用自主、探究、合作的学习方式。只有这样，知识和技能才能内化为学科素养，学生才能养成良好的获取知识和技能的方法与习惯，并使得处理问题的能力不断提高。

从《基于个体技能知识的美术体验学习调查》第 6 题的调查统计结果看，40.55% 的学生选择了“接受学习（老师讲学生听）”。（图 5-6）这说明，在美术课堂上，老师仍主要采用传统的讲授教学方式，学生被动接受，而自主学习、网络学习、合作学习并没有受到重视。

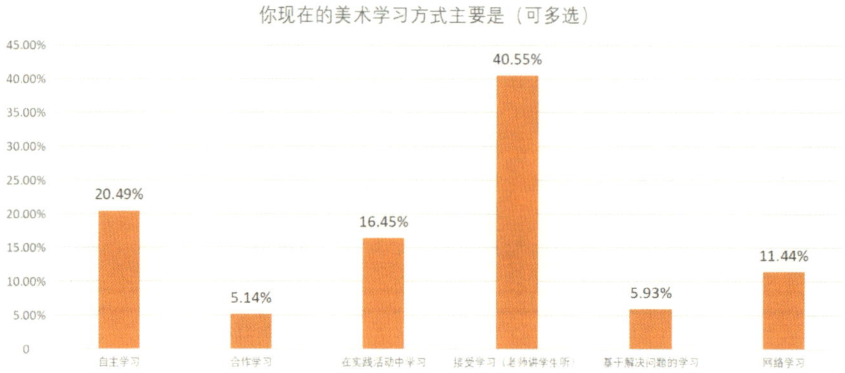

图 5-6 学生学习方式的比例分布

高中生的思维日渐成熟，已具有独立思考问题的能力，时常会有自己独特的想法。调查结果也显示，大部分的学生能够独立思考问题，或能在老师和同学的提示下自主解决美术学习中遇到的问题。同样，在美术实践的过程中，大部分学生通过外力的指导和帮助，能够较好地完成体验活动。

体验学习要求学生能在学习的过程中激活情感，使学习与生活产生意义与关联。亲自参与和实践，则是人与对象产生联系的最直接有效的手段。根据调查结果显示，学生普遍认为，较之听老师课堂讲课，采用美术实践活动的方式开展美术学习给他们留下的印象要更为深刻。但是，能够在生活中有意识地从美的角度进行表现，并解决生活问题的学生并不多。问卷统计结果显示，“在平时的生活中，比如拍照、搭配衣服、布置自己的房子等活动中”，“经常从美的角度来设计和考量”的学生占总数比为 31.62%，“以舒适、自然为主”的占比 56.65%，“随性，无所谓”的占比 11.73%。这说明，学生的美术知识和技能尚未内化为学生的个体技能知识，学生用美术知识解决生活问题的能力和意识不强。（图 5-7）

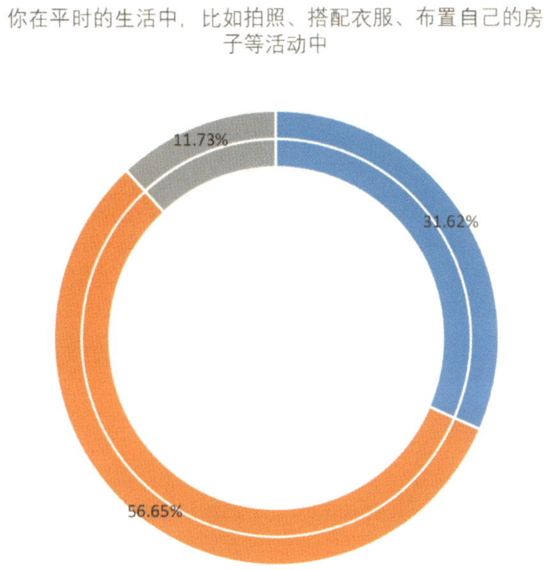

图 5-7 学生从美的角度解决日常生活问题的情况比例分布

由于笔者设计的美术表现素养测评方式具有过程性特征，学生在测评的过程中表现出较为浓厚的兴趣。虽然测评结果显示学生所提交的作品水平较为一般，但大部分学生能够运用传统和现代媒介，通过造型活动表达自己的意图、思想和情感，即具有较为强烈的表现意愿。

4. 创意实践与美术体验学习

创意实践是美术学科核心素养的重要组成部分，它对学生有两点要求：一是要求学生具有在正确的价值观引导下追求创新的自觉（态度）；二是要求学生具有积极参与的意愿和动手实践的能力。本部分基于这两个要求展开调查，并根据测评结果，了解学生美术体验学习参与情况对创意实践素养生成的影响。

通过调查显示，31.42% 的学生认为个人经验对美术学习的影响不大，超过一半学生（51.83%）则在这个问题上保持中立。（图 5-8）

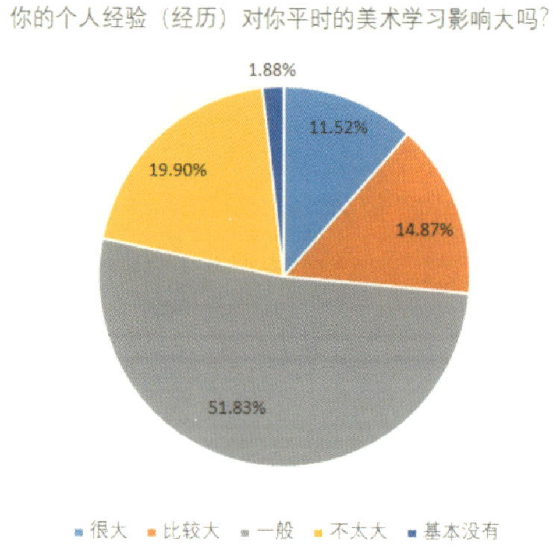

图 5-8 个人经验对美术学习影响的程度比例分布

在回答“在你生活中，你组织或参加过的美术活动有哪些？”这一问题时，45.73% 的学生选择“布置和装饰自己的房间”，27.62% 的学生选择“黑板报的装饰与设计”，选择“学校运动会或艺术节的布置与装饰”“参观美术馆和博物馆”“布置与装饰学校或社区环境”“为社区宣传服务” 的学生很少。（图 5-9）

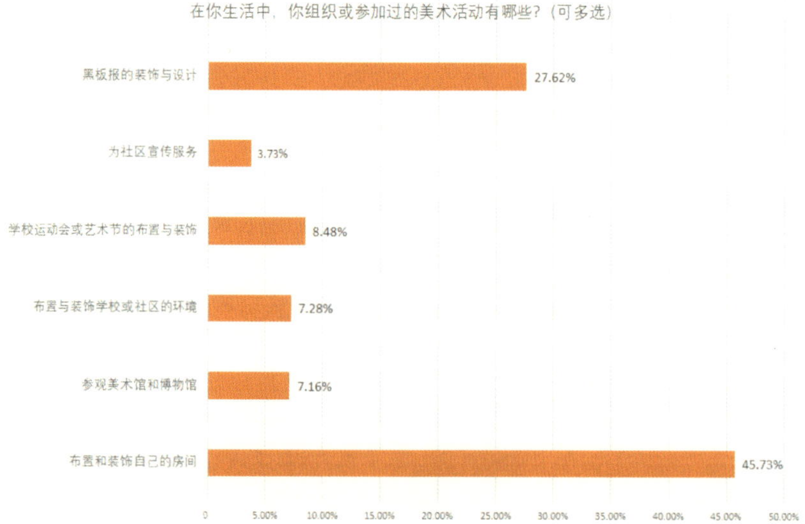

图 5-9 学生参与课外美术实践活动比例分布

同时，调查结果反映，大部分学生（83.36%）认为每个同学的美术作品都有自己的特色（图 5-10），半数以上学生（51.83%）认为在进行美术学习活动时自己经常有新的创意和想法（图 5-11）。这说明学生表现个性或者说表现自我的意愿较为突出。创意实践素养的测评结果表明，无论以漫画形式表现的同学肖像创作，还是手工编织的生活用品，学生在这些活动中都表现了较好的创意和较高的参与度，这就充分说明了美术学习与个人生活经验紧密联系的重要性。

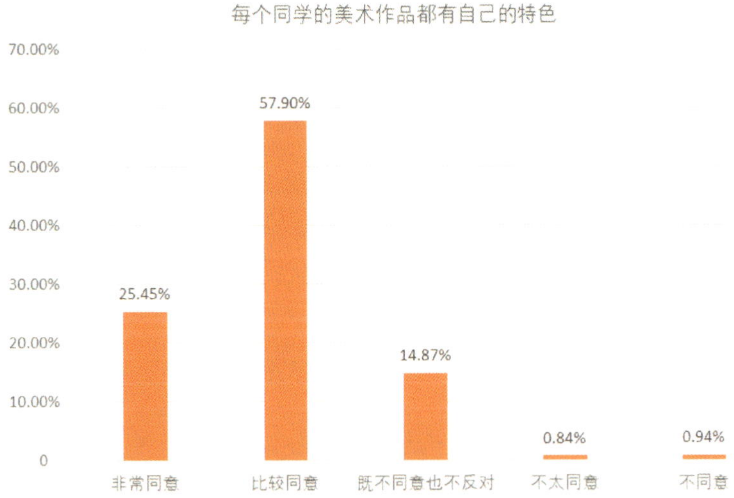

图 5-10 学生在美术学习中个性化情况比例分布

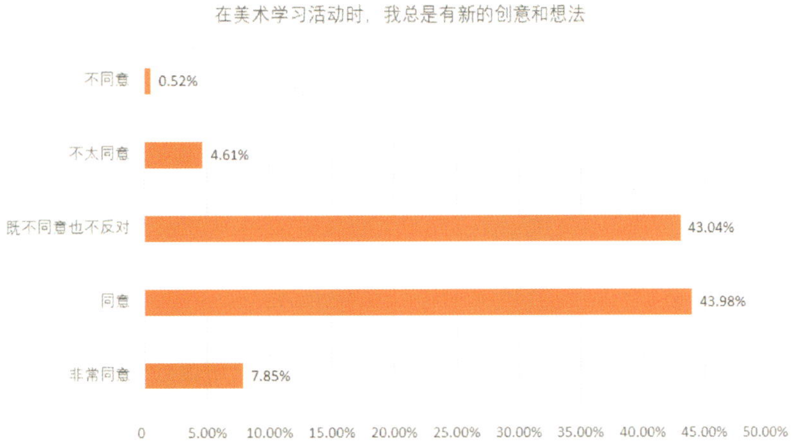

图 5-11 学生美术创意情况比例分布

5. 文化理解与美术体验学习

文化理解是美术学科的核心素养之一，也是美术体验学习的重要内容。在信息社会中，学生更容易接触到各种文化现象。但是，在文化激烈碰撞又相互融合的现代社会，学生能否正确看待和理解本土文化、他文化、异文化、现代文化、传统文化以及它们之间的关系？这需要学生积极拓展体验学习的途径，亲身体验不同文化的风情，广泛接触优秀的中外美术作品，不断拓宽美术视野，努力探索人文内涵，持续提高鉴别力和判断力。在美术文化的学习中，既要有对本国优秀文化的认同，又要有包容其他优秀文化的胸怀，既尊重世界文化的多元性，又能抵制不良文化的影响。基于此目的，本节对学生美术文化体验学习方式和素养进行测评，并通过分析测评结果，对学生的美术学习进行正确引导。

虽然从调查的结果来看，仅有 6.60% 的学生认为自己比较了解本地美术资源，而“不太了解”和“不了解”的学生占总人数的 55.39%。（图 5-5）但通过测评，我们发现绝大部分学生对中华优秀传统文化表达了认同，并能从自己的角度来看待文化现象。与此同时，大部分学生看问题的视角较为单一，容易流于表面，缺少多角度、宽视野的综合分析能力，因此很难透视文化现象下所隐藏的、具有深刻内涵的文化内核。

（三）教学情况反馈

美术学习的内容是否与学生生活发生关联，是观察美术学习能否调动学生个人知识、能否调动学生兴趣以及能否提升学生学习参与度的重要参考指标。21 题为“美术课内容与你的生活关联多吗？”的调查结果显示，学生认为关联“很多”的有 121 人（12.67%），认为“比较多”的有 254 人（26.60%），认为“一般”的有 404 人（42.30%），认为“不太多”的有 131 人（13.72%），认为“没有”的有 45 人（4.71%）。

（图 5-12）

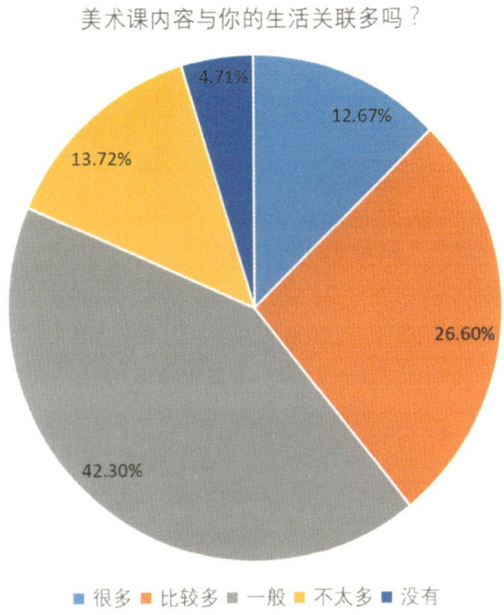

图 5-12 美术学习内容与学生生活关联情况的比例分布

调查结果显示，学生认为教师更重视学习过程的有 532 人（55.71%），认为教师更重视学习结果的有 423 人（占比 44.29%）。

教学方式是教师为帮助学生获得知识、提高能力、提升学习兴趣所采取的模式、手段与方法。教学方式对教学目的的达成具有非常重要的作用和意义。学生个体技能知识的生成，需要教师积极引导学生采取探究性、讨论式、交流式的主动学习方式，而非被动地“听”和机械地“做”。根据调查结果，认为美术老师经常采用“老师讲解，学生听记”的教学方式的学生有 29.97%，认为经常采用“师生共同探讨”的有 17.73%，认为“组织学生讨论交流”的有 12.47%，认为“让学生上台讲讲”的有 3.22%，认为“组织学生动手活动”的有 11.86%，认为“让学生上网学习”的有 4.60%，认为“指导学生归纳整理知识”的有 10.02%，认为“指导学生进行研究性学习”的有 9.32%，认为“其他”方式的有 0.81%。（图 5-13）

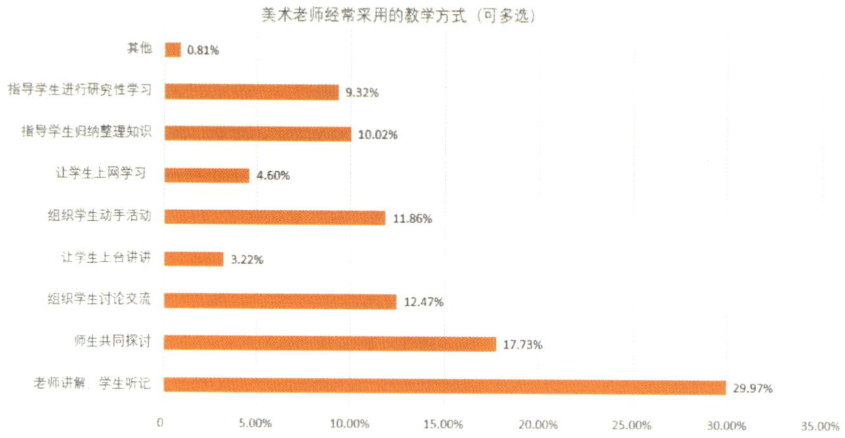

图 5-13 教师经常采用的教学方式比例分布

认为美术老师采用“老师讲解，学生听记”的教学方式能使自己更有效学习的有 331 人次（10.64%），其他几个备选项选择的人数和百分比分别为：“师生共同探讨”有 550 人次（17.68%），“组织学生讨论交流”的有 410 人次（13.18%），“让学生上台讲讲”的有 211 人次（6.78%），“组织学生动手活动”的有 640 人次（20.58%），“让学生上网学习”的有 265 人次（8.52%），“指导学生归纳整理知识”的有 265 人次（8.52%），“指导学生进行研究性学习”的有 425 人次（13.67%），“其他”的有 13 人次（0.42%）。（图 5-14）

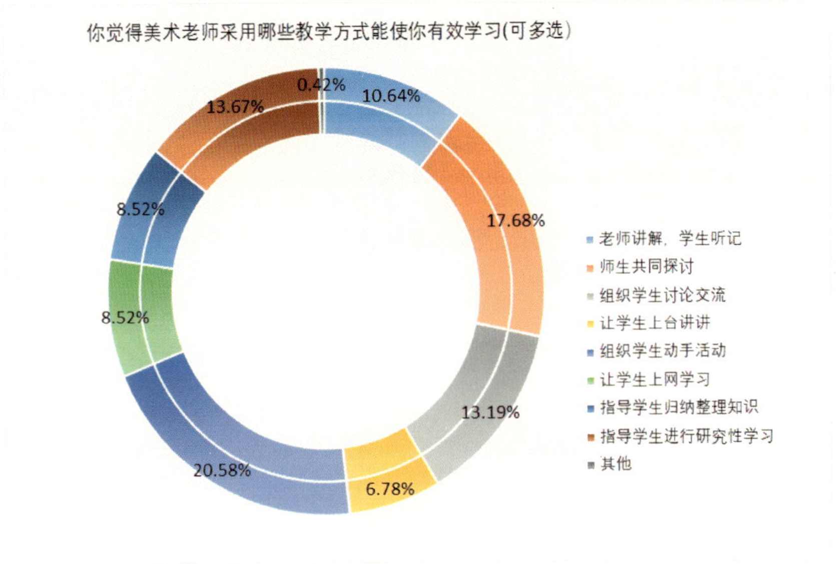

图 5-14 能促进学生有效学习的教学方式比例分布

对于“在开展美术学习之后，你希望老师在哪些方面做出改进”这一问题，调查问卷设置了七个选项，为多选题。根据统计，希望老师“关注我们的生活实际，多交流沟通”的人数占比为 20. 10%。另外，选择“在活动结束后，给出时间质疑问难，总结概括”的有 7. 18%，选择“在活动进行过程中，多参与到各小组中，及时发现问题给出指导意见”的有 15. 18%，选择“在作品展示和作业上交之后，希望老师能给出中肯的评价”的有 14. 11%，选择“老师提问时，希望以抢答、竞答的方式引导我们，便于集中注意力”的有 10. 75%，选择“在动手实践时，尽可能地让我们明确活动的目标”的有 17. 36%，选择“活动所需材料尽可能便利”的有 15. 32%。（图 5-15）

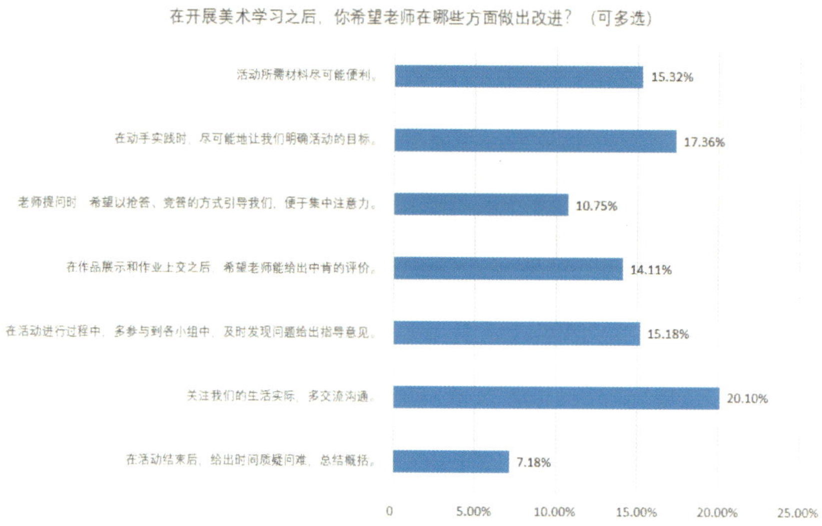

图 5-15 希望教师做出哪些改进以促进美术体验学习的愿望比例分布

三、调查结论及分析

（一）对美术学习的认知和态度

第一，大部分学生对美术学习有一定的兴趣，对美术学习没有或完全没有兴趣的只是少数。兴趣对于学习的重要性，无论如何强调都不过分。孔子曾指出：“知之者不如乐知者，乐知者不如好知者。”大意是，知道学习的人不如喜爱学习的人，喜爱学习的人不如以学习为乐趣的人。20 世纪最伟大的物理学家爱因斯坦认为“兴趣是最好的老师”。瑞典心理学家皮亚杰也明确地指出：“所有智力方面的工作都依赖于兴趣。”可以说，古今中外无数学者、科学家都将兴趣作为学习成功的第一要素。实际上，人类在还没有发明和使用文字的时候，是通过跳舞、画画、唱歌等艺术手段开展交流的，所以说人类对艺术的偏好是与生俱来的。人类幼儿时期大都喜欢美术，常常把画画、手工制作等看成游戏，无需他人鞭策，自始至终都是全力以赴。这是因为此时幼儿的美术表现是靠内在动机激发的。但随着年龄的增长，一部分人从小时候对美术的兴趣盎然慢慢发展到兴趣索然，这里有思维逐渐成熟所带来的自我认知力和判断力改变的原因，但学校美术教育也要负相当大的责任。美术基础教育历来受支持度低，教育目的偏失，美术学习环境不佳，教育资源缺乏，教学手段同质化，教学过程简单化，学习方式机械化等原因，使得很多学生学习美术的兴趣不高。因此，如何使学生永葆对美术的学习兴趣，是美术教育工作者需要一直研究和实践的重要课题。

第二，大部分同学较为重视或享受美术学习的过程而非结果。通常地讲，过程是事物发展所经过的程序和阶段，而结果是事物达到的最终状态。功利主义往往强调结果，而忽视了事物的发展过程。美术课程的功利性不强，原因有两点。首先，美术学科以技能表现和感情表达为主。《普通高中美术课程标准（2017 年版）》中纳入高中美术学习的 7 个模块，就有 6 个模块的学习需直接依靠操作技能，其表现方式更适合学生的感性表达。其次，虽然近两年已经陆续有省份将美术学科作为中小学升学考试的参考依据，但是美术学科尚没有获得和文化科目同等的地位，这使得美术教育的功利性不强，因而学生在美术学习过程中，没有过多的心理压力，能够以较为轻松的态度去面对。再次，重视过程的学习，意味着更重视学生的学习体验性、探究性。

第三，关于美术学习目的认知的调查结果显示，一部分学生（15.92%）学习功利性较强，认为学习美术是为了升学的需要。这种认知结果容易导致学生学习面狭窄，难以全面提升自己的美术素养。一部分学生（15.39%）则表现出较弱的学习动机，他们不明白学习的目的是什么。这就有可能导致学生学习的盲目性，平时不注意积累，学习效果不佳。实际上，所谓目的，是内心希望和计划要达到的结果和效果，是一种欲望。行为，是达到结果所需要的动作过程。目的既会影响行为，也是行为带来的结果。学习结果的好坏，其实取决于学习行为，即学习过程中的表现。因此，该调查结果所显示的不少学生对美术学习目的的认知存在很大的偏差和不足，其实也是整个社会对美术学习的认识存在偏狭的反映。

第四，受学生喜欢的美术学习门类排名的结果表明，学生文化理解素养偏低。学生文化理解素养较低，主要表现为三个现象。第一个现象，学生最喜欢的美术门类是摄影摄像，其次为绘画、设计、电脑美术、工艺、美术鉴赏、雕塑、书法、篆刻。由此可见现代科技和电子产品对学生学习方式的深刻影响。相较于其他美术表现方式，摄影摄像之所以受学生欢迎，笔者认为主要有两个原因：一是手机功能丰富，携带方便，是人们生活中必不可少的通信工具，也是学生最常使用的电子产品。摄影摄像是手机的一项主要功能，目前一般手机的拍摄效果已经能够满足人们日常生活所需。有些手机的拍摄功能甚至可以媲美专业相机。二是作为Z世代的年轻人，喜欢通过社交媒体分享自己的生活，手机即时拍摄、即时修图、即拍即传，很好地满足了他们展示、分享、交流的需要。三是相对其他美术门类而言，摄影摄像进入门槛较低。第二个现象是，受学生喜欢的美术门类排名中，美术鉴赏仅位列第六。美术鉴赏是《普通高中美术课程标准（2017年版）》唯一指定的必修课，不少学校的美术教材也只向学生发放《美术鉴赏》和《绘画》，美术教学内容也主要集中在这两个方面。此调查结果一定程度上说明学生对美术理论知识的学习兴趣不大。而学生体验学习风格量表的测量结果也显示，学生在“反思观察”和“抽象概括”两个项目的调查中，分数偏低。调查结果说明，美术鉴赏教学的效果欠佳。而根据访谈可知，教师多注重技法的训练，对理论性知识的教学则较为忽视，这是造成这种结果的重要原因。第三个现象是，从调查的结果可以看出，大部分学生比较喜欢现代美术表现形式，如“摄影摄像”“设计”“电脑美术”等，对中国传统艺术喜爱度偏低，如“书法”“篆刻”两个艺术门类就分别排在倒数第二和倒数第一。这也刚好映衬了美术核心素养测评中学生文化理解素养偏低的结果。

（二）体验式学习方法的运用

第一，学生图像识读与审美判断素养主要是通过顺应式学习方式获得。

学习可以分为同化式和顺应式两种方式。如果说同化学习主要是新知识适应已有知识的过程，那么顺应学习主要是已有知识适应新知识的过程。调查结果显示，学生在美术学习中较少利用反思观察和抽象概括。这说明学生的同化性学习方式即理性推理能力和创造理论模型的能力较弱。测评结果显示，在四种体验学习方式中，除反思观察与抽象概括无相关性外，其他两两之间都存在负相关性。也就是说，在四种美术体验学习中，具有负相关性的五对关系存在此消彼长的现象。根据这一结果，笔者认为，学生在美术学习中更多是采取顺应式学习方式，学习方式主要表现为具体体验（感性）与行动研究（实践性）。这也在图像识读和审美判断的素养测评结果上得到了反映，表明学生对于美术基本知识的掌握尚处于低阶阶段。

造成这一结果的原因，笔者认为主要有三点。首先，体验学习是一个相互作用的过程，也是一个智力适应的过程，是不断紧张和平衡的结果，而学生在学习过程中不善于进行学习的转换，智力适应能力较差。其次，美术学习没有受到足够的重视，学生很少对美术知识进行识记、理解和反思。最后，教师在教学的过程中，对现代多媒体的利用率不高，给学生提供的视觉图像不够丰富，且学习内容脱离学生生活经验，不能引出具有意义的问题，学习的内容亦无法深入思维的过程之中。

第二，学生参与美术表现活动的方式较为被动。

从学习者参与学习活动方式来看，我们的观察包含三个维度：个体性学习——合作性学习、他控性学习——自主性学习、间接性学习——参与性学习。[1] 从问卷调查的结果可以看出，学生的美术学习是以接受学习为主，合作和互动学习较少。或者说，学生美术学习还

[1] 陈佑清．关于学习方式类型划分的思考 [J]. 课程．教材．教法 .2010,30(2):36-40.

是以个体性、他控性、间接性的方式为主，缺少合作性、自主性和参与性。

学生参与美术表现活动方式较为被动的原因，笔者认为有这几方面：首先，教师教学投入得少。以新化县S中学为例，高中部美术教师年龄偏大教龄偏长，受现实因素影响，已失去教学热情。有研究表明，教师职业归属感与职业倦怠感呈显著负相关，即职业倦怠感越强，教师的职业归属感越低。[1] 在教学过程中，职业归属感越低的教师，其教学工作会变得机械和窄化，教学方式较为传统，对转换教学现状也没有太多意愿，教学投入自然也少。S中学美术教师有20多年教龄，但由于美术学科长期不受重视，美术教师当初的斗志和热情在遇到现实的无奈后，已逐渐被消磨。我们知道，学生学习方式往往是指在教与学的双边关系和多边关系中发生的一种社会行为。[2] 因此，教师的教学方式对学生的学习方式有很大的影响。其次，学生没有充分意识到美术学科的重要性，缺少主动参与美术表现活动的意愿。再次，美术学习内容没有激活学生的个体经验，或者没有融入学生对生活理解的过程中去，学生的兴趣因此没有得到有效激发。最后，美术课时量较少，按规定普通高中每周应开设两节美术课，但事实上不少学校美术课受到文化课的挤占，排课率并没有满足要求。在访谈中，不少老师提到，美术课课时少、时间短，在实践中缺乏连续性，导致一些美术体验活动很难进行，而且学生的学习热情很容易因为课时的不连贯而逐渐消失，参加活动变得被动。

第三，美术表现和创意实践活动缺少与个人经验以及社会生活的有意义的联系。

调查结果显示，在美术学习过程中，很多学生不能充分意识到个人经验产生的影响。同时，从调查生活中学生组织或参加的美术活动的结果可以看出，学生平时参与社会美术实践活动非常少。因此，在进行美术表现和创意实践素养测试的时候，学生一时难以进入角色。

[1] 王晓玲.石家庄市中小学教师教学效能感、职业归属感、职业倦怠感现状及关系的研究[D].河北：河北师范大学,2010.

[2] 郑杭生主编.社会学概论新修[M].北京：中国人民大学出版社,2005:124.

但在创作和制作与生活以及个人经验相联系的美术作品时，大多数学生表现出的水平和兴趣要高于图像识读和审美判断素养测试时所表现出来的。造成这种现象主要原因可能有三点。首先，高中教育以高考为轴心，美术专业老师的重心放在美术特长生的培养上。根据笔者的调查和了解，高中美术教师的师资配备率和专业对口率都要高于小学和初中。究其原因是绝大部分高中都有美术特长生，有些高中还开设了美术特长生班。为提高高考升学率，学校在美术师资配备上是基本可以满足教学需要的，但是无论是学校还是教师，均把精力和资源放在专业生的培养上。普及化的美术课多为应付式，教师并没有在教研教改上下功夫，也很少设计美术体验活动，使学生的美术学习远离个人经验与社会生活。其次，学校教育与社会生活、社会教育的疏离。学校和社会都是教育的重要场域，各自都有独特的教育优势。学校教育的理论性和社会教育实践性结合起来，对于丰富美术教育形式，拓宽教育面有积极的作用。学校组织学生“走出去”，利用社会资源进行美术教育的很少。学校与社会教育联系不紧密，缺乏资源共享机制，难以形成教育合力。因中小学无法对社会提供有效供给，故也难以与社会形成平衡的利益关系。社会教育往往在传承上注重实效性和时效性，而学校教育是以学生年龄和身心发展特征为基础的持续性递进性教育，所以在这个层面上社会教育与学校教育难以找到合适的切入口。再加之教育资金和安全保障等问题，也使得学校形成一个封闭的教育圈，无法使美术学习融入更丰富更真实的社会生活之中，学习内容与学生生活经验相距较远，无法直接作用于学习。最后，学生在学习的过程中，因为缺乏具体的情境引导，难以融入个人的情感体验，无法唤醒自己的个人经验。

第四，美术学习过程中缺少体验与实践。

前文曾指出，在美术学习过程中，体验发挥着十分重要且不可替代的作用，但调查结果显示，大部分同学认为自己在交流讨论环节不善于表达自己的观点和疑问，在动手实践过程中又无从下手因而不能独立完成任务。同时，相当部分同学认为美术老师经常采用的是老师讲解、学生听记的填鸭式、灌输式、被动接受式的教学方式。由此可见，学生在平时学习过程中，体验与实践的环节较少。导致出现这种问题的原因可能主要有两点：一是学习的内容没有与学生产生情感上的共振，体验的过程缺乏互动和交流；二是因为课时、学习工具、场地的限制，以及对于外出实践的安全因素等方面的考虑，美术体验与实践活动的开展较为困难。

第五，学生表现出了一定的创意和主体性水平状态。

调查结果显示，大部分的学生认为他人（同学）的美术作品较有特色，而且在美术学习活动时自己也经常有新的创意和想法。这说明，学生个性表现或者说表现自我的意愿较为突出。同时，在美术表现和创意实践测评环节中，学生普遍有较为浓厚的兴趣，有一定的创新意识和创意水平，美术作品呈现的效果也较好。笔者分析，这是因为高中生思维敏捷，各种个性品质已趋于稳定和成熟，其认知能力已达到了一定水平，生活经验也有了一定的积累。美国心理学家霍林渥斯（Hollinworse）把高中生所处的时期称为心理上的断乳期。在这个时期，学生自主意识强烈，且随着自我意识的加强以及独立思考和处理事物能力的发展，表达自我的欲望愈加强烈，因而不想被外界所束缚。总之，尽管学生在基本知识和技能的掌握方面有所欠缺，却表现出了一定的创意和主体性水平状态。

第六，学生的美术体验途径单一，学习资源较少，文化理解流于表面。

国务院办公厅发布的《关于全面加强和改进新时代学校美育工作的意见》（2020）中建议：鼓励学校与社会公共文化艺术场馆、文艺院团合作开设美育课程。整合校内、校外资源开展美育实践活动。有条件的地方和学校每年组织学生现场参观1次美术馆、书法馆、博物馆，让收藏在馆所里的文物、陈列在大地上的文化艺术遗产成为学校美育的丰厚资源，让广大学生在艺术学习过程中了解中华文化变迁，触摸中华文化脉络，汲取中华文化艺术精髓。充分挖掘学校艺术场馆的社会服务功能，鼓励有条件的学校将艺术场馆向社会有序开放。但从调查结果来看，大部分的学生没有参观过美术展览，也没有听说过数字博物馆或美术馆，对当地美术文化也不太了解。由此可见，学生美术学习资源的获得和学习途径都较为单一。学生对一些文化现象难以有切身的体验与感触，在文化理解上就难免经常流于表面，而且学生普遍存在图像识读和审美判断素养偏低的现象，这也导致学生对一些文化现象难以理解或理解有偏差，甚至产生错误理解。

笔者认为，造成以上问题的原因主要有三点。首先，笔者调查的学校以县级中学为主，县级中学可以获取和利用的公共美术资源有限，学生较少接触现代化的美术资讯，审美体验的空间比较狭窄。其次，本地美术文化资源没有被重视，被挖掘，也没有进入学校教育。如S中学所在的新化县地处梅山文化圈的核心区域，民间美术文化资源丰富，如民间图腾、传统建筑、梅山巫术等。W中学所处的汨罗有汨罗江畔端午划龙舟、办长乐故事会、打倡，新市中秋烧宝塔等民间文化艺术活动。Y中学所处的通道县有传统侗族建筑、服饰、戏曲等。G中学所在的耒阳有国家级非物质文化遗产竹纸制作技艺（蔡伦古法造纸技艺）、省级非物质文化遗产敖山庙会、坛下铜锣制作技艺、大和滚地龙、公祭大禹等民俗文化和传统技艺。C中学所在的桂阳有宋代画像砖，独具特色的岁时节庆中的金瓜龙舞，村邑设施中的曹门、公祠、戏台，手工艺制作中的扎花灯、织草席、打草鞋等等。A中学所在的湘阴县有中国最早的青瓷岳州窑遗址、与岳阳楼同龄的宋代文庙等。只要师生勤于挖掘善于探索，都能找到独特的本土文化艺术，将其作为美术学习资源，并在此过程中能根据本地的民俗风情去理解这些文化现象和形式。但现实是大部分教师缺少自主探究和因地制宜的教学内容设计，也没有对学生的美术学习进行针对性引导，当地的美术资源没有进入学校教育，或者说学校教育没有很好地利用好本地美术资源。最后，地方政府、学校缺乏对本土文化的有力宣传，家长的文化和教育意识比较薄弱，导致学生对当地文化缺乏了解、体验和认同感。

（三）基于体验学习的教学情况

第一，教学内容与学生生活关联度低。学生在回答“美术课内容与你的生活关联多吗”这一问题时，选择“一般”“不太多”“没有”等三个选项的学生为60.73%，选择“很多”与“比较多”两个选项的学生为39.27%。在回答“在开展美术学习之后，你希望老师在哪些方面做出改进”这一问题时，选择“关注我们的生活实际，多交流沟通”的为58.95%，在七个选项中居第一。可见，美术课的内容和学生的生活并非密切相关，而且教师在教学的过程中较少关注学生的生活经验。

第二，美术教师采用的教学方式较为传统。学生在回答“美术老师经常采用的教学方式”这一问题的时候，选择“老师讲解，学生听记”的人数最多，为783人。可见，在平时的教学过程中，教师多采用传统的教学模式。结合学生在问卷中的主观题回答也可知晓，美术教师在教学中大多是使用传统的教学媒介，并且以讲授为主，较少安排有实践性的活动，即使有实践活动也主要是绘画。这种现象有老师个人的原因，但很大程度上是因为教学资源缺乏。不少学校美术教学设施配备不到位，没有专门的绘画教室。因笔者的教学实验是在县级中学开展的，所以调查对象主要是县级、县级市的高中，有些问题可能了解得不全面。为此，笔者又全面分析了2016年和2019年国家义务教育艺术学习质量监测的全国数据和湖南省数据，以此整体把握基础教育阶段美术教育情况，并了解不同区域、城乡之间的美术学习差异，为笔者分析普通高中美术学习情况提供借鉴依据。同时笔者联系了长沙市几所重点高中的美术老师了解情况，有老师反映学校虽配有美术教室，但也只有上绘画课的时候才使用，利用率低，而且美术教室只有桌椅板凳，和普通教室无二，所以有些美术体验学习活动没有办法开展。虽然教育部在2018年提出要确保2020年基本消除高中大班额，但我国基础教育总体资源缺口大，投入需求大，很多县级高中都是实行大班额制。目前很多高中班级人数都在55至60。学生人数多，又没有专业美术教室可以利用，学生的美术体验空间严重不足，而且教师教学的发挥空间也受到了限制，这也是高中美术学习内容主要还是以传统美术内容——美术鉴赏为主，教学形式为老师讲、学生听的重要原因。

第三，教师较少设置体验活动。从最后的主观问答题的调查结果来看，大部分学生认为之前（教学实验前）的美术课不注重动手实践，很少有体验和尝试，学习内容和学习方式较为单一。可见，教师在教学中，采用的教学方式较为单一，教学内容较为单薄，缺少能让学生体验和实践的教学内容以及教学活动的设计。教师在学习内容和学习程序设计上常运用强化手段，较多关心学生能力的差异，很少关心学生在情感、态度方面的差异，也很少注意到学习方式、学习风格和学习动力等方面的差异。在这种学习氛围下，学生的学习兴趣较弱，学习的知识较为分散、片面、零碎，知识之间难以建立本质的联系，因而很难实现对知识和技能的内化。

学生问卷的调查结果与教师问卷的调查结果基本吻合，因此，关于本部分的问题讨论，将结合教师问卷测评结果，放在后文一并进行。

第二节　基于美术体验学习的教学情况调查

人类学习的研究所关注的焦点是个体如何改变知识、技能、策略、信念及行为方式。学习象征着行为或某种方式表现的能力的持久改变，它来自实践或其他经历。[1] 学生的学习也在改变着他们的行为和能力。他们的实践和经历很多都是来自学校教育。因此，教学相长，教与学是不可分的，优秀的教师要不断学习所教学科的知识，掌握鼓励学生学习的各种方法。[2] 研究学生美术学习的问题，我们不能忽视教师教学的问题。因此，本研究旨在通过问卷调查与访谈的形式，了解基于个体技能知识的美术体验学习的教学基本情况，并对调查结果进行分析，以期发现教学中存在的问题及其原因。从“教”的角度透视“学”的现象，为笔者开展基于个体技能知识的美术体验学习教育实践提供参考和依据。

[1] 戴尔·H. 申克 . 学习理论：教育的视角 [M]. 韦小满，译 . 南京：江苏教育出版社，2007:27.

[2] 戴尔·H. 申克 . 学习理论：教育的视角 [M]. 韦小满，译 . 南京：江苏教育出版社，2007:21.

一、调查的设计与实施

（一）设计思路

基于美术体验学习的教学实验所在地新化县S中学高中部只有一个美术教师，且新化县城所有高中美术教师仅六个，为保证问卷结果的可信度，笔者除在新化县发放问卷进行调查外，还对安仁县、株洲市渌口区、湘阴县等同级别县级中学部分高中美术教师进行了抽样调查。由于教师问卷在发放过程中有一定的地域跨度，为便于调查的进行，问卷主要采取网络发放，如通过微信、QQ的方式进行（问卷见附录二）。

（二）问卷设计的内容

《基于美术体验学习的教学调查》（教师问卷）设计的项目有25个，1—23题为客观选择题，分单选题和多选题，为封闭式作答。在某些多选题可选项中会有一个开放式作答方式，以弥补封闭式测试的缺陷。24和25题为开放式问答题，教师可根据实际情况和自己的主观感受自由作答。问卷的内容主要分为四部分。

第一部分：调查对象的基本情况。

主要了解调查对象的年龄、学历、教龄、性别这些基本信息。对这些自变量情况的了解，有利于分析因变量的情况。

第二部分：调查对象对体验学习的认知和态度。

主要调查教师对基于个体技能知识的体验学习的相关教学情况的认知和态度，并分析其原因，据此提出相关建议。

第三部分：基于美术体验学习的教学具体情况的调查。

主要对教学的整体情况包括教师教学方式、教学方法、教学手段、教学模式等开展调查，为基于美术体验学习的教学研究提供依据。

第四部分：主观问答题。

被调查者可根据实际情况和自身对体验教学的体会和认识，阐述自己的想法并提出相应的建议。通过这一部分的调查，可以更为具体地了解美术教学的现状。

对于问卷所获信息，本研究使用问卷星网站统计软件和SPSS 21.0统计软件进行综合统计和分析。选择题采用百分制进行统计分析。

第五部分：访谈。

这一部分是第二次调查后新增的内容，主要针对教师开展体验教学的环境和保障条件进行了解，来弥补问卷调查的一些缺陷和未尽之工作。

二、调查结果

（一）调查对象基本信息

教师问卷共发放19份，回收19份，回收率100%，全部为有效试卷。其中，男教师为10人，占总人数的52.63%，女教师9人，占总人数的47.37%。在回收的19份问卷中，被调查的教师各年龄段百分比分别为：26—35岁（63.16%），36—50岁（36.84%），50岁以上为0。教龄分布如下：任教1—3年的占总人数的5.26%，任教4—7年的占总人数21.05%，任教8—12年占总人数的42.11%，任教12年以上的占总人数的31.58%。在19位被调查对象中，中专、专科、博士研究生学历为0人，本科学历为14人（占比73.68%），硕士研究生学历的为5人（占比26.32%）。

根据调查结果可知，调查对象均以本科及硕士研究生学历的中青年为主，绝大部分都有较为丰富的教学经历。

（二）教师对体验学习的认知和态度

教师是教学的主体，他们对推动学生美术体验学习并使之生成个体技能知识和美术素养具有重要影响。因为，教师对美术教学中的体验学习是否重视，直接关系到体验教学能否顺利开展，关系到学生体验学习的质量好坏和成效高低。良好的认知和态度，才能确保教师以正确的理念为指导，并积极投身于美术教学中去，为学生提供正确的学习导向。

在回答“您对‘体验学习’的了解情况如何”这一问题时，15.78%的教师表示“十分了解，并在教学实践中经常进行体验教学设计”，63.12%的教师表示“有所了解，并有意识地在教学内容上应用”，21.10%的教师表示“几乎不了解，在教学实践中很少应用”。关于个体知识，10.50%的教师表示“十分了解，并在教学实践中经常进行个性化教学设计”，68.40%的教师表示“有所了解，并有意识地在教学内容上应用”，21.10%的教师表示“几乎不了解，在教学实践中很少应用”。通过调查我们还可以得知，大部分教师认为个人经验（体验）以及缄默知识对学生的美术学习有较大的影响，学生能够通过体验学习主动应用所学的知识去解决生活中的实际问题。

关于体验学习的内容，问卷设置了两道多选题，分别为“您觉得适合进行美术体验学习的教学内容应该具备什么样的特点”和“您觉得美术教材中哪些内容适合开展体验学习”。第一个问题共有五个备选项，即“以活动等外显的形式表达”“可以观摩、示范的方式进行”“有助于师生间的互动、交流与合作”“能创设各种情境”“立足于学生经验和生活实际”。调查结果显示，五个选项的被选频次较为均衡。第二个问题是“您觉得美术教材中哪些内容适合开展体验学习”。认为“能够让学生实践操作的内容”和“与学生生活、社会交流息息相关的内容”的老师均为26.90%，为五个选项被选人数最多的。其余选项的占比：“能够以影像、图画等呈现出来的东西”占比22.40%，“能让学生反思研究的内容”占比16.30%，“美术史论知识”占比

7.50%。由此可见，大部分老师认为，美术学习与学生生活相联系并能够进行实践操作非常重要。（图 5-16）测评结果还表明，78.95% 的教师认为采用“实践活动”的教学方式能让学生的学习效果更好。

综上，测评结果显示，相当一部分美术教师对个体知识的体验学习理论有一定的了解，并对体验学习的内容和方式有较为清晰的认识和正确的认知。

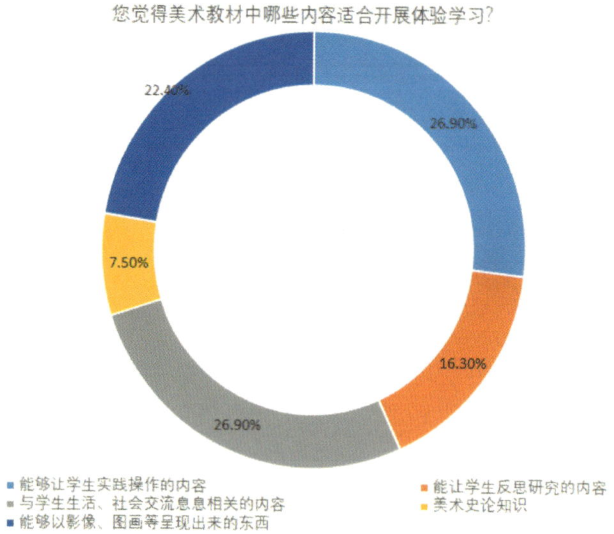

图 5-16 教师对适合体验学习的教材内容的认知情况比例分布

（三）基于体验学习的教学情况

1. 教学内容

教学内容是学与教相互作用过程中有意传递的主要信息，它是指师生对教学过程中发生的有关的实际内容的综合加工，而不仅仅局限于教材。教材内容的选择对教师教学有很重要的影响。调查结果显示，在高中美术九个门类中，只有五个门类被教师选择为教学内容，其比例如下：“美术鉴赏”和“绘画”为 100%，“设计”为 15.80%，“工艺”为 5.30%，“书法”为21.10%。“雕塑”“篆刻”“电脑美术”“摄影摄像”等四个门类均无人选择。

2. 教学方式

教学方式是教学方法及教学活动的细节，它是教学过程中具体的活动状态，是教学活动实际呈现的形式（《教育大辞典》，1996）。调查结果显示，大部分教师会在美术实践课上进行技能示范（63.16%），而且也会经常安排学生动手实践（52.63%）。在“您常采用的教学方式”这一项调查中，八个备选项中被选最多的是“组织学生动手实践”（89.50%），其他依次是师生共同探讨（78.90%）、组织学生讨论交流（73.70%）。

3. 教学前提

教学前提是教学顺利开展的重要依据。首先，了解学生的学情是重要的教学前提。在本研究中，被调查者了解学生学情最多的方式为“课堂观察”和“与学生沟通交流，关注学生日常生活”，占比均为78.90%，其余依次是“作业（品）分析”（73.70%）、“了解学生已有的知识经验和认知发展水平”（57.90%）、“教学经验与教参上的提示”（36.80%）。其次，教学目标的确定也是教学顺利开展的基本前提。从教学目标确定的前提来看，各项被选择的总人数百分比分别为：“了解学生的原认知经验”占比31.58%，“基于课程目标与学习内容的分析”占比36.85%，“了解学生的缄默知识(即只可意会不可言传的知识）”占比5.26%，“教师与学生共有的生活经验”占比21.05%，“参考网上或教参上的活动” 占比5.26%。（图5-17）

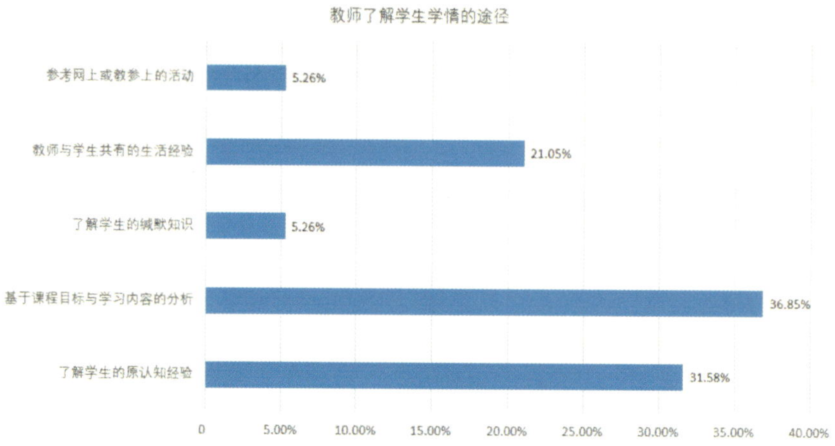

图 5-17 教师了解学生学情的途径来源情况比例分布

4. 教学资源

教师资源是最常被使用的。学生学习小组、课外活动小组、课外辅导、家长等资源，要么完全没有被利用，要么极少被作为美术教学资源利用。在美术教学中运用较多的物质资源为传统媒体和教学辅助设施，如黑板、印刷品、实物、挂图等。现代媒体如投影仪、幻灯机、计算机的利用很少。其他各种社会资源如图书馆、博物馆、美术馆等同样没有得到很好的利用。选择经常利用当地美术资源的教师，仅占总人数的 10.53%。（图 5-18）

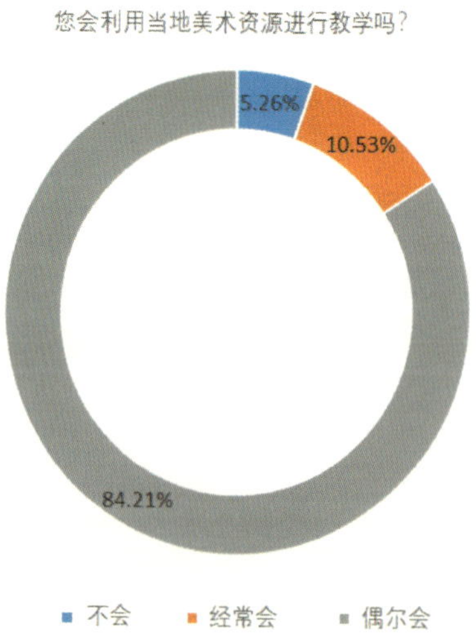

图 5-18 教师是否利用校外资源的情况比例分布

5. 教学方法

教学方法包括教师教的方法（教授法）和学生学的方法（学习方法）两大方面，是教授方法与学习方法的统一。[1] 教师的教学方法要依据学生的学习方法的不同而不同，这样才能提高针对性和可行性，才能更好地达到预期目的。在回答“您通常会结合下列哪种学习方式进行教学”这一问题时，选择“探究学习”选项的教师最多，为 89.50%。其他选项的比例为：“自主学习”共 68.42% 的教师选择，“合作学习”共 84.21% 的教师选择，“游戏学习”共 52.63% 的教师选择，“反思性学习”选择者则为 47.37%。

6. 教学效果

观察学生的课堂表现和作品质量，可以了解教学效果。在回答“每个同学的美术作品都有自己的特色”这一问题时，52.63% 的教师表示“非常同意”，42.11% 的教师回答 “同意”，5.26% 的教师“既不同意也不反对”，选择“不太同意”和“非常不同意”为均为 0 人。

问卷第 19—21 题分别从知识、技能、情感三个方面调查学生能力水平的层次。关于学生在知识方面达到的水平层次，参与调查的老师们认为学生达到“知道（记忆）”水平层次的有 5.26% 人，认为学生达到“领会（理解）”水平层次的老师有 63.16% 人，而认为学生达到“应用”“分析”“综合”“评价”几个水平层次老师分别为 15.79%、0、10.53%、5.26%。关于学生在技能方面达到的层次，参与调查的教师的选择比例如下：“感知：能够运用感官获取信息用以指导行为、动作”为 21.05%，“准备：为进行某种美术技能操作的学习而做的心理、生理以及情绪等的准备”为 15.79%，“有指导的反应：能在教师的指导下完成某种美术活动操作（包括模仿和尝试错误）”为 57.89%，“创新：能创造新的动作模式以适应具体情境”为 5.27%，其余三个选项即“机械动作：能以某种熟练和自信水平完成某种形式的美术技能操作，使反应形成习惯”“复杂的外显反应操作：能够独立并且熟练、轻松稳

[1] 孙时进，王金丽主编．心理学概论 [M]. 上海：复旦大学出版社，2012:169.

定地完成某项美术活动的操作”“适应：能够修正自己的美术动作模式以适应特殊的设施或满足具体情境的需要”均为 0 人。（图 5-19）关于学生在情感方面达到的层次，在参与测评的教师中，有 36.84% 的人选择“接受：能感受并愿意接受特定的美术现象和刺激，并能将注意力放在美术学习中”，有 26.32% 的人选择“反应：能主动参与，积极反应，并对美术学习表现出较大的兴趣”，有 26.32% 的人选择“价值评价：能用一定的价值标准对美术现象、行为或事物进行判断”，选择“组织：能对多种价值观念进行组织、比较、选择，形成自己的价值体系”与“性格化：将已有经验内化提升变成自己的个性品质”均为 5.26%。

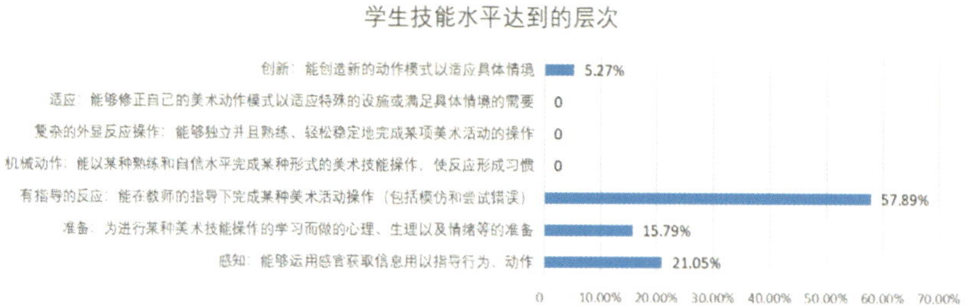

图 5-19 学生技能水平达到的层次情况比例

7. 学校美术教育实施和保障状况

体验学习需要教学来指导实施，而体验教学的有效实施也需要一定的教学环境和教学保障。本次对高中美术教育实施和保障状况的调查是以访谈的方式进行，主要针对其中几个指标：美术教师配备、美术教师培训、美术教师教研、美术教学资源配备。访谈对象为县级高中的 10 位美术教师，3 位美术教研员。访谈的结果放在问卷调查的主观题部分进行统计和综合分析。

一是关于美术教师配备。

通过访谈了解，几乎所有高中都配备有美术教师，无论是配置率还是专业对口率都要高于义务教育阶段。但是除以发展美术专业特色的学校在美术教师配备上能基本满足全校教学需要外，一般高中的美术师资仍需补充。

二是关于美术教师培训。

美术老师平时参加专业培训的机会不多，大概平均每年培训 15 课时，且很少有机会参加国家级和省级培训，培训主要是区县组织的或者学校内部培训。存在的主要问题是培训次数较少、时间短，培训的形式单一，培训偏理论，对实践的指导性较差。培训内容一般为学科课程标准、教材使用、美术相关专业知识与技能、教学方法、教育教学评价、地方艺术资源的开发和利用、教育信息技术。

三是关于美术教师教研。

高中美术教师参与集体备课一学期大概 2—3 次，其他的教研活动有“优秀教师观摩课”“观看名师教学录像”“听校外同行或专家报告”“说课评课”“上公开课、示范课”等。但是因为美术课不受重视，这种活动的频次和质量都要低于文化课。湖南区县配备中学美术专职教研员的比例为 41.70%，有兼职教研员比例为 16.70%。

四是关于美术教学资源配备。

老师们反映美术课被挤占的现象仍然存在，有的学校一半以上美术课都被挤占，尤其是高三年级几乎是不开设美术课的，且期末复习期间美术课照常开设的比例可能不到 20%。专业教室配备的比例大概是 60%，画室配备的工具多为课桌椅，专业画架、画板配备率较低，而且画室使用率低。随着近年来城镇学校扩容，普通教室资源不够，艺术教室被占用的情况比较严重。

8. 教学困境

为了解基于体验学习的美术教学遇到哪些困境，笔者设计了两个项目，其中一个是多选题，另一个是开放性问答题。封闭式多选题的题目设置为“在进行体验活动的教学过程中，您觉得有哪些制约因素或困难”。调查结果如下：认为是“体验活动的时间不够或难以把握”的占总人数的57.89%，认为是“体验活动的材料选取和准备”的占总人数的68.42%，认为是“体验活动场地不好安排”的占总人数的57.89%，认为是“体验活动过程较为混乱，难以控制和管理”的占总人数的68.42%，认为是“对学生的学情不能充分了解”的占总人数的21.05%。

由此可见，在基于体验学习的美术教学过程中，体验时间、活动材料、活动场地、活动过程等都面临着不少困难。而且，这些困难在主观题回答中出现的频次也非常高。被调查教师提到频次较多的教学困境主要有以下三个方面。一是教学条件的问题。比如，体验活动的场地受到限制，资金、设施、材料等物资难以落实并已无法满足需求。二是美术学科被边缘化。美术作为非高考科目，不受领导、老师、家长和学生的重视，导致教师和学生的参与度不高。三是地域限制。本次研究主要集中在县级中学进行调查，因此有不少老师反映，城镇区分大，县城可利用的资源不多，也是造成教学受限的一个很重要的原因。

9. 教学建议

本部分为开放式主观问题设计，要求美术教师根据具体情况就如何有效开展体验学习以转变学生美术学习方式提出建议。参与作答的教师提出了不少建议，以下五点建议是笔者按照出现频次整理所得：第一，受功利主义的影响，在经济欠发达地方，美术教育不受重视，体验式美术教学实施起来困难重重，为改变此现状，建议将美术学科纳入刚性考试；第二，就目前的情况而言，高考仍是中学教学的指挥棒，有鉴于此，建议进一步推进将美术学科的考评成绩作为高考考核的参考内容，美术教育才会真正受到重视；第三，教育主管部门应当为美术教育提供一定的刚性支持政策和资金保障，这是体验式教学活动得以顺利开展的基本前提。教育部门还需要倾向性地引进美术老师，解决师资不充足的问题；第四，学校领导、家长和学生都应该认识到美术素养的重要性，确保美术学习的时间和条件保障。教师要创新美术教学方式，让学生乐学好学，进而改变当前的被动式美术学习现象；第五，要有一定的政策和专项经费支持非物质文化进校园活动，和师生走出校园参与社会文化建设活动。

三、调查结论及分析

（一）教师对体验学习有良好的认知和态度

调查结果反映，大多数美术教师对体验学习理论有一定的认知，并知道如何选择和运用正确的教学方式与方法去开展美术体验教学，以提高教学效果。

参与调查的美术教师均为本科及以上学历，其中大部分有八年以上的从教经历，教学经验较为丰富。他们对学生的美术素养、学习情况等有较为深入的了解，对美术教学规律、美术教学方法的理解有较为全面的理解。

（二）教学内容的选择和利用较为传统单一

在教学情况调查中，超过一半的老师认为自己会在美术实践课上进行相关的技能示范和安排学生动手实践。但是，在关于教学内容的调查中，只有“美术鉴赏”和“绘画”经常会被选择作为教学内容，其他几个门类则较少涉及。笔者据此分析，教师技能示范和学生动手实践主要集中在绘画上，即教师在教学内容的选择和利用上还是比较传统和单一的。

笔者认为，高中美术教学内容不够丰富的原因主要有三点。第一，美术师资力量缺乏。作为一门边缘化学科，除了一些高中以发展美术专业为特色的学校，如汨罗W中学。其余学校美术老师配备数量还需进一步补充。比如S中学，整个高中部45个班只配备一个美术专业老师，师资非常缺乏，美术课只能在高一年级的上学期或下学期开设。高一年级共15个班，每学期安排7—8个班级开设美术课，每周只安排一节美术课。由于美术课时有限，美术教师根本无法为学生提供丰富的教学内容。第二，美术老师工作量大，精力有限。以S中学的美术老师为例，他既要完成常规的美术教学工作，还要管理和培养几十名美术专业生，根本没有更多时间和精力去钻研美术教育教学方法，以及研究如何丰富美术教学的内容和形式。第三，美术教师自身能力欠缺。县级中学的美术教师，继续学习和提升的机会较少，获得新的教育资源和教学资讯有限，对新课程改革理念、新的教学方法、新的美术学习领域的领会不深，甚至不了解。

（三）学生的缄默知识没有受到重视

19名参与问卷调查的教师中，仅有一人在确定教学目标时将学生的缄默知识列为考虑因素。

笔者认为，学生的缄默知识没有得到重视的原因有三点。首先，作为与显性知识相对的一种知识形态，缄默知识长期不被人重视，甚至都不被人所认知。因为缄默知识可能会与某种现存知识或得到公认的显性知识、伦理道德准则、习惯规则相冲突，所以不被人重视。其次，缄默知识是非常情境化的，因此，在一些特殊的情景中，它们可能拒绝那些有用且被众人所接受的显性知识，从而导致活动效率低下，让人反感。比如，在传统教学情景中，老师喜欢学生对自己所讲授的知识绝对地认同并遵照执行，最好不要有质疑而打断所谓的教学节奏。例如，老师在教授人物头部的表现方法时会讲到“三庭五眼”这一知识点，并常常希望学生在实践操作的时候遵循这一规范。但是在实际操作中，学生可能因一些抽象作品或者一些生活的场景对他有所触动，抑或是他想更为自由地表达，所以他完全抛却了“三庭五眼”的头部作画规范，而用一种毕加索式的表现方式。那他的这种表现很有可能不会被老师和同学理解，而是被认为他基础差、态度差。再次，学生进入学校并不是头脑空空进来的，他的成长中所遇到的大大小小的事情都促使他形成了不同于他人的缄默知识。所以缄默知识难以传递、难以显现、难以测量，因此难以获得重视。这些是老师很难去了解的，有些作用于学生的言行举止和学习表现，老师也很难理解的。老师对缄默知识本身就认识不足，也无法在教学中对学生缄默知识给予特别的关注。

（四）教学资源较为贫乏

根据调查结果显示，教师在教学中较少利用当地资源。此外，在回答主观题时，不少教师反映县城的条件有限，美术资源不丰富。可以推断，在教学过程中，由于教学资源较为贫乏，故而教师教学以教材为主，较少挖掘和利用本地美术资源。

笔者认为，美术教学资源较为贫乏的原因有三点。第一，社会美术资源与学校美术教学未能形成互动，美术馆、文化馆、博物馆等公共社会教育机构与学校教育尚未形成合力，社会公共资源的利用率低，没有充分发挥出其教育价值和教育意义。美术教师较少将社会美术教育资源引入课堂或美术活动中。第二，县城的公共艺术文化资源相对比较匮乏。例如，笔者调研的新化县没有博物馆，仅有一个美术馆即梅山美术馆，且距离县城较远，交通不便利。而像 W 中学、A 中学、G 中学、C 中学所在县市公共艺术资源也比较贫乏，仅有些小型的艺术馆、文化馆。第三，本土美术资源的利用和开发力度不够。实际上，很多地方都具有独特的地域文化，这些文化基因已融入当地人的血脉中，渗透进当地人的日常生活里，比较容易引起学生的共鸣。比如，新化县是梅山文化的发源地，而梅山文化具有浓郁鲜明的地域性、民族性以及独特的表现形式，它通过歌谣、传说、武术、故事和礼仪进行传承，成为地方文化的源头和支柱。而且，作为一个具有千年历史的古县，新化县还保留了诸多历史遗迹和人文古迹。比如，位于县境往北二公里资水之滨的北塔，始建于清道光十四年（1834），已有近两百年历史，高大挺拔，雄踞一方，旧时称“北门锁钥”。在新化县城东北角向东街，至今仍保留着百余栋明清时期的古典民居和1000余米长的青石板街，它们见证了旧时资江水路繁荣的景象，述说着千年古镇的沧桑历史。G中学所在地耒阳市辖内的新市古镇，地处耒水河畔，历史源远流长，古衡州郡曾设郡于此，有着深厚的历史文化背景和商业基础。自明清以来，新市镇商客不断，“九街十三巷”描绘了当时的盛况，古街、古桥、古亭、古树、古建筑遍布整个古街，是美术写生和美学教学的绝佳场所。但遗憾的是，这些资源很少被应用于美术教学中。比如说通道县的侗族村寨不仅有美丽的自然景色，而且有精湛的侗族建筑文化，鼓楼、风雨桥都是侗族建筑的独特样式。自纺自染自织的侗族服装，颜色独特，色泽鲜艳。衣、裙、裤、鞋、头巾、首饰独具民族特色。节庆、饮食、婚恋文化等也特色鲜明，种类丰富，都是美术学习很好的资源。

（五）体验活动开展较少

根据主观题的调查结果以及笔者实地考察发现，大部分县级学校的美术学科得不到重视，美术体验活动所需的设施和资源严重不足。这是美术体验活动在县级中学开展较少且质量与效果欠佳的根本原因。

具体而言，美术体验活动的开展受到了空间和时间两方面的限制。一方面，由于美术学科不受重视，很多学校没有设立美术活动课室，很多美术体验活动受到了空间限制，无法很好地开展。县级中学普遍为大额班级，以新化县S中学为例，平均一个班级有七十多名学生，人数最多的超过八十人，教室空间非常狭小，难以开展美术教学体验活动。另一方面，县级高中美术课课时不足，没有达到美术课程标准要求的每周两节课的课时标准，且课程安排在时间上较为分散。由于时间上的限制，美术教学体验活动也无法得到有效开展。

（六）教学效果不理想

从调查结果分析，学生的美术知识水平大多停留在布卢姆认知目标的低阶思维层次，学生的技能水平普遍处于有指导的反应阶段或模仿的初中级阶段，学生的情感水平基本处于接受、反应或价值评价的初中级水平。因此，从认知、技能和情感等三个方面进行整体评估，学生的美术能力还处于初级水平，学生的美术学习难以和生活产生联系，也不能利用美术知识去解决生活中的具体问题。

笔者认为，造成美术教学效果不理想的原因主要有两点。第一，美术开课率低。因为美术学科开课率低，学生没有充分的时间去学习美术相关知识，美术能力自然就得不到提高，也很难形成较高的美术素养。第二，美术教学与学生生活经验之间的联系不够紧密，关系不够密切。不同地方的学生学情不一样，学生生活的环境和经验也有差异。美术教学中常常面临着很多实际的问题，教师很难关注到每一个同学的具体情况，比如他的个体知识获取与呈现、原生家庭的关系、具体的生活经验等。但是，在具体的教学中，美术教师应当尽可能根据学生的整体学情，去挖掘和激活他们的个体知识和经验。美术教师应当考虑实际的教学环境、学生学情以及具体的教学情境，因地制宜、因时制宜地选择美术教学内容，有效开展美术体验活动。只有这样，学生才能在学习的过程中体验到学习美术的快乐，并有效生成自己的个体技能知识和美术素养。

第三节 基于体验学习的学生家庭艺术环境调查

最好的艺术教育，就是把生活与艺术结合起来。家庭环境是孩子成长的第一所学校，家庭氛围对孩子的思想品德、心理品质、行为习惯等都有着深刻的影响，很大程度上能够决定孩子以后成为什么样的人。同样，家庭的艺术环境对个人的个体技能知识的生成也起着很大的作用。根据教育部基础教育质量监测中心对艺术学习质量的监测数据分析，无论是城市、县镇学校，还是乡镇、农村学校，家长对学生艺术学习支持度、家庭艺术资源、家庭艺术氛围与学生艺术成绩和表现呈正相关关系。[1] 因此本部分的研究主要是对学生家庭艺术环境进行调查，更进一步验证体验学习与个体技能知识生成或者美术核心素养提升的关系。

[1] 《2019 年国家义务教育质量监测艺术学习质量监测结果报告》

一、调查的设计与实施

（一）设计思路

本次调查采用问卷的形式进行，调查对象仍然是上文所提到的六所学校。本调查问卷与《基于个体技能知识的美术体验学习调查》一起发放。问卷全部为单选题，借鉴了《2019 年国家义务教育质量监测艺术学习质量监测结果报告》的设计和分析方式。问卷一共有 9 个单选题，分为三个部分。1—3 题是调查学生家庭的艺术氛围，4—6 题是调查学生家庭的美术资源，7—9 题是调查家长对学生美术学习的支持度。

（二）调查结果

1. 学生家庭艺术氛围

本项目主要从学生与家长交流艺术话题，一起画画、做手工、写书法，一起观看各类艺术展演等方面对学生的家庭艺术氛围进行调查。调查结果显示学生总是与家人交流艺术相关的话题有 6.81%，经常交流的有 9.01%，有时交流的有 30.05%，从不交流的达 54.13%。学生总是与家人一起画画、做手工、写书法的有 4.92%，经常一起的有 5.55%，有时一起的有 20.52%，从不的有 69.01%。学生总是与家人一起观看各类艺术展演或展览的有 2.62%，经常一起的有 9.11%，有时一起的有 39.37%，从不的有 48.90%。（图 5-20）

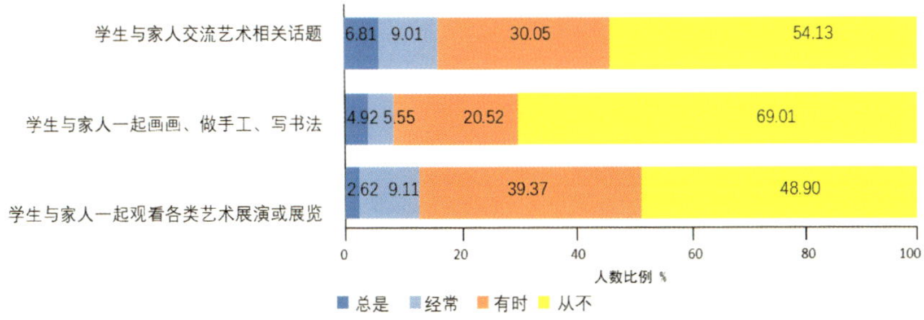

5-20 学生家庭艺术氛围情况

2. 学生家庭艺术资源

对学生家庭艺术资源的调查，主要从学生家庭拥有的书法作品、绘画作品、手工艺品、艺术类书籍和作品集几个方面来进行。调查显示学生家里书画作品很丰富的（9 幅以上）有 1.78%，比较丰富的（6—8 幅）有 2.41%，丰富性一般的（3—5 幅）有 12.04%，家中很少有（1—2 幅）书画作品的有 61.47%，完全没有的有 22.30%。学生家里手工艺品很丰富的（9 件以上）有 2.02%，比较丰富的（6—8 件）有 3.98%，丰富性一般的（3—5 件）有 14.55%，家中很少有（1—2 件）手工艺品的有 61.65%，完全没有的有 17.80%。学生家里艺术类书籍或作品集很丰富的（9 册以上）有 1.57%，比较丰富的（6—8 册）有 2.62%，丰富性一般的（3—5 册）有 12.67%，家中很少有（1—2 册）手工艺品的有 32.67%，完全没有的有 50.47%。（图 5-21）

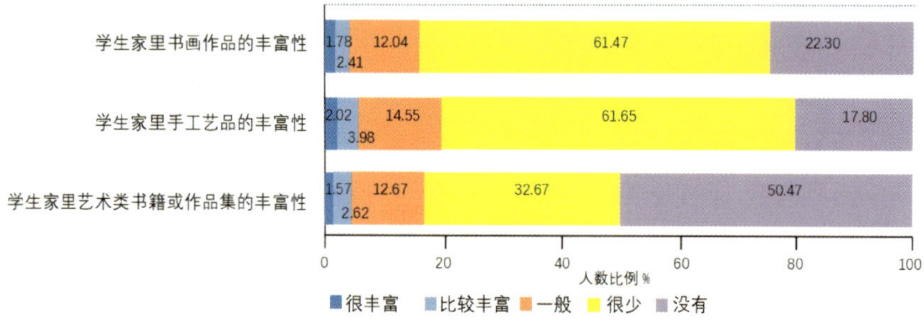

图 5-21 学生家庭美术资源情况

3. 家长对学生美术学习的支持

本项目主要从家长支持孩子参加美术展览等艺术体验活动、询问孩子在学校上美术课、给孩子购买美术用品等方面对家长支持孩子的美术学习情况进行了解。调查结果显示家长对孩子参加美术展览等体验活动很支持的有 5.51%，比较支持的有 9.51%，不支持也不反对的有 42.88%，不怎么支持的有 20.00%，不支持的有 22.10%。家长很支持孩子在学校美术学习的有 6.60%，比较支持的有 10.68%，不支持也不反对的有 40.94%，很少支持的有 26.18%，不支持的有 15.60%。家长很支持孩子购买美术用品的仅 0.53%。比较支持的为 0.83%，不支持也不反对的有 3.55%，不怎么支持的有 12.28%，不支持的达 82.81%。（图 5-22）

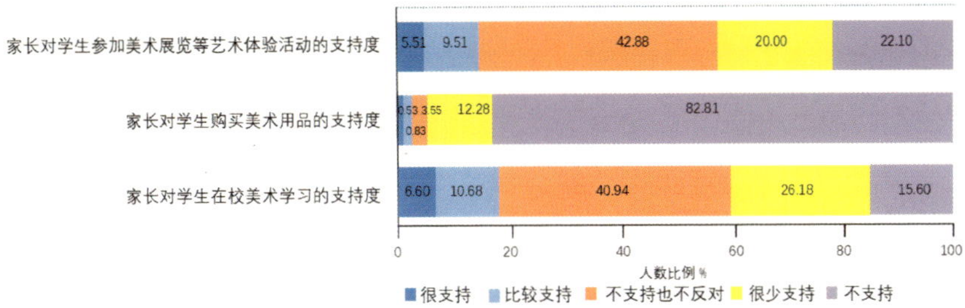

图 5-22 家长对学生美术学习的支持情况

二、调查结论及分析

（一）调查结论

根据调查结果显示，能经常跟孩子一起进行艺术活动和交流的只有少数家长，占比范围仅 2.26% ～ 9.11%。大部分家长不和孩子参加艺术活动。家中没有或者只有少量的美术资源两者相加的总占比在 79.27% 以上。尤其是对学生购买美术用品支持度最低。对孩子在学校的美术学习情况大都不怎么关心。对学生美术学习比较支持的家长仅为 0.53% ～ 10.68%。综上，无论从学生家庭的艺术氛围、家庭的美术资源，还是家长对学生美术学习的支持度来讲，层次都偏低，因此我们可以得出目前学生家庭艺术环境欠佳的结论。家庭是学生美术素养重要影响因素，这也是导致学生的美术核心素养整体不高的重要原因之一。

（二）归因分析

笔者认为造成这种现象有如下四个原因。第一，家庭艺术氛围受家长的学历、职业的影响很大，其中尤以学历的影响最大。本次问卷调查结果显示，学生父母最高学历为大专、本科及以上的有 11.31%，中专或高中学历的有 47.43%，初中及以下学历的有 41.26%。美育是学校教育的重要方面，个人的审美素养与个人受教育的程度有很大的关系。从学历层次看，具有高学历的家长并不多，这是导致学生家庭艺术环境不理想的非常关键的原因。第二，根据推算，现在在读高中生的父母年龄大致是 40 至 50 岁，又以 45 岁左右为主。这个年龄段正是为生计奔忙的时候，上有老下有小，没有足够的时间和闲情从事艺术活动，家庭的艺术氛围自然难以提升。第三，通过调查，83.25% 的学生家长为自由职业或务工人员，其中有些父母外出务工，学生长期在家留守，与爷爷奶奶或外公外婆一起生活。家庭无法提供给他们良好的艺术环境。第四，高中面临升学，学业压力大，学习紧张，学习美术往往被家长认为是“不务正业”。进入高中，家长带孩子进行娱乐或者艺术活动的时间会明显减少，一切都是围绕高考这一指挥棒在转。美术这一非高考科目的学习时间自然被压缩，甚至被完全取消。

第四节 高中美术学科核心素养测评

一、高中美术学科核心素养测评的命题

核心素养（key competencies）是学生在接受相应学段的教育过程中，逐步形成的适应个人终身发展和社会发展需要的必备品格和关键能力。[1]新高中课程标准修订的亮点是提出了美术学科的核心素养，并将美术学科核心素养水平划分为三个等级，且专门成立了美术学科核心素养测试组进行命题和测试。本书结合教学实验所在学校的实际情况，借鉴教育部美术学科核心测试组的命题方法，制定了一套高中美术学科核心素养测试题，在S中学高中部数个班级进行测试。本套试卷的命题依据教育部美术课程改革修订组的精神，即改变了传统的命题考试与方法，从测学科知识点转向测学科的核心素养；从测教科书上有限的内容转向分析真实的复杂情境；从测美术学科的知识技能转向测美术在生活中的应用能力，[2]从注重测美术学科的公共知识转向学生的美术个体技能知识。

[1] 林崇德．中国学生发展核心素养研究报告[R]. 北京：北京师范大学,2017.05.07-12.

[2] 胡知凡．基于高中美术学科核心素养的命题与测评[J]. 教育参考,2016（4）:9-17.

湖南为我国中部地区基础教育大省，新化县位于湖南中部地区，其美术教育在全省县级中学中具有一定的代表性。本书作者之所以选择S中学进行美术体验学习的教学实验，是因为该校学生资源丰富（面向全县招生，高中部每个年级各有15个班，每班60—80人），学生美术学习状况在新化县乃至全省的同级别地区的中学中具有代表性。调查的结果为笔者的相关理论研究和教育实验提供了较为可靠的依据和参考。

因考虑到学生的实际情况，本套测试题在题型设计上主要以建构题为主。试卷共十二道题目，分别对美术学科的五大核心素养即图像识读、美术表现、审美判断、创意实践、文化理解进行测试，其中图像识读与创意实践各三道测试题，美术表现、审美判断、文化理解各两道测试题。

本套测试试题共有四个主要特点，前三个特点符合教育部美术课程修订精神，最后一个特点是对教育部美术课程修订精神的发展与创新。

（一）从测学科的知识点转向测学科的核心素养

传统的美术考核试题主要考查学生知识掌握情况，以记忆性知识为主。本套测评试题侧重考查学生对知识的理解、内化程度，考查学生运用美术知识处理问题的综合能力。

比如，本套测评试卷第一题设计如下："古希腊的雕塑《掷铁饼者》是一件享有盛誉的杰作。可是，一位没有学过美术的朋友曾这样说：'我实在欣赏不出这个雕塑的美在哪里，裸露的身体真是有伤风化。'你会如何回答这位朋友的问题？"传统的出题模式则可能是："《掷铁饼者》的艺术特点是什么？作者是谁？"不同于传统的考核模式，本套试卷第一题重点是考查学生在了解《掷铁饼者》的艺术风格和作品的时代背景的基础上，是否能在具体的情境下对《掷铁饼者》的审美意义和社会意义提出自己的看法。

再比如第二道题是这样设问的：“下图是两个雕塑作品，图 1 为兵马俑，图 2 为说唱俑。请问：（1）你觉得这两件作品在创作风格上有什么不同？（2）通过作品分析创作者的创作风格与其创作意图的关系。”本题是对中国历史上两类著名的雕塑形象进行对比分析，重在考查学生对两种风格的雕塑作品的识别能力，并分析两幅作品创作风格背后的意义。这种提问方式，比单纯考查学生的知识识记的传统出题模式，更能反映出学生运用所学美术知识处理美术问题的综合能力。

（二）从测教科书上有限的内容转向分析真实的复杂情境

传统美术学科理论命题基本以教科书中的内容为主，即以公共知识的考核为准。基于美术学科核心素养的测评则是考查学生在分析和评判真实的复杂情境（技能知识的内化程度）的能力。

如本套试卷的第十二题（“文化理解”核心素养测试第二题）：“随着我国城镇化的发展，在旧城改造和新城建设过程中，许多历史建筑都面临拆除或者已经被拆除了。新化作为一座古城，保留下的老街不多。以我们学校附近的向东古街为例，虽然基本保存下来了，但是现在地上的青石板已经换成了水泥地，不少现代建筑夹杂其中或古建筑被进行了现代化改造。问题：面对我国在城镇化过程中所出现的矛盾，你觉得应该如何处理，请谈谈你的看法。”这是一道关于旧城改造与传统文化保护关系的测试题，着重考查学生对传统文化的理解。之所以以向东古街为例，是因为向东古街位于学校附近，学生能够以“在场”的态度对真实的复杂情境进行思考和分析。

（三）从测美术学科的知识技能转向测美术在生活中的应用能力

是否能够利用美术解决生活中的具体问题，是美术核心素养的基本要求。从传统测美术学科的知识技能转向测美术在生活中的应用能力，是美术考核的重大转型。比如，本套测评试卷的第八题（“创意实践”核心素养测试第一题）设计如下：利用生活中的废旧材料，为自己做一个收纳盒。本题旨在考查学生能否运用自己的设计创意，将生活废弃物进行改造再设计，实现废物的再利用和美化生活。再如第九道测试题（“创意实践”核心素养测试第二题）是要求利用废报纸或纸编条编织一件实用的生活用品，其目的同样是考查学生的美术应用能力。

（四）从结论性测试到过程性测试

传统的美术技能测试以绘画能力测试为主，是一种比较封闭的测试模式。考虑到一些实际情况，部分测试项目是在相应的实验课程结束后安排的体验活动，并对活动成果进行评估。这种测评方式相较于传统的测评方式更为灵活和合理。

本试卷的命题重在考查学生在生活中应用美术的能力。比如试卷第六题（“美术表现”核心素养测试第二题）设计如下：“用手机拍摄一组以‘生活纪实摄影’（2—3 张）为主题的照片，可利用图像软件进行后期处理。”这是测试组在摄影摄像课程“留住身边的精彩”一课结束后，安排学生参与的一个体验活动实践。再比如，试卷第七题（“美术表现”核心素养测试第二题）是要求学生在篆刻课程结束后为自己雕刻一个姓名章或姓名牌。上述两道题目都是考查学生的美术表现能力，将结果性的测试转向过程性的测试。

以上是本套美术学科核心素养命题的基本思路。下面本书将对本次美术核心素养测评的结果进行分析（测评试卷见附录五）。

二、高中美术学科核心素养测评的结果

（一）"图像识读"素养测评结果

1. 第一题：古希腊的雕塑《掷铁饼者》是一件享有盛誉的杰作。可是，一位没有学过美术的朋友曾这样说："我实在欣赏不出这个雕塑的美在哪里，裸露的身体真是有伤风化。"你会如何回答这位朋友的问题？

《掷铁饼者》（雕塑）

本题考查的是学生的图像识读素养，考查学生能否在特殊的文化情境中认识和理解美术作品，能否从"掷铁饼者"创作的背景出发理解作者米隆创作这件作品的意图，能否从作品所要表达的含义来理解美术与自然、社会之间的关系。"掷铁饼者"取材于现实生活中的体育竞技活动，刻画了一名身体强健、肌肉发达的男子掷铁饼的瞬间动作。在雕塑定格的那一瞬间，铁饼摆回到最高点，即将被强力抛出。《掷铁饼者》虽然是一件静止的雕塑，但创作者把握住了从一种状态转换到另一种状态的关键环节，达到了使艺术欣赏者在心理上获得"运动感"的效果，赞美了人体的美和运动所具有的生命力，因而成为后世艺术创作的典范。这件作品的创作年代是古希腊时期，当时的社会风俗认

为完美健康的人体才是人的骄傲，才是神性的体现，因此出现了大量表现和歌颂人体美的雕塑作品。

水平一的同学这样认为：“《掷铁饼者》将运动的人物刻画得十分生动形象，裸露的身体体现了运动者强健的体魄和运动的魅力，具有一种艺术的美感。这不是伤风败俗，而是美的表达。”该同学能够体验到艺术的美感，了解雕塑形式所蕴含的内涵，表现出了较好的图像识读素养。

水平二的同学认为：“裸露的身体能够更好地回归人性的本质，能够更好地体现绘画所追求的境界，这件作品中并没有有伤风化，其裸露的身体是人‘真’的所在。”该同学虽然对绘画中的人体表现有正确的认知，但是对本幅作品所体现的精神内涵理解不深刻。

水平三的同学认为：“雕塑的形式挺美，但裸露的身体确实有伤风化。”该生不能从艺术的角度去理解美术作品，看待问题肤浅，表现出较差的图像识读素养。

2. 第二题：图 5-23 是两个雕塑作品，图 5-23a 为兵马俑，图 5-23b 为说唱俑。请问：（1）你觉得这两件作品在创作风格上有什么不同？（2）通过作品分析创作者的创作风格与其创作意图的关系。

图 5-23　a 秦·兵马俑（雕塑）　　b 汉·说唱俑（雕塑）

本题考查学生能否运用自己的美术知识去分析作品所展现出来的风格特征，分析作品创作风格与创作意图的关系。秦处战国时代，诸侯国之间战争频繁，唯有武力才能立国，是当时各国所面临的生存现实。而且，秦国原本位于周的西部，与戎狄之间的战争频频，作为抵御戎狄来犯的屏障，担负着保卫周的重任。在长期的战争中，秦人逐渐形成了朴实、豁达、剽悍、勇猛的气质，同时造就了崇尚武力的精神。后来，秦国统一六国，也是依靠连年征战才得以完成。因此，秦国士兵的基因和血液一直流淌着尚武精神，而兵马俑正是这一社会时期的产物。在图 5-23a 作品中，作者刻画的兵马俑是一位弓箭手，他半跪式握箭，抬头挺胸，表情坚毅。艺术家刻画陶俑的时候力求“寓动于静之中”，体现军人蓄势待发、严阵以待的状态。说唱俑的艺术形态则兴起于汉朝，当时经济繁荣，享乐主义兴起，娱乐业也较为发达。在图 5-23b 作品中，说唱俑的动作略显夸张，一副如痴如醉的模样，但其神态被刻画得惟妙惟肖。说唱俑着重表现说唱艺人的一种特殊神气，即企图用他所说唱的故事引起听众强烈的兴趣。

水平一的同学对上述两个雕塑作品的分析如下：

（1）图 5-23a 是兵马俑，表现的对象是士兵，所以兵马俑的神态显得严肃。图 5-23b 表现对象是平民，显现出平民生活的轻松和幽默。图 5-23a 的作者对待生活的态度有可能比较严谨，因而创作的人物形象高高在上、不怒自威。图 5-23b 的作者可能比较随意，喜欢轻松有乐趣的生活。

（2）理解图 5-23a 这尊雕像，可能需要结合作者当时的生活背景和社会风气，创作者可能是想表达对战士们的敬意，或者是想唤醒沉迷在某种事物中的某类人。图 5-23b 的作者可能向往自由轻松的生活。

该同学基本上能够理解作品的创作意图，能识别形象之间风格特征方面异同，且能对作品形象所呈现出来的精神面貌进行较为准确的归纳，但该生尚无法联系创作的背景来欣赏作品。也就是说，该同学虽有较好的图像识别能力，但对于美术基本知识的掌握仍有些欠缺。

水平二的同学分析如下：

（1）图 5-23a 的兵马俑属于半跪形，昂首挺胸。图 5-23b 的说唱俑手舞足蹈，面带笑容，神采飞扬。

（2）图 5-23a 兵马俑属于秦朝的作品，意图在于守护秦始皇陵，图 5-23b 的说唱俑滑稽、搞笑、供人取乐。

该同学基本能理解作品形式所蕴含的意义，能基本把握作品的造型特点，但是只能对作品形象进行一般性描述，未能对作品所蕴含的内容做更进一步的分析和理解，图像识读素养一般。

水平三的同学：图 5-23a 庄重，图 5-23b 搞笑。

该同学仅能对作品的表象进行简单、浅显的描述，不能运用整体的观察方法，对美术作品进行分析以表达自己的看法，并且不能从历史或文化的角度来分析、研究雕塑作品中隐含的历史文化现象和信息，图像识读素养较差，语言表达能力也要进一步加强。

3. 第三题：请辨别以下每幅画的画种，并将画种名称填在相应的括号。（图 5-24）

本题考查学生对几种常见画种（水墨画、水彩画、油画、版画、素描）的辨识能力，这是图像识读能力的最基本要求，且选择的绘画作品大部分都是大师作品。从本题测试的结果看，绝大部分被测试者都能将图片与画种类型对号入座，但也有少部分同学将水彩画和水墨画、素描和版画、水墨画和版画、油画和水粉画、水彩画和水粉画这几组相似性高的画种混淆。

a. 潘天寿《报喜图》

b. 达·芬奇《自画像》

c. 李自健《红　粉》

d. 珂勒惠支《母亲们》

e. 陈飞虎《深　秋》

图 5-24

（二）“美术表现”素养测评结果

1. 第一题：用手机拍摄一组以“生活纪实摄影”（2—3 张）为主题的照片，可利用图像软件进行后期处理。

本题侧重考查学生的美术表现能力。第一是考查学生是否能利用现代工具——手机，将日常生活中的一些生动的场景记录下来。第二是考查学生是否对生活有细致的观察能力，发现寻常生活中的美，创作有思想和文化内涵的摄影作品。第三是考查学生是否能通过摄影表达关心他人、尊重生命、追求正义、理解人性、保护环境等正确的价值观。

水平一学生的作品：该生拍摄了日常生活中的一个小镜头，捕捉到了婴儿好奇的眼神，构图、光线、色彩的处理都不错。（图 5-25a）

水平二学生的作品：该生拍摄的是老街景色，构图和光影处理都较好，且运用黑白对比，较好地体现了老街的历史韵味。（图 5-25b）

水平三学生作品：该生拍摄了在晚霞映衬下安静而温暖的家乡，气氛渲染得很好，画面构图，明暗的对比都表现得不错，体现了较好的美术表现素养。但该学生没有理解题意，没有表现出纪实摄影的特点。（图 5-25c）

a b c

图 5-25 学生摄影美术表现作品

2. 第二题：利用橡皮砖、木块等材料为自己雕刻一个姓名章或姓名牌。

本题主要考查学生能否利用刻刀、砂纸、木块、蜡块、石料等工具，设计并制作出一个印章；学生是否具有基本的书写、构图布局、雕刻的表现能力。

水平一学生的作品：该生以自己的名字雕刻了一个吊饰牌，在字体的设计、书写以及雕刻的技术水平上均体现了较好的美术表现能力。（图 5-26a）

水平二学生的作品：该同学以蜡块为材料雕刻了一个姓名章，在字形的设计、书写和雕刻上表现力均不错，但在整个构图和布局上还略显不足。（图 5-26b）

水平三学生的作品：该生是在木块上雕刻名字牌，整体布局尚可，但没有较好地掌握和体现字体的书写规范和雕刻技巧，美术表现能力较弱。（图 5-26c）

a　　b　　c

图 5-26 学生篆刻艺术表现作品

（三）“审美判断”素养测评结果

1. 第一题：简要谈谈以下两幅作品的艺术风格，你更喜欢哪种表现形式？为什么？（图 5-27）

a 达·芬奇《蒙娜丽莎》（油画） b 毕加索《多面女人》（油画）

图 5-27

本题旨在考查学生的“审美判断”素养。题中展示了两幅世界名画，但风格迥异。图 5-27a 是意大利文艺复兴时期画家达·芬奇创作的油画作品《蒙娜丽莎》，它是古典油画的巅峰之作，世界知名度最高的绘画作品，现收藏于法国卢浮宫博物馆。艺术家运用写实的手法，塑造了资本主义上升时期一位城市有产阶级的妇女形象，细腻地表现了画中女人端庄、温婉的气质以及神秘的微笑，折射出画中女性的深邃思想与高尚品质，反映了文艺复兴时期人们对于女性美的审美理念和审美追求。图 5-27b 是毕加索画笔下的女人，与《蒙娜丽莎》表现手法迥异，错位的五官、不合比例的身躯、明亮的色彩、抽象的表现，具有很浓的装饰意味。图 5-27b 虽然挑战了我们传统的认知，但也是艺术表达形式之一。艺术没有统一的标准，应该鼓励艺术的多元表现，承认艺术的丰富性和多样性。因此，在个人喜好上，选择哪一幅并没有对错之分。本题侧重考查学生对具象图形和抽象图形是否有自己的判断和认知，而且这种认知是否有正确的价值判断。

从学生的作答结果来看，参与测试的学生普遍表示喜欢图 5-27a，也就是具象图像。对图 5-27b，很多学生表现出不喜欢甚至较为厌恶的心理。

有学生回答：我更喜欢图 5-27a，因为蒙娜丽莎带着永恒的微笑，具有古典唯美感，容易使人沉浸在她温柔的眼神中，给人以美好和希望；图 5-27b 中扭曲的人物造型、抽象的表现，让人的心理产生不适应感。

也有同学如是答：就我个人而言，我更喜欢图 5-27b 的表现形式，因为它用异样扭曲的人物形象，准确衬托出当时人们被社会祸害至深的现实，淋漓尽致地刻画了人性的扭曲。

2. 第二题：以下两幅作品你更喜欢的是哪幅？为什么？（图 5-28）

a 齐白石《兰花图》（水墨画）

b 佚名《富贵满堂》（工笔画）[1]

图 5-28

本题考查学生是否能运用文字来描述、分析、解释表达自己的审美感受。题中展示的两幅绘画作品一雅一俗，旨在考查学生的审美趣味。图 5-28a 为齐白石先生笔下的兰花，清新脱俗，构图简练。虽然没有赋彩，但是通过笔墨的浓淡干湿对比，画面生动自然，寥寥数笔使兰花神韵跃然于纸，隐喻着兰花的朴素和高洁。此外，留白的部分并不显得空洞，画面延伸而给人意犹未尽的想象空间。图 5-28b 的作品为《富贵满堂》，是我们生活中经常可以见到的绘画题材，体现了美好的生活寓意。画面花团锦簇，颜色丰富而艳丽，构图饱满。但是，过满过艳的直接表达，

[1] 佚名．富贵满堂．https://www.nipic.com/zhuanti/1373079_7.html.

令人感觉俗气有余，高雅不足。从测试结果看，喜欢图 5-28a 和喜欢图 5-28b 的同学比例比较接近。

有同学认为：我更喜欢图 5-28a，画家寥寥几笔将兰花的韧劲描绘得淋漓尽致，笔笔苍劲有力，简洁明了，让人有想象的空间，富有气韵。

有同学认为：我更喜欢图 5-28b，它的色彩鲜艳丰富，视觉冲击力强，生气勃勃，充满活力，体现了美好的寓意；图 5-28a 则不然，单调乏味，给人以凄凉之感。

（四）"创意实践"素养测评结果

1. 第一题：利用生活中的废旧材料，为自己做一个收纳盒。

本环节主要考查学生能否收集各种材料或信息，运用创意思维，根据特定的主题或者内容，用传统或者现代的材料、工具与方法进行创意设计与制作。

水平一的学生：该生制作了一个开放式收纳盒，不同的材质形成对比，兼具形式和功能，表现出一定水平的创意实践素养。（图 5-29a）

水平二的学生：该同学用筷子制作了一个收纳盒，收纳盒为屋子造型，设计较为巧妙，制作也较为精致，但在功能的表现上稍弱一些。（图 5-29b）

水平三的学生：该同学用竹签制作了一个方形的较为实用的收纳盒，但造型较为普通，颜色搭配不够漂亮，制作水平较为一般。（图 5-29c）

a

b　　　　c

图 5-29　学生创意实践作品（收纳盒）

2. 第二题：利用废报纸或纸编条编织一件实用的生活用品。

本题旨在考查学生的动手实践能力和创意能力，考查学生是否能根据一定的主题要求解决生活的具体问题或者美化生活与环境。本题评估的要点分为两个方面：一是设计的作品是否具有实用性，二是设计的作品是否美观。

水平一的学生：该学生用纸编条编织了一个水杯套，蓝色的杯身，白色的勾边作为点缀，造型简洁，色彩淡雅，兼具功能和形式，表现了较高水平的创意实践能力。（图 5-30a）

水平二的学生：该同学用不同颜色的纸编编织了一个实用而美观的小篮子，篮子边框处的花形装饰，别出心裁，体现了作者较好的创意能力，但美中不足的是做工显得不够精致，动手能力有待加强。（图5-30b）

水平三的学生：该学生具有一定的创新意识，在颜色和造型方面都进行了独到的处理，但做工较为粗糙，欠缺细节的处理，实践能力稍差。（图 5-30b）

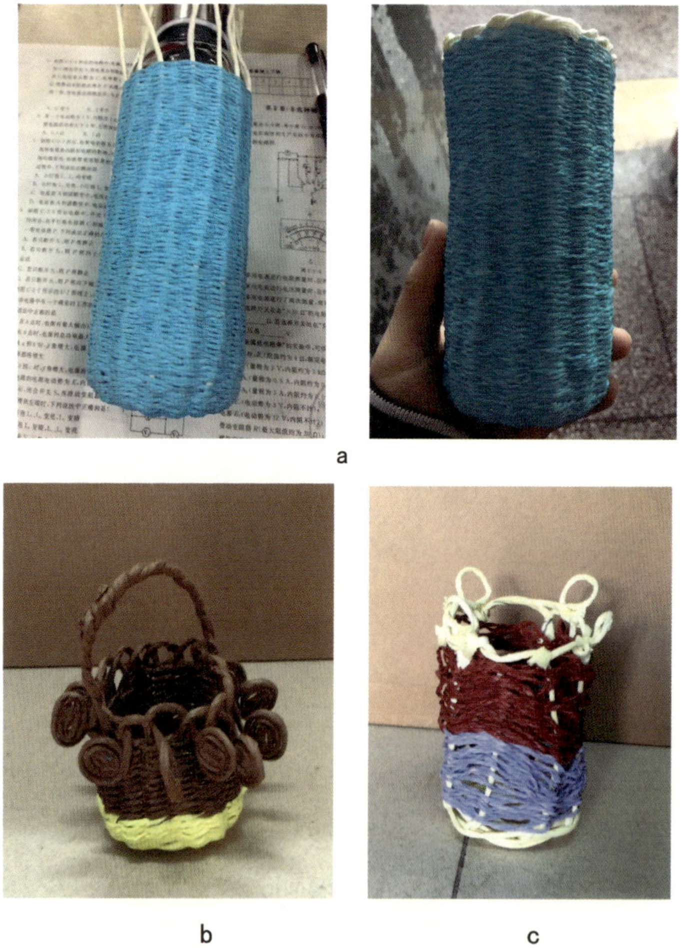

图 5-30 学生创意实践作品（编织品）

3. 第三题：为自己的班级设计一个班徽。

本题旨在考查学生的平面设计的创意实践能力，考查学生是否把握班徽设计的几个关键特点，即简练、个性化、易用性、美感。

水平一的学生：两边的翅膀造型寓意展翅高飞，置于书本上的植物寓意同学们在知识的涵养下健康成长，皇冠代表着胜利的希望。圆圈内的数字代表班级名称，数字 0 设计为男女性别符号，代表本班男生女生团结一心。该标志造型设计较为美观，内容寓意较为深刻，并表现出较高的手绘水平。整体而言，该生的美术创意实践能力较为突出。（图 5-31a）

水平二的学生：该同学的班徽设计虽然体现了一定的寓意，但该生设计能力较弱，作品无论从构图、文字布局还是描绘方面都还需很大的提升。（图 5-31b）

水平三的学生：该生的班徽设计造型不美观，设计元素布局呆板，表现能力较差。（图 5-31c）

a

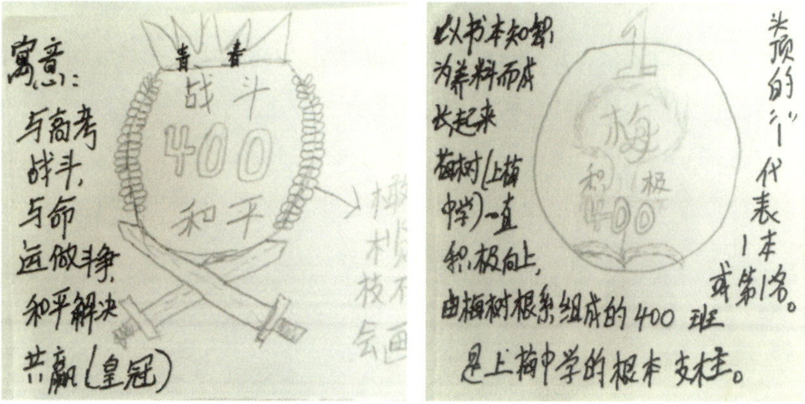

图 5-31 学生创意实践作品（标志）

（五）“文化理解”素养测评结果

1. 第一题：近年来，流行汉服复兴运动，有不少汉服社经常会举办一些主题活动，比如岳麓书院在今年农历五月初五举办了端午祭，学子着汉服诵楚辞。但有人认为，着汉服与“cosplay”一样，都是为了哗众取宠。有著名的电视主持人调侃汉服表演者是“洗浴中心出来的”。但也有人说，着汉服是一种历史和审美的传承，有影视明星就以“一袭汉服演绎华夏文明”。问题：在世界文化大融合的当今社会，你觉得汉服复兴有必要吗？为什么？

本题旨在考查学生一是能否从文化的角度来分析美术作品或者美术现象，了解社会和文化环境是如何影响美术的，二是是否了解美术与文化、继承与创新实践的关系，三是对中国传统文化是否有较为清晰的认识，以及对传统的优秀文化是否有继承、保护、发扬的意识和意愿。汉服复兴运动确实值得我们思考，诚如本题所言，它是一种历史和审美的传承。汉服作为中国传统的服饰，它的悠久历史以及演变过程均体现了先人的智慧。汉服在造型设计上将东方人的古典气质完美地展现出来，承载着中国独特的文化，我们应该对其加以保护和发展。但是，部分人打着复兴汉服的旗号，实为吸引人的眼球，是不能提倡的。汉服着装应当考虑着装者的整体气质是否与汉服吻合，或者说如何使得汉服与现代人的气质相吻合。如何才能保持汉服的长久生命力，如何真正做到复兴汉服，在世界文化大融合的当今社会，是一个值得我们认真思考的问题。学生可以从不同的角度来探讨，并说出适当的理由。

有同学认为：复兴汉服很有必要，因为汉服是中华民族独有的文化表现，是中华儿女智慧的结晶。汉服设计精美，体现了东方人的美，我们应该将这种传统的优秀文化传承下去。对于传统文化，我们应该取其精华去其糟粕，以批判性继承的态度，使其发扬光大。

显然，该生具有保护中国传统文化的意愿，也基本理解汉服的内涵与对中国人的意义，而且能从自己的角度去阐述想法，体现了较好的文化理解素养。

也有学生认为：复兴汉服没有必要，因为在现代社会，已经没有必要去复兴汉服了。尊重历史是应该的，但不能盲目模仿，哗众取宠。复兴汉服会耗费大量的人力、物力、财力，会阻碍经济的发展，对社会发展而言弊大于利。

该同学虽然从自己的角度提出了对于汉服复兴的一些看法，但是过于偏激，缺乏保护传统文化的意识和责任感。

2. 第二题：随着我国城镇化的发展，在旧城改造和新城建设过程中，许多历史建筑都面临被拆除或者已经被拆除了。新化作为一座古城，保留下的老街不多。以我们学校附近的向东古街为例，虽然基本保存下来了，但是现在地上的青石板已经换成了水泥地，不少现代建筑夹杂其中或古建筑被进行了现代化改造。

问题：面对我国在城镇化过程中所出现的矛盾，你觉得应该如何处理，请谈谈你的看法。

本题旨在考查学生文化理解方面的素养。传统文化的流逝和消失，是当今社会面临的一个重大问题。而随着经济的发展，旅游资源被不断开发，古镇旅游越来越受游客欢迎，且发展十分迅速。但在古镇的旅游开发过程中，滋生了很多问题，包括古建筑被破坏、原有文化衰落、环境污染加剧、同质化现象严重、文化品位低劣等弊端。在现代文明的强力挤压下，传统文化生存的空间越来越狭窄。本题所提到的新化向东街，是新化千年古镇保留下来的唯一一条古街，在旧城改造的过程中其命运究竟如何，仍是一个未知数。本题用学生们都很熟悉的家门口的古街为例，引导学生去思考和重视传统文化问题。旧城如何保留？旧城如何修缮？在城镇化过程中如何将旧城中的历史文化资源与城市现代化建设有机结合？在城镇化过程中如何实现传统元素和现代技术的融合？旧城改造的商业开发模式如何才能实现可持续发展？诸如此类的问题，都值得我们认真去思考。本题希望学生从不同的角度去阐述自己不同的观点。

从测试结果来看，几乎所有的学生都认为，在实现城镇化的过程中应该要重视古迹保护，要让古迹得以永久留存。

有学生认为：在城镇化过程中，我们应该保存好历史建筑，因为这是我们民族生生不息的历史见证。每一座古建筑，每一条青石板路，都呈现出一段历史和一番风味。相反，如果整个城市到处都是清一色的水泥建筑，历史就会被消解和遗忘，城市就会呈现出一种单一、冷漠、苍白的景象。

也有学生认为：可以在旧城原有的基础上进行美化，使它更有年代感，更具实用性，让它保留得更长久，让我们的子孙能够看到古代人们的智慧，欣赏和体验古代建筑的美。当然，也没有必要全部换成水泥地，还是应该修旧如旧。

还有学生认为：对于那些破损的地方，应尽量采取修复并保留原有风味，保持古城镇、古街道的原初感觉。在旧城保护时，绝不应该利用一些现代材料，使之显得不伦不类。

上述三位同学均认为需要加强对传统建筑及传统文化的保护，并就如何保护传统建筑与传统文化提出了自己的建议，体现了较好的文化理解素养。

三、测评结论与问题分析

（一）图像识读素养测评结论与分析

从图像识读素养测评结果可以看出，大部分同学能够对图像进行识别，但无法结合作品的创作背景及以作者的创作意图对图像进行解读，对图像的风格特征不能清晰地分析和解释，对图像所蕴含的情感、态度和观点也了解得不全面。如《掷铁饼者》，如果不出示作品的图片，绝大部分同学很难将作品题目与作品本身对号入座，更谈不上正确解读作品。

导致学生图像素养较低的原因有很多。第一，美术开课率少，美术知识学习的基本时间难以得到保证。第二，学生不重视美术知识的学习，对美术基本知识的掌握不牢固。第三，教师在教学时很少利用现代多媒体，给学生提供的图像内容不够丰富。第四，在日常生活中，绝大部分学生缺少美的熏陶，家庭艺术氛围不够浓郁，家人的美术素养稍显薄弱，不能提供给学生产生良好的艺术教育的氛围。学生平时对各种艺术文化现象的了解很少，缺少与高质量图像的感性接触，视觉思维没有得到良好发展。第五，在图像识读过程中，大部分学生只是通过视觉进行观看，很少利用知觉的思维去思考，因此对图像的理解能力较差。

（二）美术表现素养测评结论与分析

图像识读以内在建构为主，而美术表现则以外向表达为主。由于美术表现测试是一种过程性的测试，学生对此表现出较为强烈的兴趣。从学生们提交的作品看，大部分学生能够运用传统媒材和现代媒体，通过造型活动表达自己的意图、思想和情感。虽然创作水平不高，但学生们呈现出的表现意愿是积极而强烈的。

究其原因，主要有四点。首先，笔者在设置体验活动前对学生学情进行了详细了解，并使体验活动的内容与学生们的日常生活发生联系。比如，为了测试学生的美术表现素养，笔者设计的第二道测试题便是要求测试者为自己雕刻一个姓名章或姓名牌。按照学生喜欢程度排名，篆刻在高中美术的九大学习门类中排名倒数第一，但在篆刻课程结束后，很多学生对篆刻有了一定的了解并对其产生了较为浓厚的兴趣。发生这种变化的原因是，篆刻姓名章或姓名牌这一美术体验活动，能够使实践活动与学生生活产生联系。而且这次实践活动根据学生的实际水平设置难度，雕刻的材料用了比较容易刻制的木块、蜡块和橡皮砖，降低了学生的操作难度。其次，体验活动所需的材料是教师利用班费统一购买的蜡块、木块、橡皮砖，操作简单而方便。这也说明，美术资料和资金支持是美术体验学习活动能够得以顺利开展的重要保障。再次，对于动手实践的内容，学生普遍比较喜欢，学生较容易从中体会到学习的快乐，因而表现意愿较为强烈。而且这次活动只需要在普通教室进行，不需要利用专业画室，这也是根据 S 中学的实际情况进行的主题活动设计。最后，美术表现较之美术理论知识学习更有利于情感的表达和沟通。

（三）审美判断素养测评结论与分析

测评结果显示，学生普遍喜好具象的绘画形式，对抽象的绘画形式不能理解甚至带有排斥的心理。测评结果还证实，半数以上学生的审美趣味不高。

分析造成这种结果的原因，笔者认为有两种可能。首先，学生缺乏审美经验，学生平时接触的大部分都是具象的绘画作品，平时品评的标准也是围绕对象像不像的问题来展开，这也是学生在青春期心理逐渐成熟后对事物的一种反应。学生平时接触抽象艺术较少，没有积累欣赏抽象艺术的审美经验，因此对美术现象难以进行中肯的评价和审美层次的判断。其次，受社会整体气氛和审美素养的影响，学生受高雅艺术熏陶的机会非常少。家庭艺术环境的调查结果就显示学生整体家庭艺术氛围不好，学生家庭所拥有的美术作品和书籍也不丰富。所以学生平时接触艺术，特别是高雅艺术的熏陶不多。

（四）创意实践素养测评结论与分析

本环节的测试分为三个部分。大部分学生在完成手工作品（工艺设计）的过程中，表现出较为强烈的参与激情和创新意识，作品呈现的效果也不错。在标志设计环节中，学生参与度同样非常高，部分同学的创意也比较好，但就作品最后呈现的整体效果来看，绘画能力要逊色于做手工活动的。笔者认为，造成这种结果的主要原因有四点。第一，在美术表达特征上，不同的年龄阶段的孩子有不同的表现特征，高中生正处于向写实性发展的阶段，而大部分学生没有进行过专业的美术技能训练，如画得“不像”，就容易产生挫败感和自我怀疑，难以激发起学习的兴趣。第二，动机是美术学习与创造的内驱力，那些与日常生活联系紧密的美术活动，更容易调动学生的参与兴趣。第三，美术创作包容和鼓励个性，相较于理论知识的学习，手工活动更能体现个性，在个性经验中更容易发挥创意和突破常规，并与同学建立起合作关系，以取长补短、共同进步。第四，学生在面对不同的材料和材质时，调动的是感觉、触觉、嗅觉等各种感觉器官，能够让人进入沉浸式学习，体验更为丰富和具体，而且学生还可以以游戏的心态进入，真正能做到乐在其中，充分享受学习的乐趣。

（五）文化理解素养测评结论与分析

从测试结果看，大部分学生都能尊重传统文化，对美术与文化之间的关系有一定的理解。他们非常认同中国传统建筑及文化，并希望保留住和保护好中国传统优秀建筑和传统优秀文化。但是，处于青春期的高中学生，面对复杂的社会现象，阅历还不够丰富，视野还较为狭窄，综合分析能力非常弱，看问题的视角较为单一，容易流于表面，不能从多角度宽视野去分析和理解文化现象，因而很难真正理解文化现象的本质和内核，也很难提出富有建设性和针对性的意见和建议。

第五节 问题解决的探讨

本课题在几所中学开展的美术体验学习情况调查和在S中学进行的美术学科核心素养测评结果表明，目前我国高中美术学习和美术教学存在很多亟须解决的问题。这些问题如果得不到有效解决，将严重影响学生美术技能知识的生成和美术学科核心素养的提高。笔者认为，这几所中学的美术教育是我国众多县级中学，甚至是整个中国美术教育的一个缩影，具有典型意义。为推动、普及和发展美术体验学习，笔者提出如下五点建议。

一、培养和提高学生的融会贯通能力

完整的体验学习是指综合运用具体体验、反思观察、抽象概括、行动研究等方法与能力进行学习的整个过程。通过体验学习，不断提高个体技能知识与核心素养水平，并在学习、工作、生活中，多视角地、全面地看待问题。通过学习，建立起不同的知识框架，掌握更为丰富的知识内容，不断提高智力的适应性，不断培养和提高融会贯通能力。所谓融会贯通能力，既包括思维、实践、表达以及多形式的识读能力（产生和解读多样化文本），也包括用美的角度来看待和管理日常生活并关爱自己，还包括积极参与社会活动，不断培养社会责任感和综合素养。

普通高中课程标准将美术学习内容划分为多个模块，每一个模块又包含不同的学科知识和内容主题。比如，湘美版高中美术教材第一课《小东西　大学问》，其学习内容是产品设计。教材在课后的活动建议中有这样一条：针对特殊人群使用的文具进行设计，要求在现在文具的基础上提出改良意见，并尝试画出来。要完成这项活动，需要学生将艺术与科学相结合，既要考虑产品的美学效果，也要考虑到产品的适用群体，应具备科学性和实用性。该项活动的目的就是培养学生跨学科能力与融会贯通能力。

美术学科核心素养有五个方面，这五种素养并不是彼此孤立的，而是相互依存、联系紧密的。图像识读、审美判断和文化理解更多地运用反思观察和抽象概括的方法，美术表现和创意实践则更多地运用具体体验和行动研究的方法。而美术表现和创意实践同样也要不断地进行反思观察和抽象概括才能够提高技艺表现和创意能力，才能进一步对图像、审美和文化有更好的理解。这样进行一个良性的不断循环，能使个体融会贯通的能力增加，个体的技能知识逐渐生成，美术核心素养逐渐提高。

二、扩大美术学习体验场域

美术学习活动场域不应局限于教室，而应当突破空间限制，将整个学校乃至周边区域都纳入美术学习活动区。比如，社区的文化艺术活动、学校的艺术展、班级的主题活动、社团活动，都为学生提供了美术学习与实践的机会。这些活动源自学习者的日常生活，可以让学生在真实世界里不断分析和解决真实问题，具有情境化和体验式特点。比如笔者在S中学进行教学实验的时候，正值学校筹备举行校运会，所以在笔者就设置了标志设计的专题学习活动。本次活动将在学生作品中选出设计得最优秀的一个标志，印在学生参加运动会的班级文化衫上，所以在这个活动中学生参与积极性很高。因此，在不同的学习活动场域，学习者在分析和解决问题的过程中，应系统学习各个不同美术门类的知识，综合运用不同门类的美术工具，不断提高美术水平。同时，积极参与群体活动，参与学习的人能够组成美术学习与美术实践的共同体，相互学习，彼此合作，共同成长，一起进步。

同时，教师应当积极利用地域文化优势，发掘具有地域特点的美术资源，探寻新的美术形式和美术元素。比如，在美术教学时，可将民间美术、本土美术与现代创意共同融合进授课内容中，使之更符合学生的年龄特征和认知能力，从而提高学生的学习积极性和有效性。2014年8月，国务院办公厅印发《关于促进旅游业改革发展的若干意见》，首次明确提出将“研学旅行”纳入中小学日常教育范畴。2016年11月30日，教育部、国家旅游局等11部门印发《关于推进中小学生研学旅行的意见》，要求各地逐渐将研学旅行作为中小学的必修课程，标志着研学旅行进入新的发展阶段。此后，湖南、安徽、四川等省纷纷启动研学旅行计划，相关政策陆续出台。2018年1月，湖南省教育厅、财政厅等11单位联合下发《关于推进中小学生研学旅行工作的实施意见》。2018年10月，湖南省公布第一批研学实践教育基地，部分学校开始将研学旅行纳入综合素质评价，计入学分。

如W中学所在的汨罗市有着丰富的端午文化，屈子祠、屈子文化园、长乐古街都有一定的传统美术文化资源。Y中学所在的通道县，县域里有几百个古村寨，有着非常丰富的建筑文化、民俗文化美术资源，是美术学习的活教材。S中学所在的新化县地处湖南省的几何中心位置，是梅山文化的核心区域，美术文化资源也很丰富。G中学所在的耒阳市有号称“亚洲大竹海”“天然大氧吧”的蔡伦竹海，有以水运码头、商贸重镇出名的千年古镇新市镇，有集生态系统典型性、湿地物种多样性、人文景观丰富性、科考价值显著性等特点于一身的耒水国家湿地公园，具有得天独厚的美术教学条件。A中学所处的湘阴县自然环境优美，有创建省市级美丽乡村示范村42个，附近秀美的黑麋峰森林公园和鹅形山都是采风、写生的好去处，且湘阴毗邻长沙，也可以很好地利用长沙的公共美术资源。因此，美术老师可组织以乡土乡情或县情市情为内容的研学活动，让学生感受和体验传统文化的魅力，加深对当地文化的理解。同时，在课堂教学中，教师也可以采用视频播放、图片展示、实物展出等方式，使美术教学内容更为丰富。在课堂外，可以组织学生观看手工艺者或非物质文化传承者的现场演示，将更多的本土文化和本土元素融入美术教学。老师还可以通过设置专题的研究活动，让学生自主研究，利用节假日在家长陪同下了解一个传统文化现象，并通过图文并茂的方式展现考察的结果。这样，可以培养学生多方面的素养，也能让学生在体验中去更深刻地了解文化和历史对美术的影响。因此美术学习活动不一定限于教室或者学校，也不一定限于课堂。只有拓展学生美术学习的活动区，才能让学生体验不同的美术现象，感受不同的活动情景，解决不同的具体问题。学生的审美体验才会增加，审美素养才会提高。

三、因地、因人、因时制宜地选择教学内容

每个地区、每所学校、每个学生情况各有不同，教师应当了解学生的学情，因人施教，并根据学习过程中学生的表现情况适时调整教学方法与教学内容，才能取得良好的教学效果。目前，在我国大部分的县城中学，美术学科还处于非常边缘的地位，学校美术教育投入少，资源配备不到位，可利用的现代化教学资源缺乏，加上中学美术教材上的很多内容与学生的日常生活关联性不大，导致学生对美术学习重视度不够，兴趣不高，进而造成学生美术基础薄弱、美术核心素养水平低下的现状。为提高学生的学习积极性和趣味性，教师应当对教学内容进行调整，使之具有丰富多元的特点，并紧贴学生们的日常生活。比如，笔者在进行篆刻一课的内容设计时，考虑到课时和可操作等实际情况，将篆刻的材料换成橡皮砖、木块和蜡块，既可做姓名章也可做姓名牌。在调整之后，材料成本下降了，操作便利性提高了，内容又紧贴生活实际，学生兴趣盎然，参与度显著提高，收到了良好的教学效果。

教师提供的学习内容越丰富越多元，学生的选择余地就更大，就越能选择到自己感兴趣的内容进行学习。那么，如何提高美术教学内容的丰富性和多样性，并尽量接近学生日常生活呢？笔者建议可从三个方面着手。其一，积极利用互联网的美术资源。有些县乡地区美术资源有限，或者社会资源利用不方便。美术教师可引导学生通过互联网观看数字美术馆和数字博物馆，提高学生的审美能力和艺术欣赏能力。比如，北京故宫博物院、苏州博物馆、台北故宫博物院的数字博物馆将很多名作制作成数字动画，在互联网上展出，形式越来越亲民，让古老的艺术重新散发新的魅力。虽然数字资源不如现场体验真实亲切和引人入胜，但具有便利性、高效性、丰富性、经济性等优势，对于提高学生美术学习兴趣、提升学生美术核心素养大有裨益。其二，充分利用当地美术资源。每个地方都有其独特的地域文化，既要宣扬

和保护当地美术文化，也要充分挖掘当地美术文化资源。只有这样，地域文化才能凸显它的教育价值。以S中学为例，学校地处梅山文化圈，有丰富的文化资源，教师可以因地制宜，将其融入学校的美术教育中去。比如，学校附近的向东古街就是学生学习摄影、绘画、工艺等美术技能的绝佳学习场所。其三，精选课程内容，根据学生的实际情况进行适当的改编，以适合本校实际情况，学生方便就地取材。也可按照学生的兴趣，选择多数学生喜欢的美术模块，深入开展下去，并适当融入一些其他的艺术门类的内容，做到触类旁通，融会贯通。比如学生喜欢摄影，那么在学生作业展示环节的时候，让学生展开讨论，并进行审美判断。还可以让学生选择一个自己喜欢的场景拍摄下来，上课时对照写生。这样学生画画时就能调动他在观看这个场景时被触动的情感，回想起自己当时所处的空间氛围，画画自然就有了兴趣。这比在教室对着几个毫无感情的瓶瓶罐罐写生或者临摹要有趣得多。只有这样，知识才能“活”起来，才能使学生在美术学习上，变被动为主动，变消极为积极。

四、就地取材，视情用材

学习工具和材料的欠缺是制约美术教学有效开展的一大障碍。虽然大多数学校对美术学科的投入较少，影响了美术教学效果，但教师可以精选和调整美术教学内容，就地取材，对生活中的一些废旧材料和常见材料进行利用，尽可能降低因投入不足带来的不利影响。教师还可以根据教学设计整体安排，利用互联网统一购置美术工具和材料，这样既可以降低学习成本也可更多地体验材料的丰富性。笔者在进行教学实验时，不少学生美术学习材料和工具均通过网络购买，物美价廉，避免了因材料准备不充分而使体验学习难以进行下去的问题。如湘美版教材《工艺》第四单元第一课内容为“交织穿插的美”，需要学生准备编织材料。为此，笔者通过网络购买了一部分的编织材料（纸编条），每个同学平均花费不到一元钱。另外一部分编织材料则是利用废旧的报纸和稻草。学生收集废旧报纸和挑剪稻草并将其揉捏成形，虽然其过程比运用已加工成形的编织材料吃力和费时，但学生获得的是更为完整的学习体验和更为全面的能力提升。

随着时代的进步，科学技术的发展为学生美术学习和美术表现提供了很多新的可能。比如，在现代化资源欠发达的县级中学，可以利用影视资料拓展学习内容；在设计摄影课程的教学时，可以让学生利用智能手机的拍摄功能，完成摄影艺术的表现；可以利用手机 APP 完成修图、艺术视频制作等任务。当然，教师在授课时，要讲授拍摄的基本技法、构图技巧、色彩搭配等，真正帮助学生提高美术技能知识和核心素养水平。目前很多中学美术教育的环境不佳，而且一定时间内不可能得到很大的改观，这就需要我们教育工作者多进行教学研究，就地取材，视情用材，让学生的美术体验有感而发，有感而动。这样，在教育资源缺乏的学校，便仍然可以收到好的教学效果。

五、以活动为主线，以解决问题为目标

参加美术活动，是调动学生兴趣、增加学生体验的最佳途径，但学生参加美术活动并不是盲目的，需要以解决问题为目标。当美术活动与学生生活经验发生联系且有具体的目标时，学生会更具探究精神，学习也更有意义。比如，小到设计班徽、编织储物篓，大到设计和装饰艺术宿舍、创建艺术班级、布置学校运动会等，都与学生日常生活发生联系。在这种日常活动中，参与者在需要解决实际问题的情境中进行学习和探究，并通过与他人的频繁交流与合作，使自身的美术素

养和能力迅速得到全面提升。

调查显示，大多数学生认为，美术教师使用最多的教学方法为课堂讲授，其他方法则运用很少。显然，这种填鸭式的传统教学方法，很难有效调动学生的积极性与参与性。实际上，每一个学生都是鲜活而生动的个体，他们之间存在较大的个体差异，而这种个体差异使得教学情境变得非常复杂。因此，为提高学生的学习参与度和求知的兴趣，教师的教学方式应该更为灵活，教学手段应该更加多样，比如可运用演示教学、讨论教学、实验教学、情境教学、案例教学等方法来丰富教学的表现力和感染力。

第六节 教学方案

上文笔者从不同的角度对几所高中学生的美术学习情况进行了针对性的调查，并进行了基于美术学科核心素养的测评，总结了调查和测评的结果，分析了问题产生的原因，证实了体验学习对学生美术核心素养和个体技能知识生成的影响。以此为基础，笔者全面分析了S中学学生的学情，精选美术教学内容，有针对性地在不同班级开展了自画像、泥塑、雕刻、剪纸、摄影、编织、标志设计等几个主题的美术教学实验活动。以下为教学实验中的两个教学方案。

一、方案 1：第三只眼睛看世界——发现身边的美

教材分析

《第三只眼睛看世界 —— 发现身边的美》是根据湘美版普通高中美术教材《摄影摄像》第一课和第五课的内容进行设计的。第一课《留住身边的精彩》主要内容是有关摄影拍摄的一些基本技法，第五课《做个记录者》的学习内容为纪实性摄影。考虑 S 中学美术课时较少，故将两课的内容整合起来学习。

学情分析

随着智能手机的发展，手机的拍照功能已经越来越强大，虽不能完全媲美专业相机的拍摄效果，但已经基本能够满足日常生活和美术表现的需要。现在大部分高中生都拥有一台智能手机，而且随着微信、抖音等社交软件的发展，学生会经常拍摄一些照片来分享和展示。因此，当代高中生对于摄影并不陌生，只是他们没有经过专门学习，在表现能力上还有待提升。调查结果表明，“摄影摄像”是最受学生欢迎的美术门类，学生有比较强烈的意愿想学好摄影，来分享自己的生活。因此，基本的摄影摄像技巧和技术对当代中学生比较实用。

教学目标

知识与能力目标：学生通过学习了解摄影的基本拍摄方法、常用的构图方式；了解摄影中点、线、面等形式的构成要素，从中体会形式美感在摄影中的作用；能运用一定的摄影技术和方法，捕捉生活中美的、独特的现象或值得记录的画面。

过程与方法目标：通过探究性学习方法，体验在特定环境下以合适的视角与观察方法记录生活现实。

情感态度与价值观目标：通过学习，学生充分感受摄影的魅力，培养热爱生活的态度，并善于发现生活中的美。

（一）教学过程简述

导入：

教师：同学们觉得咱们的校园美不美？

学生异口同声回答：不美！

教师：可是在老师的眼中咱们校园却有很多可爱而美丽的地方呢，因为老师长了第三只眼。你们信不信？

学生齐声回答：不信！

老师：大雕塑家罗丹说过，生活中不是缺少美，而是缺少发现美的眼睛！老师用第三只眼睛看到了美丽的世界，不信你们看。

教师用 PPT 展示教学实验组老师拍摄的校园景色和校园生活场景的照片。（图 5-32）

学生一：哇，这还是我们这个破破烂烂的学校吗？我以前怎么没觉得有这么漂亮呢？

学生二：瞬间爱上了咱学校呢！老师你的相机是不是很贵啊？

教师：不是呢！老师就是用手机拍的（学生质疑声）。其实，学习美术的目的就是要让我们能从美的视角去看待我们周边的事物。当你从美的视角去看待我们周边的事物时，你会发现生活其实是非常美好的。

【教学设计意图】选择拍摄学生最为熟悉的生活和周边环境作为范例进行导入，会更有说服力，学生也会更有兴趣。而且，通过欣赏老师拍摄的优秀摄影作品，可以激发学生学习摄影的兴趣，提高对周围事物的关注度。

左上图 陈奇摄　　其余 陈远生摄

图 5-32　校园景色·教师摄影作品范例

教师：摄影可以像魔法师一样，能将平常的对象拍出高大上的感觉。不信，你们看。（教师出示从不同视角拍摄同一事物的照片做对比。（图5-33）

图5-33　摄影拍摄角度范例（网络资源）

【教学设计意图】通过有趣的图片对比，活跃课堂气氛，引起学生学习摄影的兴趣。

（二）教授新知

教师：大家想不想也像老师一样拍出漂亮的照片去朋友圈晒呢？

学生齐回答：想！

教师：那下面老师就带同学们领略这神奇的魔法。首先，老师教大家如何将照片拍得与众不同，拍得有格调，即如何经营画面——构图。

1. 构图

教师：为什么很多同学拍的照片不够美，或者不够有趣呢？那是因为构图出了问题。安排画面的各种视觉元素，决定这些元素以什么样的状态出现在照片中，这些元素之间的关系是怎样的，这就是构图。构图取决于拍摄的时机和角度，是摄影不可缺少的环节，它能够把生活中平凡的瞬间转化成充满趣味的令人注目的艺术作品。这就是“视角”，“视角”决定了你看世界的角度。

教师通过优秀的摄影作品欣赏，从以下四个方面分析如何安排画面。（图 5-34 ，图片来源于网络）

平视、俯视、仰视构图（图 5-34a ）

对称、三分法构图（图 5-34b）

填充、框架构图（图 5-34c）

垂直线、对角线构图(5-34d)

图 5-34 摄影拍摄构图范例（网络资源）

2. 微距拍摄

教师：刚刚我们学习了摄影的几种常见的构图形式，不同的构图形式，给人的感觉是不一样的。摄影其实是一门“减法艺术”，我们需要让照片向观者传递更为直观、更为强烈的视觉感受，就应尽量靠近对象，排除那些与画面无关的东西。特别是当你面对纷繁的环境，想突出主体而又无计可施的时候，“靠近些”就是一个好办法，这是一个很重要的摄影窍门。下面是最近老师拍的一些照片，同学们猜一猜这都是些什么植物？（图 5-35）

图 5-35 微距摄影作品范例

学生们七嘴八舌地讨论开了。

教师：平时好像不起眼的对象，用微距表现也是很美的。靠近拍摄可以更加突出被拍摄的对象，保持画面的简洁与紧凑。看看周围的事物，有哪一些可以采用靠近的办法进行拍摄？想一想，什么样的对象适合采用靠近的办法来拍摄？为什么？

学生三：小草小花！

学生四：微小的东西！

教师：说得很对！我们使用微距一般是拍摄十分微小的东西，如花卉、小草、昆虫等。你要不停地对焦，用镜头将奇妙的微观世界呈现给大家。而人物、高山、大海以及大的活动场景等都不适合微距拍摄。

【教学设计意图】通过猜一猜的小游戏环节，调节课堂气氛，调动学生的兴趣。通过图片的对比，更能凸显出微距拍摄的意义。最后，通过思考和交流，培养学生的反思和概括能力。

3. 摄影中的点、线、面

教师：什么是摄影画面中的点、线、面？是无尽荒漠中的一棵小树，是渔民船划过水面的痕迹，是蓝天下广阔的草原……这些点、线、面在画面中起到什么作用？在不断的观察中，你会从自然、从生活中发现更多的点、线、面。如果能创造性地组合运用这些元素，你的照片会更加丰富多彩。很多摄影者力求在自己的作品中表现强烈的空间感，但我们也经常看到一些平面化的照片，它们的主要表现对象是色彩、图案、纹理。摄影师在刻意制造二维平面的感觉，甚至展示如同抽象绘画般的效果。下面的平面化照片也是拍的咱们学校的场景，大家一起感受一下。（图 5-36）（教师用 PPT 展示摄影作品，并对摄影作品进行讲解。拍摄者均为湖南师范大学大四学生，S 中学教学实验组成员。）

【教学设计意图】本部分仍然运用学生身边的事物作为参考对象，让学习内容与学生的生活经验发生联系。

图 5-36a （陈奇 摄）

拍摄者采用俯视角度记录下S中学学生准备参加升旗仪式的场景。学生呈点状分布，红色和绿色形成强烈对比，画面疏密有致。

图 5-36b （陈奇 摄）

拍摄对象看似简单，但拍摄者巧妙利用面积大小的对比、粗糙的墙面和光滑的玻璃形成的反差，以及玻璃上反射的景色，让画面别具风味。

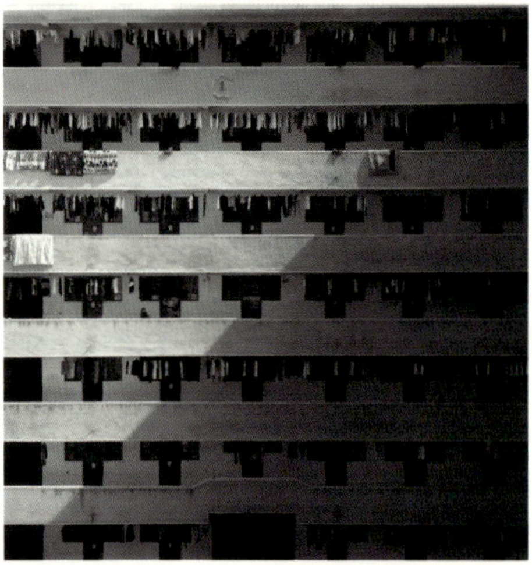

图 5-36c （陈远生 摄）

拍摄对象为S中学学生宿舍，生活中看似脏乱乏味的建筑。摄影者利用光影的强烈对比和点、线、面的独特表达，使画面构成形式感强。

图 5-36 摄影中的点、线、面 （校园景色）

（三）小　结

教师：老师之前说的第三只眼睛，其实就是审美的眼睛和热爱生活的心。通过老师在课堂上的举例，大家可以看出，生活中的美无处不在，日常生活也有许多平凡而又生动的瞬间，我们只要善于观察，将它们记录在摄影画面中，就会让观众体会到摄影者的机智、乐观和才气。

（四）体验活动

教师利用周末，组织学生去向东古街进行摄影活动，引导学生发现生活中的美。

（五）评　价

对学生作业进行评价，可以采取互评、他评和师评的模式。

以下为体验活动的部分师生作品。（图 5-37）

图 5-37　摄影体验活动师生作品

二、方案 2：交织穿插的美

教材分析

《交织穿插的美》是湘美版普通高中美术教材《工艺》第四单元第一课。编织是一项古老的手工艺，流传至今并被赋予很多新的含义和形式。但是，传统手工艺正面临着很尴尬的境地。学生通过本课的学习可以了解编织艺术的美，并通过学习简单的编法，为自己编织设计日常生活用品。此项活动能培养学生在具体情境中解决问题的能力，增强其对传统文化的热爱和了解。

学情分析

编织工艺在我们生活中并不罕见，尤其是农村的学生更是经常见到（S 中学相当部分同学来自农村），甚至不少同学也有过编织的经验，如小时候用棕榈叶、毛线等编织小玩具、小动物、小用品等。相较于小学和初中生，高中生对于材料的掌握和控制能力要强一些，身体的协调能力都也要好一些，因此适合学习有一定挑战和难度的内容。

教学目标

知识与能力目标：通过学习，学生了解民间编织的造型和材料特性，了解编织工艺的实用意义和形式美学的特征；对传统编织记忆的编辫、平编、绞编等基本的技法进行尝试练习，并较为熟练地掌握基本的编织技巧。

过程与方法目标：了解编织的主要环节和程序（起底、续编、收编），并运用基本的编织技法，完成一件实用的生活用品，能独立或合作完成关于编织的调查研究，培养学生对生活的关注和细致的观察。

情感态度与价值观目标：体验手工编织的乐趣，激发对传统编织艺术探究的兴趣，提升对传统文化的认同感。

课前准备

组织学生对当地传统编织作品或家用编织生活用品进行调查，拍摄和绘制编织品的造型、结构或工艺技术草图。绘制的作品要基本还原编织品的大概风貌。调查的基本内容如下表（表 5-4）：

表 5-4 生活中的编织品调查表

名称	作用	材料	造型	编织工艺

【教学设计意图】通过调查分析活动，收集生活中的实物图片，培养学生关注生活的意识和习惯，并调动学生的个人经验。通过绘制编织品的造型和记录编织技术，锻炼学生细致的观察能力和表现能力。

（一）教学过程简述

情境导入：

用 PPT 展示一张小孩坐在小背篓里的图片，并播放耳熟能详的歌曲《小背篓》。播放一段音乐后，教师指着屏幕上的小背篓问：同学们知道这是什么吗？

学生齐回答：背篓！

教师：对！你们小时候有没有坐过？

有些学生回答“有”，有些回答“没有”。

教师：背篓是我国传统民间生活用品。它是一种有两根肩带的篓，可以背在背上装东西，有“柴背篓”“扎背篓”“儿背篓”（逐一解释）。此物方便适用，至今仍然在我国很多地方尤其是偏远地区盛行，故有

“篓不离背，杵不离篓”之谚。我们看到的就是“儿背篓”，承载着很多人的童年记忆。这首《小背篓》正是抒发了这样的一种情感。同学们知道它是由什么工艺制作而成的吗？

学生一：编织。

教师：嗯，非常棒！我上周提出要求，希望同学们回家的时候记录生活中常见的编织品，有不少同学已经拍了照片，并根据表格的内容填写和绘制了草图。下面我们一起欣赏。

【教学设计意图】教师通过视觉和听觉营造氛围，使学生进入特定的情境之中，以调动学生的个人经验，引起学生的情感体验与共鸣。

（二）教授新知

1. 认知技能的培养：了解编织品的材料、用途与工艺特点。

(1) 编织品的材料

直观呈现：利用多媒体直观呈现种类和材料不一的编织作品。

教师：有些同学完成得很不错，谢谢他们给大家呈现了这么多编织作品。编织是我们生活中普遍运用的一种工艺技术。传统编织物品通常取材于天然的柔韧性植物材料，运用穿、拧、绞、缠绕和弯曲等多种手段制作而成。按材料分类，大体有草编、竹编、藤编、柳编、棕编等，不同的材料有其不可替代的作用。作品表现为席类、帽类、篮包类、垫类、玩具类等。（图 5-38）

图 5-38　编织品（图片来源于网络）

老师也搜集了很多编织品的图片。同学们在观看图片的时候，总结下编织品的用途。看能不能看出这些编织品都运用了什么材料？这些材料都有什么特点？分小组完成这个表格的内容。（表 5-5）

表 5-5 编织材料的特点及适应范围

	竹	藤	柳	麦草	玉米皮	
材料特点	手感细腻 光滑平整 柔韧性强 ……	色泽自然 结实坚固 凉爽透气 ……	手感粗糙 俭朴粗犷 ……	轻便柔软 光滑细洁 不传热 ……	纤维长 柔韧洁白 可染色 ……	
适合物品						

教师引导学生总结和归纳，并请小组代表讲述本组的讨论结果。教师最后总结归纳出不同材料的特点，让学生理解“因地制宜”和“因材设艺”的两大民间编织工艺特征，为下一个环节的编织实践打好理论上的基础。

【教学设计意图】教师通过直观教学，使学生能进行积极的审美体验，培养学生独立思考和讨论交流的学习能力，以及抽象概括的能力。

(2) 编织的技艺

教师：通过刚才的图片欣赏，同学们有什么样的感受？与现代工业产品相比，这些手工艺品有什么特点和优势？

学生一：以前在生活中没有特别关注，刚刚看到这些图片让我很惊讶，觉得造型很漂亮。

教师引导：那你觉得这些工艺品在材料上有什么优势呢？

学生二：我觉得用这种自然的材料更加环保，比那些塑料、不锈钢更有亲切感。

教师：这位同学讲得很好！现代社会，物资越来越丰富，生活水平越来越高，但同时，也浪费了很多宝贵的不可再生资源，且环境污染非常严重。而且，在自动生产线上按照统一的模式制造出的物品，没有个性，给人冷冰冰的感觉。而这些工艺品则不同，它们取材于大自然中的可再生资源，且以手工形式制作完成，贴近人的心理，让人更加感动，更有亲近感。

那如何在工业社会时代，有效地利用天然材料创造理想的编织作品？在批量化生产的时期，如何将优秀的手工技术传承下来？分组讨论并派出代表陈述小组的讨论结果。

【教学设计意图】教师通过反思的环节，能使学生对编织工艺有更为深刻的认知，也使学生的思维更为开阔和发散，为下一步的学习做好铺垫。

（因篇幅有限，仅对两个小组的陈述过程进行记录。）

甲小组代表：手工艺品在保留传统的基础上，也可以进行创新。比如，在造型、样式等方面，应该符合现代人的审美，让更多的人喜欢，那么它的使用范围会更广，这种技术也更容易得以传承。

教师：嗯，很好！很多传统手工艺之所以没落，部分原因就是它们远离了现代人的生活需要和审美观念。因此，传统文化如何与现代文化相结合，以服务于更多的现代人，确实是值得我们探讨的问题。同学们，有没有看过某演员在戛纳走红地毯所穿的龙袍？

学生异口同声说：看过！

教师：这就是传统文化在经过创新后重新焕发出的蓬勃的生命力！事实上，在我们的传统文化中，有很多可以挖掘的东西，有很多可以为现代人所喜欢的东西。

乙小组代表：我们认为，应该使用现代科技手段对传统文化进行记录，这样才能更好地保护传统文化。比如，对传统的手工艺技术，可以通过多媒体手段，如视频记录下手工艺人的操作过程。

教师：这个建议也挺好！其实传统手工艺的保护，需要大家一起守护。在日本，为改善乡村手工艺人生存状态，避免出现手工艺人流失现象，政府积极推动“一村一品”和“造乡运动”，将乡村里值得骄傲的东西，打造成全世界知名产品，使之“既有市场机制，又有民间情怀”。日本有五万家一百五十年老店，而中国仅有五家一百五十年老店，这是多么大的差异！因此，我们要走的路还很长。从这个意义上说，学习编织不只是为了创作出自然、实用、美观的生活用品，也是履行我们应该承担的文化传承责任。你们有没有兴趣学习这门技艺呢？

学生异口同声回答：有！

【教学设计意图】通过教师的启发，学生对传统文化所面临的社会困境和发展前景进行思考，培养文化理解素养。

教师介绍编织的基本技法（编辫、平编、绞编）和基本环节（起底、续编、收编）。

教师先简要地示范编织的基本技法与编织的基本环节，然后反复播放视频短片。

【教学设计意图】通过视频和教师现场示范，学生了解编织的基本技法，领悟编织技能中不能言语传达的知识，为实践体验做准备。

2. 操作技能培养

体验与实践：根据视频学习简单的技法，分步骤练习。

【教学设计意图】由简入难学习操作技能，使学生逐渐适应学习过程，并逐步提高熟练度。

（三）创意实践

运用基本的编织技法，编织一件实用又美观的生活用品。

【教学设计意图】让美术活动和生活实践相结合，激发学生探究兴趣，培养学生的创意实践能力。

（四）课堂小结

教师：这节课，我们学习了编织的技法，也了解了它的文化内涵。

劳动人民用自己的智慧与创造力，让我们的生活变得便捷而美好。老师希望同学们在课外，用图像、影视、草图、实物等方法收集一种民间工艺的相关内容，深入了解它的历史文化，并与他人共同交流分享。

在第二节美术课上，对学生的作品进行讲评。以下是部分学生作品。（图 5-39）

图 5-39　学生编织作品

第七节 实证研究的反思

一、缺乏体验学习是技能知识难以内化为个体素养的重要原因

从实证研究部分的问卷调查以及测评结果可以发现，参与调查的几所高中的学生美术素养偏低。主要有这几个重要原因：一是教学内容单一。虽然美术课程标准将高中美术学习内容划分为七个模块，但是一般只有《美术鉴赏》和《绘画》会作为教师的教学内容，有些学校甚至只发放《美术鉴赏》一本教材。因此学生没办法接触和体验丰富的学习内容。二是忽略了学习的学习兴趣。《普通高中美术课程标准（2017年版）》明确将课程分为必修课程、选择性必修课程和选修课程，以方便在有限的课时内，学生能根据自己的兴趣爱好进行选择性的学习。但是本书所调查的6所高中，都没有遵照执行，没有按照学生的兴趣因材施教来安排教学内容。三是教育场域封闭，美术学习目标不明确。美术学习被框定在教室内进行，学习活动单一，缺乏解决问题意识的指向性。学生学习盲目，难以调动积极性，缺乏有效的体验。

总之，学生美术学习缺乏对内容、方法的多样性探索和体验，导致美术学习积极性不高，对知识的理解不深刻，技能知识难以生成并内化为个体所具有的稳定素质。

二、体验学习是学生生成个体技能知识的有效途径

《基于个体技能知识的美术体验学习调查》（学生卷）中设置了这样一道主观题：“以前的美术学习方式和现在的美术学习方式你更喜欢哪种？为什么？”结果统计显示，百分之九十以上的学生更喜欢现在这种体验式的美术学习方式，其理由大致有：内容更为丰富，更具时代感和创新性；紧贴日常生活，注重动手实践能力；不是简单地传授绘画技巧和知识，而是进行多种体验和尝试；师生之间频繁交流，有探讨和互动；重视学生的自主学习，学生可以表达自己的观点；能加深学生对美术的理解，知识更系统和全面；能利用网络学习和多媒体学习；没有强制性要求，学习过程较为轻松；学习不再是囿于课堂空间和时间，学生的学习更自由。

问卷中的另一道主观题是这样设计的：“你觉得怎样的美术学习方式才能促进你学习的积极性并提高学习效果？”学生提出了很多有价值的建议，按照建议提及的次数排列如下：理论联系实际，多动手，多实践，多到户外进行美术活动，比如参观画展、户外写生等；希望像这次的摄影课和编织课一样，老师多设置些好玩的动手实践课，制作些平时生活当中能使用到的美术作品；多交流探讨，师生多互动，小组多合作；寓教于乐，氛围轻松活泼，增强美术学习兴趣。从上述建议可以看出，学生对实践的、探究的美术体验活动，兴趣尤为浓厚。

笔者在进行教学实验过程中，注重结合学生学情和学校教学条件，有针对性地开展体验教学活动，尽量使学习内容能与学生的个人经验

与日常生活产生关联。实验结果表明，对于体验式美术活动，绝大部分学生均表现出较高的学习积极性和较强的探究精神，个体的主动性与班级的整体氛围较之教学实验前均有很大的改观。此外，学生提交的体验性作品大都很有创意，在美术技巧处理方面表现出举一反三的能力。这充分说明，体验式美术教学是生成个体技能知识的有效途径。

第六章

如何生成个体技能知识

我国当前的高中美术教育还有很大的发展空间，教育现实和教育理想仍存在不小的差距。究其原因，虽每所学校各有不同，但归根结底，还是美术学科得不到学校和家长的重视。换句话说，当前实用主义、功利主义的教育短视政策剥夺了中学美术教育应有之地位。

近年来，教育部针对学校美育工作颁布了一系列的相关政策文件及举措，如《教育部关于推进学校艺术教育发展的若干意见》《教育部办公厅关于开展体育美育浸润行动计划的通知》《普通高中美术课程标准（2017 年版）》《关于全面加强和改进新时代学校美育工作的意见》等，并大力倡导各级教育部门加强对学生美术学科核心素养的培育工作。2020 年 10 月，中共中央办公厅、国务院办公厅印发《关于全面加强和改进新时代学校美育工作的意见》，提出以提高学生审美和人文素养为目标，弘扬中华美育精神，以美育人、以美化人、以美培元，把美育纳入各级各类学校人才培养全过程，贯穿学校教育各学段，培养德智体美劳全面发展的社会主义建设者和接班人。上述文件的颁布实施，突显了国家对学校美术教育工作的高度重视，对积极推进美术教育改革的决心。学生的美术素养是学生全面发展的重要方面，这已经越来越成为人们的共识。因此，在美术教育中倡导个体技能知识的培育与发展，具有符合时代发展的重要价值和深远意义，也是增强人生命质感、促进人生命舒展的必然要求。

第一节　促进个体技能知识生成的美术学习形态构建

学生在美术学习过程中，面对的是复杂的现实世界和丰富的网络世界。学习者应当建构以自我身体为中心的网络，赋予一定的意义，并在不同的学习情境中与不同的对象构建学习的意义。因此，学习形态的建构对促进个体技能知识生成具有重要意义和作用。

一、生性的激活：唤醒个体的美术经验记忆

每个人都有自己的独特的生活，从出生到成长，都会碰到不同的人，经历不同的事，都有属于自己的成长痕迹和经验记忆，有些记忆深刻，有些记忆模糊。学习只有与某些经验记忆产生联系，才能更好激活学习的兴趣，使学习与经验之间产生共鸣。如前文列举学生现场拍照后到学校对照照片进行写生，比在网络上找一张图片对照作画要感兴趣。这是因为学生拍照的时候是在特定情境下取的景，融入了自己的情感。因此，对照写生能激活学生拍照时的经验记忆，这样能更好地促进美术学习的意义发生。

（一）关于美术经验记忆

古希腊人称文艺女神缪斯姐妹为“记忆的女儿”。具有独特的记忆力，是艺术家必备的素养之一，而一个杰出的艺术家应当具有超常的记忆力。这种超常而独特的记忆力，既以先天而来的神经和生理上的遗传条件为基础，又是艺术家后天主观上长期努力开展记忆训练的结果。记忆重在复现，想象重在创造。艺术家往往以内在感受为基础，以记忆为材料进行重新组合、结构。如果没有丰富的记忆储存，想象就成了无源之水、无根之木。

海德格尔曾说，体验即回忆，回忆即诗。心理学家认为，记忆就是对于先前事件或过往经历的内部记录或表征。认知科学家认为，记忆是个体存储信息并根据当前目标重建过去经验的一种认知能力。信息论者认为，记忆是人们对生活和学习中的大量信息进行编码、加工、提取的过程，其间既有正确的信息，也有错误的信息，因此记忆是一个建构的过程。心灵哲学认为，记忆是个体所经历过的活动、经验形成的，这些经历给予人的感受和印象积累对当前行为和认识有重要的指引作用。因此，记忆作为主体的心智活动之一，在主体活动中应该得到重视。

作家陈雪鸿在其编译的著作《学习的记忆方法》中将记忆分为自然而然就能想起的和并非如此的两种形式：“我们把自然而然想起来的，即与自己过去的经验有联系的记忆，叫做‘经验记忆’；把没有某种契机很难想起来的，诸如知识那样的记忆，叫做‘知识记忆’。”[1]因此，经验记忆和知识记忆在学习中都很重要。但是，对于美术学习而言，要特别重视经验记忆。

日本著名艺术理论家黑田鹏信认为，艺术品成果产生的前提需要有两种动机：外部的刺激或由内部涌出的经验。两种动机并非割裂的，外部的刺激需要内部的活动，而内部的经验涌出之前也需外部刺激。人呱呱落地，有美的感情，需要先受外部的刺激，储蓄于内部，然后

[1] 陈雪鸿编译．学习的记忆方法 [M]．延吉：延边大学出版社 ,2004:03.

再涌现出来。储蓄为基本，也就是有过去经验的堆积，才有了现实的表现。人的美术素养，是过去审美经验的堆积。黑田鹏信进一步指出："倘然有了丰富的过去的经验，而想利用它，就有'记忆'的必要了。记忆，是能保存过去的经验的。恰好像肥料有保存于土地的必要。"[1]他认为，过去的经验经过保存后，有时不受外界刺激也能自己涌出，即人的生理和本能。即使如此，这种本能还是多为连接了过去的经验。比如说，李自健笔下的故乡，就是因为记忆了过去的经验，通过唤醒之后所形成的外显形式。

（二）如何激活和唤醒经验记忆

伽达默尔认为，在艺术体验中存在着一种"意义丰满"，它代表了生命意义的整体。他说："一种审美体验总是包含着某个无限整体的经验。"[2]个体经验越丰富越深刻，当下的审美体验就越全面和深刻。学生作为鲜活的个体，每个人的审美经验都有差异，唤醒潜藏于心灵深处的生命活力，可使生命与存在连成一个永远鲜活的整体。高中生有一定的美术经验，从幼儿时期到童年时期，再到少年时期，学生从学校、家庭以及社会生活中已经积累了一定的经验，这些经验记忆如何通过有效的学习去唤起呢？"对要学习的任何新主题，大部分学习者已经知道了一些东西，或者他们可以在已知的和要学习的内容之间建立有意义的联系。然而，具有相关的原有知识并不能保证学习者能将其激活并正确运用。"[3]布鲁纳认为，人类记忆的首要问题不是贮存信息而是提取信息，提取信息关键在于组织信息。根据布鲁纳的实验，学生亲自参与发现活动，会对信息以某种方式加以组织，对记忆具有

[1] 黑田鹏信．艺术学纲要 [M]．俞寄凡，译．南京：江苏美术出版社，2010:24.

[2] 伽达默尔．真理与方法 [M]．洪汉鼎，译．上海：上海译文出版社，1999:90.

[3] M.P. 德里斯科尔．学习心理学：面向教学的取向 [M]．王小明，等，译．上海：华东师范大学出版社，2008:115-116.

最好的效果。[1] 因此，参与发现活动对记忆和提取记忆有显著的效果。

关于此，关山月先生在谈到他的代表作《绿色长城》的创作动机和创作的灵感来源时所说的一段话，能较好地说明上述观点。

在我的创作中，不少作品是和我童年的生活经历有联系的，就说1974年画的《绿色长城》吧，它的创作动机应该说是来自童年的生活体验。记得初次随父亲到溪头镇读小学时，由九姜坐了两三个小时帆船之后，还得登岸走一段很长很长的浮沙滩。那时正是初秋中午的大热天，沙滩被晒得烫脚，在浮沙上走动很不带劲，好像每走三步就得后退两步，小脚也烫得又红又肿，口渴得又很难受，实在感到走不动。父亲走得也并不轻松，还背上三四十斤重的行李，他不忍心看我确实走不动的愁苦脸相，只好又背了我走了一程又一程。当时我伏在父亲背上就曾异想天开——这里有一棵树多好呀！既可歇歇脚，又可遮遮荫。这虽是八九岁时的事，但至今记忆犹新，想起来还历历在目。1973年，我有机会回到家乡的闸坡渔港访问，高兴地见到海边沙滩上已普遍种上了木麻黄，马上使我回想起父亲与我在赴溪头镇的路上走浮沙滩的往事。陪我访问的老于同志还说，何止溪头沙滩变了，这沿海一带从阳江经电白以至琼州半岛都变了；他还特别提到博贺港和南三岛，……见到海边一带都变成了木材产地，浮沙滩已变成了肥沃良田，昔日梦想可歇脚、能遮荫的一棵树，现在却真的延绵为数百里的"绿色长城"。我拿新旧社会对比，压不住自己心头的激动，此行便创作出了那幅《绿色长城》。[2]

从关山月先生的话中，我们可以了解经验的记忆往往成为美术创作的直接动机。而经验记忆需要有一定关系的刺激，关山月先生若没有故地重游（情景）激起对儿时生活体验的回忆，就不会有创作此画的动机。因此，教师在指导学生学习时要善于去刺激学生的"自我经验"。

[1] 布鲁纳在一项实验中，让学生学习30组单词，对第一组学习者的要求是记单词并复述，对第二组学习者的要求是设法对每组单词进行造句，结果是第一组学生能正确复述其中的50%，第二组达95%。

[2] 叶梦选编．画家散文[M]. 长沙：湖南文艺出版社，1997:96-97.

认知心理学家E. 托尔文（Endel Tulving）提出，长时记忆分为情景记忆和语义记忆，分别对应陈雪鸿所提出的经验记忆和知识记忆。情景记忆是个人对亲历的、发生在一定时间和地点的情景的记忆。它涉及个人生活的特定事件，与某个特定的时间和地点有关，并以个人的经历为参照。它的储存虽然容易受各种因素的干扰，不够稳固，但是作为一种长时记忆，运用一定的策略，可以使其活跃起来。因此，我们提倡学生在一定的情境中学习，能有效激活学生的“自我经验”或“情景记忆”，同时也能使学生掌握的知识变成一种长时间的记忆。对此，罗恩菲德也曾说过：“先莫让学生根据大自然来作画，而用源于自我的经验，比较具有刺激性，并且比较容易。”[1] 比如，湘美版高中美术教材《雕塑》的第二单元第六课《泥塑头像实践》，笔者在S中学设计这堂课的时候，便结合了学生的自我经验。考虑到学生基础较差，难以完成教材范图所展示的那种较为写实的雕塑造型，为了降低学习的难度，提高学生的学习兴趣，笔者结合之前漫画设计的学习内容，让学生利用太空泥或雕塑泥，给自己做一个带个人情绪的漫画形象的雕塑，即自己在大笑、发怒、害怕、沉思时的种种面部表情，并利用夸张的手法表现出来。同时，在进行漫画设计课程的时候，笔者已经安排学生进行漫画自画像的写生。通过这种层层递进、由易到难的体验方式来激发学生的经验记忆，可使之产生较好的学习效果。可见，激活和唤醒学生的经验记忆，最重要的途径就是通过设置体验活动和活动情境，让学生参与活动，亲自发现，这样会对信息以某种方式加以组织，对记忆的提取具有最好的效果。

[1] 罗恩菲德. 创造与心智的成长 [M]. 王德育，译. 长沙：湖南美术出版社，1993:281.

二、场域的突破：扩展个体审美体验的范围

杜威在《我们怎样思维》一书中指出：“经验不是一种呆板的、封闭的东西；它是充满活力的、不断发展的。当经验局限于往事、受习惯和常规支配的时候，就常常成为同理性和思考对抗的东西。但是，经验也包括反省思维，它使我们摆脱感觉、欲望和传统等局限性的影响。经验也吸收和融会最精确、最透彻的思维所发现的一切。确实，教育的定义应该是经验的解放和扩充。”[1] 因此，美术经验的解放和扩充，必须突破传统学习场域，扩大个体审美体验的范围。

（一）平面的延伸

扩展个体审美体验的范围，首先是平面的延伸，即要加强个体与周遭事物的联系，让周遭的事物以多样的形态更多地进入个体学习的视野和范畴。在现实中，很多人认为教育仅局限于学校教育，也把希望完全寄托于学校教育。这种以局部代整体的观念，无疑反映出了人们思维的狭隘和偏颇，严重束缚了教育的视野。当把“教育”框进“学校教育”时，教育就难以给学生提供一个广阔的、生态的发展空间，学校也难以形成一种丰富的、生动的学习场域。因此，学校要结合校内校外两种教育场域，通过各种方式引导学生接触社会生产与生活，让学生受到生动实际的教育。比如在教授摄影课程的时候，教师应该引导学生去抓住日常生活的精彩瞬间，以美的眼光去看待世界，学生审美体验的范围自然就会得到有效扩展。在讲授《美术鉴赏》教材中汉代说唱俑特点的时候，还可以请学生上台表演不同的面部表情，或者模拟雕塑的动作，让同学互相记录，之后进行人物表情描绘时学

[1] 约翰·杜威.我们怎样思维·经验与教育[M].姜文闵，译.北京：人民教育出版社,2004:167.

生就有了素材，而且也激活了学习说唱俑时的经验记忆。在讲授《设计》教材中的标志设计时，可以课前安排学生拍摄生活中一些常见的标志，然后进行讲解。甚至找一些设计不佳的标志，让学生重新设计，并通过手机软件进行应用场景的处理。这样，课堂课外结合起来，有助于延伸学生的学习体验。

目前学校教育还没跟社会教育形成良好的互动和教育合力。它们作为教育的两种不同形式，没有很好地进行资源整合和合作。社会教育有零散性和灵活性的特点，学校教育有系统性和规范性的特点，两者刚好可以形成互补。学校可以和社区、社会教育机构（博物馆、艺术馆、文化馆等）建立稳定的合作，以丰富美术学习的内容，提供美术实践场所，可联合举行学生美术才艺展示、观光游学、研学活动等。陶行知提出的“生活即教育”“社会即学校”“教学做合一”就强调了社会生活资源的教育价值。

比如，W 中学所在的汨罗有龙舟彩绘的传统，学生可以通过网络搜集和现场考察龙舟彩绘的绘制技法与艺术形式，甚至自己亲自动手参与实践。比如 S 中学所在地新化是梅山文化的发源地之一，梅山文化蕴含丰富的艺术元素和地域文化。新化民间艺术如山歌、民谣、传说、武术等，民间古建筑如向东街、北塔、杨氏宗祠院落、龙潭桥等，都可以作为学生美术学习的资源。这些文化艺术元素应该融入当地的学校美术教育和美育，让学生吸取地域文化的营养和精髓，认识地域文化的独特魅力和社会价值，并培养传承和发扬梅山文化的责任感。G 中学所在的耒阳有独特的地方剧种，教师可以安排学生在节假日的时候对表演的舞台设计、人物服饰设计和人物动作进行记录，回校后进行卡通人物设计，等等。遗憾的是，主流的科学知识将这些地域文化逐出了学校教育阵地。事实上，地域差别与城乡差别，使得学生获取的文化资本差异较大。尤其是现代化美术资源较为欠缺的地区，更应该重视发挥地方性美术文化资源的优势。自主开放的地方教育能够提供给学生更多应用型和实践型的知识结构，以弥补区域差异造成的美术文化资本的不均和话语权的失落，并极大地拓展学生美术体验的范围。

（二）立体的扩展

学习的立体扩展，意味着学习者需要充分调动各种感觉如听觉、视觉、嗅觉、味觉等，充分运用联想、想象等发散或聚合思维模式去扩展观察世界的方式，披沙拣金，纵深挖掘各种美术文化，并在学习路径上做到由此及彼、由表及里、由浅入深。只有这样，才能扩展个体与世界的深度联系，让世界在个体面前呈现多维的、多义的、丰富的意义，使个体在追求这种丰富而模糊的多义性时，不断萌生出探究问题的兴趣。

基于教育场域的知识分为公共知识和个体知识，公共知识有利于学生发展的统一性，个体知识有利于学生发展的多样性。针对现代科学对知识严格性、客观性的坚持，以及衍生的排他性，波普尔（K.Popper）认为“它们之间的差异远远小于它们之间的共同之处”[1]。很多时候，我们的教育阻止学生对这种知识合理性的质疑，要求学生追求确定的、客观的知识，这就是杜威提出的“知识的旁观者理论”。在教育场域中，个体生活在真实的情境之中，学习者需要面对各种复杂的情境，复杂情境是学科核心素养的“场域”。实际上，复杂情境与高阶思维正是学科核心素养的两个关键词。在复杂的情境中解决问题，需要学习者以探究和合作的方式进行学习，既发挥学习共同体的作用，也发挥个体的独特作用，不断探究问题和解决问题。

湘美版高中美术教材《设计》第一单元第三课《我怎么没有想到》是讲标志设计，教材中的“活动建议一”为：以日常生活中最传统的一种食品为对象，重新设计标志、招贴、包装，然后为该产品推介会的会场设计指示标志一套。笔者在引导S中学学生学习这一部分内容的时候，考虑到标志设计在学生的眼中是一个非常抽象的概念，于是对活动内容进行了调整。为了更加贴近学生生活，培养学生在复杂情

[1]　石中英.波兰尼的知识理论及其教育意义[J].华东师范大学学报（教育科学版），2001,20（2）:36-45.

境中解决问题的能力，笔者要求分小组合作设计一个班徽，赋予这个活动更具体的意义。同时，为了将体验活动的内容与学生生活经验联系起来，笔者提议将其中最优秀的作品印在班级文化衫上（两周后学校将举行全校运动会，学生需要穿班级文化衫）。通过运用这种紧贴生活实际、紧贴复杂情境的学习模式，知识能够回到真实情境并进入发生状态。学生在这个学习的过程中，以探究、合作、行动的方式共同学习，由浅入深，一步一个脚印，使经验和知识在各种情境中实现互动构建。

三、从经验到体验：提升个体美术技能知识的综合生命态

西方有句著名的格言，“空袋不能直立”，意指知识是学生精神和人格成长过程中不可或缺的要素。但是，书本知识具有抽象化特征，容易脱离生活实际，无法体现知识形成过程的丰富性和复杂性。因此，那些僵化的、静态的知识，难以呈现知识的“生命态”。只有当与人的生命、生活息息相关时，知识才能激活学生内在的需要和兴趣，唤醒学生主动探究知识的欲望和能力。因此，美术学习从经验到体验的过程，即是从静态到动态、从间接到直接的过程。通过这一过程，学生能不断提升个体美术技能知识的综合生命态。

（一）从静态到动态的学习

审美体验和审美经验具有一种既相互联系又相互区别的关系。审美经验只是注意到审美活动中的主体方面，没有跨越单纯主体心理结构描述并进入主客体交流融合的动态过程，而审美体验则更注重主客体合一的动态建构过程。审美经验具有鲜明的社会历史积淀性，并具

有历时态、被动性和静态性特点，在全社会、全民族的审美心理中具有普遍认同性。审美体验则具有显著的主动性、拓展性、创造性特点，以过去的审美经验为基础，而又超越了过去的审美经验，并进入现实情景，在现实氛围中直接悟到永恒和未来。审美体验的发生，关涉审美主体和审美客体两个方面。审美体验的超越性只有在主客体交互过程中得以实现。因此，在美术学习中，要强调学生当下的体验和感受，避免其一味接受客观知识和依赖他人经验（也包括自己不完善、不成熟的经验）。静态是静止的状态，有消极和被动的意思。动态学习运动的状态，代表着积极的、主动的行为。通过填鸭式教育和被动式学习培养出来的学生，很难具有反思和创造的能力。况且我们已经进入一个新的时代，一个学习型的社会，新的知识、新的经验、新的情况、新的问题层出不穷，只有通过对现实问题的深入思考，从静态到动态，从局部到整体，从单一到多元，从现象到本质，才能在不断领悟中融会贯通，内化自己的知识和技能。

齐白石先生曾对胡橐说："你不要只注意学我的皮毛，而要多钻研，自己多写生。然后，再创造发挥才对。……要记住：学我者生，似我者死。"[1] 他也曾为李苦禅题句："吾门下弟子不下百人，众皆学我手。英（李苦禅原名李英）也夺我心，英也过予。"齐白石先生的话语给予我们的启示就是：要学习他人经验，但不是按照静态的学习模式去一味照搬（临摹），而是应该多融入自己的体验和创造，并进行动态的转化，才能有所创造，最终形成自己的个性和风格。因此，教师应该鼓励学生的多样性，不要以一种标准来评价和衡量学生以及他们的作品，要引导他们发现自己的与众不同，并有意识地在美术作品中进行表现。

[1] 齐白石．齐白石谈艺录 [M]．王振德，李天庥编著．郑州：河南美术出版社，1984:46.

（二）从间接到直接的学习

“述而不作，信而好古”是儒家的著名观点，对中国文化传承有很重要的影响。其实，这种治学模式是一种很典型的经验学习模式。当然，经验的学习也可如孔子和苏格拉底一样，通过设置问题情境，让学习者进行自由交谈、激烈讨论和刨根究底的追问来实现顿悟。但个体技能知识的生成，需要直觉的感知和身心参与才能获得意义的提升。“体验”注重直觉，注重对对象的直觉感悟和意会性体验，所以体验者本身也在进行一种积极的探索。通过体验，能够比较容易整合对象各方面的讯息，尽快达到解决问题的目的。比如说，你看了很多对凡·高的绘画作品的文字介绍与描述，但这些介绍与描述都属于间接的经验，它们都不如你自己站在凡·高的原作面前那种体验来得真切和感人。你在电视里、摄影作品中看到黄果树瀑布再多的介绍和美照，都没有你站在瀑布下感受水倾泻而下时如雄狮怒吼的声音，飞溅的水雾细如烟尘，弥漫在空气中，眼前像拉上了一层薄薄的纱帘——那种听觉、视觉、触觉、嗅觉的多种感官体验——来得真切和深刻，让你发自内心地感叹大自然的鬼斧神工，这种体验才是深刻的、难忘的。为什么现在的学生缺乏美术学习与欣赏的兴趣？没有直接的体验，产生不了心理感动，是一个非常重要的原因。

王一川教授认为，美必须沉落到或具体于每个个体之中，演化为姿态万千的个体形象 —— 美的现象、美的形态。因体验是本体论而非认识论的概念，因此个体需全身心投入，“以身体之，以心验之”，去参与，去实践。[1] “体验”强调主体性的直接参与。“体验”的过程，是“体验者”运用自己的“经验”活动的过程，它是“我”发现的过程，找感觉的过程。体验是指主体进入情境进行自我验证与观察总结。“体验”的特点在运用中包含两个层面。第一个层面是对对象主体实践“经验”的“体验”。比如说，在关注一件作品时，我们要去“体验”艺术家创作这幅作品的心路历程，这是一种情感的代入，也可能是细

[1] 王一川．审美体验论 [M]. 天津：百花文艺出版社 ,1999:68.

心解读与分析。所以我们进行美术鉴赏时，了解作者创作的动机，了解作品的历史背景和文化背景，从文化的角度来解读和理解，才会有情感的代入。第二个层面是用自己的“经验”来“体验”对象。还以艺术作品为例，体验者作为独立的个体研究作品，既是复原“历史”，也是一种新的认识与创造。就“创造”而言，重视自己的“经验”，是“体验”的意趣。因此，从经验走向体验，是学习的态度，也是学习的途径，它“反映了由对知识的追求转向对意义的追求，由对‘工具理性’的追求转向对价值理性的追求，由对智能的追求转向对个性价值的追求，由对世界的控制能力的追求转向与世界共同生存的追求，由‘人类中心主义’的价值观转向‘生态中心主义’的价值观”[1]。

四、技能知识的外化：展现学生个体的美术素养

学生的美术技能知识可以通过对审美对象进行的创作和评论来外化呈现。外化美术技能知识的媒介有语言、文字、图像以及物质材料。学生通过艺术的表达，对人生价值和生命意义有了更深沉、更广阔的挖掘和探索，获得对人生及生命更深或更广的体认。这种艺术表达是一种满足人类感性需求以了解人生的直接方式。在呈现美术技能知识的过程中，学生充分展现自我、表达情感和展示风采，并建立了与他人沟通对话的机制，开放了另一空间，让他人去思考、评价以及反馈。个体技能知识的呈现途径有两种：一是非物质的表达，即语言和文字；二是物质的表达，即美术表现或创作。这两种方式均是个体知识的外化表现。

[1]　张华 . 经验课程论 [M]. 上海 : 上海教育出版社 ,2000:241.

（一）非物质的表达

加德纳（Howard Gardner）将智力分为七个大类：数字逻辑类、口头语言类、身体运动类、音乐类、视觉空间类、人际关系类、自身关系类。口头语言是个体发展的重要智力之一。在体验式学习中，教师同样应该设计活动或创造机会让学生运用和发展口头语言类的智能。《普通高中美术课程标准（2017 年版）》强调重视对学生的语言文字表达能力的培养，如提倡学生学会描述、分析、解释、评价美术作品和美术现象的方法，学会自我评价，学会评价他人美术学习的成果。学生运用语言和文字对美术现象和美术作品进行分析，既是个体语言和文字能力素养的表现，也是自身审美素养和思维能力的表现。

首先，在美术学习中，教师要引导学生以多种形式大胆地展示和交流，用口头或书面语言对自己和他人的美术作品作出评价，鼓励学生描述所见所闻，训练自己的表达能力。“互评”的过程能增进学生间的交流和沟通，使学生由被动地接受到主动地进行交流。“自评”的方式可使学生表达自己在整个创作过程中的想法、体会和感受，以及对整个创作过程的反思，有更进一步的体认。

其次，美术学习要学会欣赏，要学会表达自己的观点。学生可以运用相关的美术知识，在特定的文化情境中，恰当表达自己对美术作品和美术现象的感受，这需要较好的感受能力和语言表达能力。比如学习古希腊艺术的时候，可以组织学生对古希腊人体艺术的现象进行讨论，学生可以从社会学、美学等角度自由地发表自己的观点和看法。在欣赏抽象艺术时，可以让学生从美的多样性等角度展开讨论。在这一过程中，学生可以提高自己的语言表达能力、思维能力、沟通能力等综合美术素养。

再次，既要培养学生“说”的能力，也要培养学生“写”的技能。中国传统绘画一直是诗书画三位一体的。“诗中有画，画中有诗”，将诗书融于绘画，是艺术境界的提升，也是画家综合素养的体现。学生可以将自己对审美现象的感受和体会以及进行美术表现和创作的心路历程记录下来。如笔者在S中学进行美术教学实验讲授《标志设计》这一课时，要求学生在设计班徽的同时，也要用文字表达出自己的设计意图和思路，目的是鼓励学生将自己的想法与他人进行沟通，让老师和同学能够了解自己的设计思路，也让自己的思路更为清晰，同时训练学生文字表达的能力。还可以让学生对一些有争议的艺术现象或作品做艺术评论，如杜尚的《泉》、现代行为艺术等。这样学生在写的过程中能锻炼自己的思辨能力，还可以通过一些信息和资料的收集拓宽自己的艺术视野和对艺术的理解。

非物质的表达能使学生触类旁通，启发学生在美术表现中展开自由的、充分的、丰富的、美妙的联想，锻炼学生的思维能力，不断拓宽学生的知识面，提高学生的综合素养。

（二）物质的表达

学生通过物质材料与媒介，可以直观地呈现出自己的审美水平、创造力、技能水平和个体状态。

首先，个人需要自我表现。高中阶段，正是儿童到成年的过渡期和转型期，这个阶段，高中生往往要面对心理或生理发展的种种困惑和困难。心智和身体是密切关联着的，相互影响。“然而，我们只需关心那些心理的效果以及如何造成影响，换句话说，即帮助个人透过创造活动来克服这些困难。因此，创造活动便成为个人表现自然的宣泄方法。这个重要时期的艺术教育，绝不可只为一些特定的群组而设定，应该是作为每一个人自然的表现方法。”[1] 美术基础教育是大众化、普及化的教育，让学生掌握基本的美术技能和知识，培养学生的美术核心素养。我们要摆脱传统的观念，即认为艺术就是“天赋”的观念的束缚，多设置一些与学生个体经验有关联的有意义的美术体验活动，

[1] 罗恩菲德.创造与心智的成长[M].王德育，译.长沙：湖南美术出版社，1993:270.

让学生真正参与美术表现，使个人在心中生出自信，并使他们接受这样一个观念，即艺术是基于个人需要的自我表现和人类普遍的表现方式，而非需要很高的技巧或天赋。

其次，鼓励创造力的表现。高中学生思维活跃，创造力强，通过各种美术活动，学生可以选择自己感兴趣的领域，自由且充分表达。随着年龄和心智的增长，高中生已经摆脱了童年时期的涂鸦模式，但同时，他们还保留着浪漫天真的情怀，美术表现也朝着具象化的方向发展，这也促使他们对自己提出更高的要求。但是因为有时候技能还不能够达到自己理想的状态，所以他们容易在学习过程中产生消极的情绪，从而否定自己，失去表现的欲望和兴趣。因此，教师在指导学生的学习时，应当注重对学生学情的分析，即在对他们进行思想、情感和感受力的启发时，以高中生的个人发展程度为基准和依据。例如，笔者在 S 中学进行教学实验时，考虑到 S 中学学生的美术素养普遍不高，美术技能（这里主要指绘画）水平较低，因此在有限的课时内特意选择湘美版高中美术教材《工艺》第四单元第一课《交叉穿织的美》进行授课和美术活动安排。因为简单的编织学习对绘画的技能要求不高，需要准备的材料如纸编条、稻草和报纸也都是生活中较容易获得的，操作较为容易。在这堂教学实验课上，学生体现了很强的探究精神和兴趣，呈现了较强的创造力和表现效果，收到了很好的学习效果。

第二节 促进个体技能知识生成的美术学习生态重建

个体通过美术具体体验、反思观察、抽象概括、行动研究，从实践到理论，从感性到理性，呈不断螺旋上升状态，促使美术个体技能知识逐渐生成。技能知识从公共到个体，从外延到内化，不断重建重构，因此是一种动态的过程。

一、美术个体技能知识的外延与内化

美术素养是通过知识的外延和内化逐渐生成的。所谓知识的外延，是指不拘泥于课堂、书本上的知识，对书本知识或者教材中的知识进行相关联的外部延伸，并使其走进学生生活，拓展学生的认知空间。这就要求知识不应停留在掌握的层面，应该上升到灵活运用和解决问题的层面，其过程是动态生成的，个体通过对知识的举一反三，实现知识的迁移。所谓知识的内化，则是指通过外部知识的学习，与学生的原有知识结构建立联系，实现知识与情感的共生，将外部知识内化为学生的内部知识，实现知识结构的转化。

（一）观察力与感知力的培养

观察是指仔细考察事物或现象，有目的地通过感官考察自然状态下的事物或现象。它是获取感性经验的基本途径，相较于一般的感性认识更为自觉、主动，且是有目的的认识过程。我们一般是通过感觉神经元突触的内部反射来学习具体的直接经验，或者通过在我们感知经验上的行动来扩大它。比如说，湘美版高中美术教材《绘画》第三单元第一部分“中国画之工笔画”活动建议是：让学生临摹一幅白描花卉作品，谈谈对线造型的感受；试着给白描花卉作品着色，在分染过程中体验中国画的传统表现技法；在教师的指导下完成一张工笔花鸟画作品。而学生在作画的时候要想画出某花卉的神采，就需要对它进行仔细的观察。以牡丹为例，生活中常见的为红牡丹，红色有粉红、脂红、大红、深红等，尤其是在光线下，花朵的颜色不是固定的，会有细微的渐变。通过嗅觉，可以感受花朵带来的清香。通过触碰花蕊，可以感受到柔软的细毛。学生通过对牡丹的观察，在看一看、闻一闻、嗅一嗅、触一触中，转移其经验，延长对牡丹的注意。这种新的外延方式，将不断刺激学生的内在反应和感觉。

学生美术学习的过程首先从外部的观察开始，了解物象的颜色、材质、肌理等外部特征，进而全面和深入了解事物。在美术学习中，面对复杂的事物，想要培养学生的观察能力，需要让他们有目的地选择观察的内容，既要有整体观又要有细致入微的能力，还要有比较的观察方法。只有这样，才能培养图像识读能力和审美判断能力。在进行美术表现时，尝试使用不同的工具和材料，感受不同工具不同的表现力，不同材料不同的质感，在这个过程中，学生也能锻炼观察事物变化、感知事物特征的能力。

（二）行动力与表现力的培养

“艺术教育，一般理解为追求纯粹审美的表达，使之习得审美的样式与技法，形成人类情操的教育。不过，从根源上推动艺术学习的，难道不是潜藏于学习者日常生活深层之中的，更加生机勃勃的、不可遏制的渴望么！”[1] 这种不可遏制的、生机勃勃的渴望有时就需要化为强烈的表现欲望。因此，美术学习中注重行动实践表现是非常重要的。实践行动能提高学生的参与度，并积极地影响学生，改变环境。美术不是对事物绝对正确的坚持，它带有很强烈的个人价值取向。行动的应用恰好就是对务实性的关注而非绝对性的坚持。美术活动蕴含着对传统凝固化的抗争和自我内在情感的释放，知识与经验经历“内”与“外”的循环轨迹，促使个体技能知识既向外拓展又向内生成。

比如，在进行编织学习的时候，有些同学选用稻草作为材料。要将稻草做成成品，必须经过拾取、挑拣、清理、剪截、搓揉等步骤。这些连续、具体的动作，使得学生与周边的环境及事物产生了更为具体、更为丰富的联系，获得了一个完整的经验，这与直接通过网络购买现成的材料进行编织所获得的体验是完全不同的。毫无疑问，学生通过与具体的事物接触，能够增加他们对世界的感知与体验。这既是教材知识的扩充与延伸，又是对主体原有认知的拓展。

心理学家、教育家乔治·罗扎诺夫（Georgi Lozanov）认为，有效学习分为三个步骤：第一步是接触，通过自己的感官去认识事物；第二步是对感官所获得的信息进行综合分析（加工、吸收）；第三步是亲自参与实践，用实践去验证自己所获得的信息。他进一步指出，接触、分析、实践这三大要素是学习的基石。可以看出，前两个步骤主要锻炼的是心智技能的发展，而后一个步骤主要锻炼动作技能的发展。因此，知识的外延和内化过程，其实是心智技能与动作技能深入参与学习的过程。

[1] 佐藤学．学习的快乐：走向对话 [M]．钟启泉，译．北京：教育科学出版社，2004:165.

二、美术技能知识学习的主动性与反省

美术技能知识若要内化为个体素养，不能只依靠外力的灌输。因为，外力的灌输使得主体只是被动地接受，而非主动地建构和创造。主动性学习和反省，才是知识和技能内化为个体素养的关键要素。

（一）注重主动性学习

舒尔曼用一系列情境创设的教学实验证明，学生在情境中学习，在大部分的时间里，他们都是非常主动的，活动的水平高于一般课堂。他们会主动与他人交谈，积极分享信息，敢于挑战他人的想法。他指出，这种观点并不奇怪，因为理论与实践都已证明，主动学习是一种比被动学习更为持久的学习，这是人类学习至关重要的原则，不论对成人还是儿童，都是如此。[1] 真实而持久的学习使学生成为主动的学习者，而非被动的接受者。他们不只是知识的收集者，更是知识的运用者。创造主动学习的兴趣并非处于孤立的状态，而是通过思考正在做的事情而学习。“在这些情境中，成功的学生会用去相当多的时间进行元认知，Bruner 称之为‘实施反审’（going meta）。在这种时刻，他们在思考他们正在做什么事情，为什么要做这些事情。”[2]

湘美版高中美术教材《摄影摄像》第一课《留住身边的精彩》，其目的就是让学生学会通过镜头去关注生活中的美，去发现和把握日常生活的精彩瞬间。笔者在 S 中学进行教学实验时，特意安排了纪实摄影活动，带着学生去学校附近的向东古街考察。向东街作为新化的历史古街，至今还保留着浓厚的生活氛围。在古街上，有与小摊小贩砍价的当地居民，有正在制作传统糕点的师傅，有慵懒地晒着太阳的小动物。这些场景，既有浓郁的生活情趣，又和古建筑相映成趣。学

[1] 舒尔曼．实践智慧：论教学、学习与学会教学 [M]．王艳玲，等，译．上海：华东师范大学出版社，2014:370.

[2] 舒尔曼．实践智慧：论教学、学习与学会教学 [M]．王艳玲，等，译．上海：华东师范大学出版社，2014:371.

生在这样的情境中学习，表现出了很大的主动性。为什么要拍这些纪实照片？怎样拍得更有艺术性？在这种对艺术和文化的思考中，学生的参与感与主动性不断得到提高。

总之，教师要尽量使课程内容情境化和个性化，使学习的内容和方法更为丰富和宽松，让学生在具体情境中进行主动的体验式学习。这样不仅可以提升学生的内部学习动机，使其获得学习的体验感与参与感，还能促使学生进行有效而持久的美术技能知识学习，吸取和掌握更多的美术技能知识。

（二）注重反省思维运用

杜威指出："只教授事物而没有思维，只有感官知觉而没有与之相关的判断，这是最不符合自然本性的。如果我们所从事的抽象，意味着思维与事物的相分离，那么，它的目的就徒具形式，而且是空虚的了。"[1]他进一步认为，人类学习不是简单的外部"刺激"之后的反应，而是以反省思维为基础的探究活动。主体通过提出问题，使用工具，挑战困难，运用反思、探究等方式来寻求问题的真相。在有意义地构建环境的同时，也重新建构自身的经验。这种反省思维在于，人在人际交往中能够进行沟通，这既是个人活动，同时也是社会共同体活动。

正如杜威所说，思维是源于某种疑惑、迷乱或怀疑，当人有了问题，且具备某些类似情境的经验，才能促使他去思考，即"只有人们心甘情愿地忍受疑难的困惑，不辞劳苦地进行探究，他才可能有反省的思维"[2]。同时，对于美术这种技能型学科，他也提出了担忧，因为技能型学科要用较短的时间得到所需要的结果。"在阅读、书写、绘画和实验技术等的学习中，需要节约时间和材料，需要灵巧和精确，需要敏捷和规范。这些都是至关紧要的，它们本身变成了学习的目的，

[1] 约翰·杜威.我们怎样思维·经验与教育[M].姜文闵，译.北京：人民教育出版社，2005:181.
[2] 约翰·杜威.我们怎样思维·经验与教育[M].姜文闵，译.北京：人民教育出版社，2005:21.

因而就顾不得它们对一般的心智态度所产生的影响。”[1] 其结果是心智训练的观念往往触及不到心灵。前文中美术体验学习风格量表的测评结果显示，学生在学习时较少使用反思观察和抽象概括的方法，因此导致学生的反省思维能力不高，这个也在美术学科核心素养的测评中得到了印证。如果不注重反省思维能力的培养，学习可能就是一种静态的方式，很难获得进步和领悟。因此，在美术学习中，既要注重运用具体体验和行动研究的方法，进行操作技能的培养，也要注重反省思维的运用，促进心智技能的培养。教师应当多设置与学生经验有联系的美术活动，为活动确定较为明确的目标，给学生提供更多的情境学习机会，让学生在探究学习中学会运用反省思维，进而促进智力的协调发展。

三、由技入道的美术学习智慧

“技”“艺”“道”在中国传统文化里有着非常丰富的含义，是中国传统艺术的三个层次：“技”是艺术活动的基础，“艺”是“技”的升华，“道”是最高目标。张怀瓘（唐）在《画断》中以神、妙、能三个层次来划分画品等级。黄休复（宋）于此基础上又有所发展，著《益州名画录》，将逸品纳入其中，并定为最上品，形成了逸、神、妙、能四品品评标准。古代文人皆将“能”（技术层面）置于品评标准的最后位置，凸显出中国传统艺术对“道”的重视程度是远高于“技”的，由此形成了中国画独特的精神品格。但受 20 世纪中期开始传播的科技理性主义和功利主义的影响，我国美术基础教育“重技轻道”，导致学生掌握的知识不全面，对艺术生活缺少体验，对艺术缺乏全面的理解，不少学生失去美术学习的兴趣，个性和创造能力被严重束缚。因此，“由

[1] 约翰·杜威.我们怎样思维·经验与教育[M].姜文闵，译.北京：人民教育出版社，2005:60.

技入道”是一种智慧的学习方式，在当代社会教育环境下更突显它的重要性。

（一）“技”与“道”的哲学意蕴

对“技”和“道”的哲学探讨始于春秋时期。何为“技”，巧也，即巧妙用力的方法，又可曰“术”。“术”的繁体为“術”，《说文》云：“术，邑中道也。”道路是通达目的的途径，所以“术”也有方法和途径之意，由此可见，“术”和“技”相同，遂有“技术”之说。又，《庄子·天地篇》云“能有所艺者，技也”，即才能有所专精谓之技艺。因此“技”或“术”还可以同于“艺”，合而言之，是为“技艺”或“艺术”。“艺”的甲骨文字形，左上为“木”，右为人双手操作，为“种植”之意。后又演化成“埶”，坴，土块；丮，拿，持种之。再后繁化为“藝”。《说文》中的“艺”，为“种植”的意思，故有培育或涵养之意，即学习、掌握“技”“术”可视为通过某种途径、方法而成就某物，获得滋养，通达于道。

道，所行道也，即行走的道路；道，头行走也，又有统率、引领之意。后引申为做事的途径、道理、方法、德行、本源、本体、规律、原理、境界、真理、原则等等，并逐渐被赋予泛化的意义和普遍的内涵。在中国传统文化里，“道”是知和行的统一，是万物万法之源，是创造一切的力量。它为中华独有的哲学思想，也是哲学的核心范畴；是中华文化的逻辑起点之一，也是中国艺术范畴体系的逻辑起点之一。道家的“道”，蕴含着丰富而复杂的哲学含义，在不同情况和语境下含义往往不同。老子在《道德经》开篇就说“道可道，非常道”，意为永恒不变的“道”不可述说，只能慢慢体会。

中国文艺深受道家影响。庄子第一次赋予“技”以审美的意义，也最早对“技”与“道”的关系进行了哲学探讨。《庄子·内篇》说：

“通于天地者，德也；行于万事者，道也；上治人者，事也；能有所艺者，技也。技兼于事，事兼于义，义兼于德，德兼于道，道兼于天。”可见，“技”是可以通达于“道”的。“艺者，道之形也”，意谓“艺”是“道”的具体形式和显现，而“道”之所存，则要顺乎天（自然）。中国传统文化中有“道”“器”之分，并素来“重道轻器”，如“德成而上，艺成而下”（《礼记·乐记第十九》）、“君子不器”（《论语·为政第二》）等，都凸显了这种观念。“形而上者谓之道，形而下者谓之器”（《易经》），“技”是形而下的器，也就是具体有形的东西，而“道”则意味着超越经验和知识，成为形而上的智慧，达到对世界的整体把握和理解。就美术学习和表现来说，如果说掌握“技”是“法”，那么把握“道”便是“无法之法”，也即康德所说的“无目的的合目的性”，所以“由技入道”可以使美术学习从“技”的必然王国走向“道”的自由王国。

（二）“依道”：美术智慧学习之前提

技艺的精妙往往是无法用言语和文字来表达的。美术技能的学习通常是以一种很个人化的、内隐的方式进行。比如，我国传统美术技艺传承的最重要方式——师徒制，就是徒弟通过观摩师傅作画的过程来领悟其中不可言说的精妙（这种不可言说的精妙就可以视为“道”），同时结合自己的操作实践和体验来内化成自己的个体知识。值得注意的是，很多时候我们把美术技能单纯作为一种操作形式来训练，使技能成为一种单一的工具，学习者就是重复运作的“机器”。这种不依于“道”的技能训练是难以上升到艺术的高度的。比如，学习绘画，必须了解和掌握色彩的搭配规律、构图和运笔的方法，学习雕塑要掌握人体的结构比例、动态曲线变化（程序知识）等等。如果不了解、不掌握、不顺从这些规律，只是盲目地练习操作，或者反其道而行之，很难达到技艺的熟练，更遑论上升到“艺”的高度。正如清代画家王昱所说：“画虽一艺，其中有道。试观古人真迹，何等章法？何等骨力？

何等神味？学者能深造自得，便可左右逢源。否则纸成堆，笔成冢，终无见道之日耳。”[1] 技能上升到艺术的高度是技上升为道的过程，成道的前提就是要依道、顺道，才能达情适性，成就技能的娴熟和高超。《庄子·养生主》中“庖丁解牛”的故事就形象地描绘了庖丁的技艺所达的高超境界。

“庖丁解牛”的故事说明技艺要勤加练习，才能协调身心的关系，但是勤奋苦练并不代表技艺可自然而成。庖丁能做到“神遇而不以目视，官知止而神欲行”这等境界，是因为他不但做到了身心合一，最重要的是实现了心物合一，并在技艺操作的过程中奉行“好者道也，进乎技矣”的观念。庖丁所探究的是事物的规律，将“道”建立在“技”之上，并且将劳动或者说技艺的操作上升为审美活动。这种操作已经超越了对宰牛技术的追求，达到了“无为而无不为”的“道”的境界。“庖丁解牛”的故事对我们的美术技能学习有很好的启发作用。如果我们对学习的对象有一个完整而细致的了解，反复实践，合乎规律，也就是顺乎“道”，“依乎天理”，顺势而为，便能心领神会，以至达到中和通融、自然天成而“游刃有余地”的境界。学习者应当将审美的体验融入技能的学习，上升为对美的感悟和创造。这个过程，便是由“技”入“道”或者说以“道”辅“技”的过程，直至最后完成从“技”到“艺”的进化和飞跃。

（三）“体道”：美术智慧学习之方式

道家强调人要对道体有切身的体悟，能把握其特质。这种实践修养的功夫就是“体道”。无论是美术技能还是审美能力的培养，要想由“技”的水平达到“道”的境界，唯有自己身体力行，知行合一，以“志于道”为形式，在实践中用心运智，体验开悟，从而与道合一，无心而忘形，出神入化，游刃有余。

[1] 俞剑华. 中国古代画论类编 [M]. 北京：人民美术出版社，2007:187.

美术学习中的“体道”体现在艺术经验与艺术体验这两个方面。艺术修养的提高，有赖于个人经验的逐步累积，非一蹴而就。经验是人反复实践的结果，是人们探求新知、体验创造的前提。“一盎司经验所以胜过一吨理论，只是因为只有在经验中，任何理论才具有充满活力和可以证实的意义。”[1] 正如杜威所认为的，经验是不以卓越原理为基础的能力和知识，是大量分散尝试、实践训练的结果。它要调动人的身体器官尤其是感官，与事物反复接触并加以巩固，以获得预见和实践的能力。尤其是对于手艺人而言，经验是非常重要的。经验从生活而来，建立在人与环境之间的联系上，是超越二元论的关键概念。艺术的经验是艺术实践的结果，也是艺术体验的基础，在美术学习中非常重要。但是艺术的经验有时是很难用语言形容和传达的，尤其是当体验越深入完美的时候，“轮扁斫轮”（《庄子·天道》）的典故就形象地说明了这个问题。

欧阳修在《书梅圣俞稿后》中认为：“乐之道深矣，故工之善者，必得于心，应于手，而不可述之言。”因此，在美术学习中，个体充分参与体验而获得直接的经验至关重要亦无可取代，美术知识的学习中，如果不从事积极的体验，那么身体器官就会和心智分离开来，难以领会个中奥妙，难以生成有效的知识。但凡艺术作品深切感人，皆因为艺术家有这方面的体验和感悟。李自健如对家乡乡土生活没有深刻的体验和感情，就不能在作品中呈现出那种传统乡村人与物的淳朴和敦美。

艺术源自体验，并且是体验的表现。审美体验又是其中最为核心的要素，相对于审美经验而言，“审美体验对于艺术来说必定更为根本。诚然，艺术既可以来自审美体验，也可以来自审美经验，但完美的艺术、伟大的艺术却不能不来自审美体验”[2]。审美体验是艺术的灵感来源，它触摸和抵达了不可名状又鲜活灵动的艺术深层之美，撩动和激活了个体对美的直觉反应，创构了生命中一个个意义灵动的瞬间。它是人类精神和心灵的自由体现，意味着摆脱暂时的功利性的束缚，从物的桎梏中自我解放，获得内心自在和自由，从而产生美感的自由想象。

[1] 约翰·杜威.民主主义与教育 [M]. 王承绪，译.北京：人民教育出版社，2001:158.

[2] 王一川.审美体验论 [M]. 天津：百花文艺出版社，1992:82.

而且，审美主体内心深处有没有或者是否可能有与审美对象相应的感情体验，以及是否获得深刻的审美体验，决定了审美对象是否深刻感人。因此，审美体验要求主体充分融入客体。宋代朱熹就认为：“盖私意间隔，而物我对立，则虽至亲，且未必能无外矣。‘故有外之心，不足以合天心。’……问：‘“物有未体，则心为有外”，“体”之义如何？’曰：‘此是置心在物中，究见其理，如格物、致知之义，与‘体、用’之‘体’不同。”[1]朱子认为，“体道”的“体”是动词，是探究、体察之义，非名词的“体（本体）”。“置心在物中”，即强调“我”要去切身经历，去体察、省思、琢磨，亲近并融入客体，在直接参与的过程中融入自己的情感和体验。如若心不包容万物，那人与物就会有隔阂，就会物我对立，就无法形成深刻的体验。味象、观气、悟道是传统美学审美体验的三个层次，老子之“观”道，庄子之“体”道，既是审美的境界，亦为体验的方式。把审美视为体验，并加以强调，是中国艺术的突出特征之一，也是道家对美学的重要贡献。

可见，“体道”是美术经验和知识积累的核心要素，这里有个人自己的体验，也有对他人体验的感悟，将其内化为自己的一种经验。同时，善于体道的人，能够顺物之情反观内省，不假于外，与道为一，寂然玄照。体验是开启艺术本体论的钥匙，它构架起人与物之间的桥梁。在美术学习中，我们以身体之、以心验之，用艺术的体验去增加生命的价值维度，参透生活和艺术中那些模糊不清、暗昧难言的内容。

（四）“修道”：美术智慧学习之要求

朱熹曾对“精义入神”的含义进行解释：“入神，是入至于微妙处。此却似向内做工夫，非是作用于外，然乃所以致用于外也。”[2]从朱子之言可知，要钻研事物的微义，达到神妙的境地，就要凝神聚气，

[1] 朱熹．朱子语类：第七册 [M]. 黎靖德编，王星贤注解．北京：中华书局，1986:2518.

[2] 朱熹．朱子语类：第七册 [M]. 黎靖德编，王星贤注解．北京：中华书局，1986:2515.

心无旁骛，才能从内而外，达到“道”的境界，这就是一种自我的“修道”精神。如庄子在匠人捶钩、佝偻者承蜩、庖丁解牛等寓言故事中，描绘了一系列能工巧匠的形象，与其说为了体现他们有着惊人的技艺，还不如说是为了凸显其出神入化技艺背后的精神修炼和心灵超越。在庄子看来，人之神与德，人之本性与本能是全的，修养的目的在于复归于“一”“全”，达到身心合一的本然状态。如“匠人捶钩”（《庄子·知北游》）的寓言故事就很好地体现了他的主张。在这个故事中，捶钩者之所以年八十捶钩而不失豪芒，因其有所守，几十年全神贯注地从事捶钩这项技术，对其他的事情漠然无视，心无旁骛，从而达到道的境界，而一旦达到了道的境界，就拥有了令人赞叹的本领。美术技能学习亦是如此，要有所坚守，虚心体会，穷尽本性，并能够忘却物我、是非等观念，从而实现身心合一、心物合一。心手之间距离的消失，使得活动中的人与技成为完美的一体，使那项艺术成为“无艺之艺”。当技艺发自自己的本能时，即技艺已内化为自己的一种习惯时，人反而能够接纳客体，能够更为敏锐地感知对象，随物而赋形。而且，艺术的本体远比艺术技巧重要得多。只有潜心学习，掌握了规律，技巧才会水到渠成。

“修道”不但是“技”上升为道的过程，也能使人完善自我，不断抛弃杂念和功利，获得心灵的自由。比如，朱耷等画家，抛弃世俗功名，寄情山水，其高远的品格反映在其艺术作品中，使得艺术与人格修养相互补益。

（五）“以神法道”：美术智慧学习之目标

老子说：“道之为物，惟恍惟惚。惚兮恍兮，其中有象；恍兮惚兮，其中有物。窈兮冥兮，其中有精，其精甚真，其中有信。”（《老子》第二十一章）老子这段话告诉我们，道并非完全虚幻的东西，它包含着象、精（气），“气”和“象”与“道” 有着紧密联系。“精也者，气之精者也。气，道（通‘导’）乃生。”（《管子·内业篇》）老子明确肯定，宇宙的本体是“道”，其他万事万物是不能脱离本体而存在的。换而言之，“技”如果脱离“道”这个生命本体便失去其存在的意义。南朝宗炳提出了“澄怀观道”“以神法道”的命题，意为挖掘生命中美的源泉，使道体得到朗现，要用生命精神去师法自然，主客化一。这告诉我们，在进行艺术创作时，不但要抓住形象之神，还要“出乎其外”，超越外在的“形”，“入乎其内”，捕捉到对象内在生命的“神”。

庄子云：“道不可闻，闻而非也；道不可见，见而非也；道不可言，言而非也。知形形之不形乎？道不当名。”[1] 王阳明亦指出：“道不可言也，强为之言而益晦；道无可见也，妄为之见而益远。”[2] 在这种哲学背景下，中国艺术具有一种含蓄的美，正如冯友兰先生所说：“富于暗示，而不是明晰得一览无遗，是一切中国艺术的理想，诗歌、绘画以及其他无不如此。”[3] 中国传统美学素来提倡绘画要进入以形传神的意境，在“似与不似”之间游离。正如滕守尧先生所说：“表现深刻的艺术品，往往具有相当的模糊性。”[4] 谢赫在《画品》中提出了美术品评的标准和重要美学原则，即“六法”，将“气韵生动”置于第一重要的位置，把其视为审美的最高规范和“六法”的魂灵。北宋郭若虚在《图画见闻志》中提出“气韵非师”，认为其他五者皆可学，唯这“气韵”必在生知，不可巧密得，不可岁月到，需默契神会，不知然而然。“气韵生动”这个审美准则，对中国艺术意义非常重大，它要求绘画超越形似，不求明晰而追求模糊之美，通过有限的艺术语言去传达“象外之象”“味外之旨”“得鱼忘筌”“意在言外”的精神意蕴和想象空间，要用“笔气、墨气、色气”来表达活泼迎人、深远难尽的气象，要体现出艺术内在的韵味和神气，达到宇宙本体之“道”的“神”与“妙”的境界。

[1] 陈鼓应注译 . 庄子今注今译 : 下册 [M]. 北京 : 商务印书馆 ,2015: 668.

[2] 王阳明 . 王阳明全集 [M]. 北京 : 线装书局 ,2013:56.

[3] 冯友兰 . 中国哲学简史 [M]. 涂又光 , 译 . 北京 : 北京大学出版社 ,2013:12.

[4] 滕守尧 . 美术心理学描述 [M]. 成都 : 四川人民出版社 ,2008:180.

“气韵生动”是个人艺术修养在美术表现上之极致。“气韵生动”是中国传统审美与品评的最高标准，也是美术表现的最高层次。它强调艺术表现要洋溢生命精神的活力，体现绘画的内在张力，让画面有深远难尽的想象空间。艺术是建立在个体直观的感悟之上，其感性的认识要多于理性的判断，即艺术可以通过直觉去体悟，从“知道”到“体道”，再到“得道”，“道”贯穿于美术学习和认识的整个过程。个体体验的程度和方式均建立在个体不同的生活环境和思维的差异上，使得艺术表现具有多样性和丰富性等特点。正因为如此，艺术的表现不追求如科学般那样确定明朗。“气韵生动”就是超越形而下的“技”的层面，以神发道，“无法而法，是为至法”。这为美术学习提供了方向的指引，树立了美术学习所要达到的至高目标。“气韵生动”作为艺术创作、品鉴所依循的标准，对中国绘画和美学影响甚为深远。

中国很多传统哲学、文艺理论和艺术实践，对于美术学习者是一笔非常宝贵的财富。遗憾的是，中国现代美术教育体系、学习方法大多是在借鉴国外的基础上建立的，传统的东西往往被束之高阁，甚至遭到反对。实际上，中国的传统艺术文化根植于中国的土壤，蕴含华夏文明的基因，应该是最适合我们去挖掘，也最值得我们去学习的。传统文化中的“技进于道”，是强调不囿于“技”的层面，要超越技。这种超越并非放弃“技”，而是建立在“技”的形而下的基础上。我们强调美术学习中“道”的重要性，并非追求那虚妄缥缈、不着边际的感觉，而是要求学生在遵循事物客观规律的基础上，踏踏实实地反复实践和训练。只有这样，才能起到事半功倍的效果。美术能力的提高绝不可能是闭门造车的结果，如审美经验的积累需要学习者在日常生活和艺术生活中，充分利用身体器官，尤其是感官去体验感悟，做到知行合一。美术学习需动静结合、凝神聚气、心无旁骛，主体要融入对象，达到物我一体、己物相融，才能真正消化和开悟乃至顿悟。这正是修养艺术和修养自我的必经之路。在美术创作和表现上，首先要与宇宙精神的“道”达到完全的合一（天人合一），然后以技来体现道，即主体表现自我就等于表现了宇宙之道。

虽然高中阶段的美术学习以普及化、基础性为主，无法使个体技艺做到如上文所论述的高度，但是美术教学应当以此为理念，以“由技入道”引导学生在美术学习过程中实现生理和心理的双重升华。美术学习者应当通过智慧的学习，将“道”融入技能学习和审美体验，不断强调提升“道”的境界，让学习变成一种美好的体验，积极学习和领略活泼充盈的生命情趣与高雅灵动的艺术格调。

四、基于问题意识的美术学习

基于问题的学习方法，能够使学生在一个群体里学习，而整个群体的工作就是为了解决真实的问题。在这个群体中，学习者可以寻找各种不同的资源、技术及方法，来帮助他们找到可能的解决方法。与其他方法不同的是，基于问题的学习的目的性很强，类似基于目标的方法。基于问题的学习方法的重点在于提供一个解决问题的合理程序，即学生首先需要运用系统方法识别问题的性质，然后分派要完成的任务，对资料与资源进行收集，尽可能咨询相关方，对问题进行推理，从而找到解决问题的办法并评价解决方法是否充分。一旦问题有了结论，学生还应当对推理过程、资源收集策略、社交技能等进行反思。因此，基于问题的学习，已经成为核心素养时代一个非常核心的概念。

（一）复杂的、相关的、真实的学习环境

情境认识理论认为，每个人的思维都是情境化的，他的感知觉、想象方式、身体行动都是在一定的社会情境中发展起来的。个体技能知识是一种与个人的认知结构和心理特征紧密相连的知识，它与个人的需要、动机、性格、气质、兴趣、理想、信念等不可分割。个体知

识往往是在情境中生成和显现的。因此，在教育与教学中，我们必须注重方法论和认知方式的教育。教师要结合学科的性质和特点，引领学生形成观察和思考问题的独特学科视角。学生唯有用自己独特的视角去审视问题、分析问题和解决问题，才可能有真正意义上的突破和创新。教育必须帮助学生实现知识的情境化，即教师应当注重引导学生在情境中学习知识。上述理论，就是我们注重本土知识、注重地方课程和校本课程的知识论依据。

笔者曾在课堂上用 PPT 向学生出示了毕加索所作的几幅变形的女人体画作，并向学生提问："毕加索的女人体借鉴了古埃及绘画的什么图式？"课堂鸦雀无声，一片沉默。笔者再问一次，学生还是面面相觑，仍然无人回答。笔者又问："古埃及绘画的正面律是指什么？"学生几乎异口同声回答：头部侧面，眼睛正面，肩及身体部位正面，腰部及以下为侧面。从这个教学片段，我们可以看出，多数学生在学习美术知识的时候，只是进行机械记忆，而不是真正去理解，更谈不上融会贯通。这种通过机械记忆所获取的知识，与真正的知识是有区别的。实际上，知识如果不能在新的情境中被活用，那么知识就失去了它的价值。"对学习任务的简化会妨碍学生学会解决他们将在现实生活中遇到的复杂问题。他们主张，为最大程度地促进问题解决技能，学习者必须应对非常复杂的情境。"[1] 在复杂、真实的情境中进行学习，需要开放式的、个性化的和重视实践操作的学习。与以教师为中心的传统"一刀切"课堂不同，这种情境化学习方式要求教师在开放式的教学环境中，抛弃那些详细的、事先设置好的教案，采用根据每个学生的特点和兴趣设计的个性化、灵活的教学方案。在典型的开放式课堂里，学生可以按照自己的节奏，从一个"学习站"自由地移动到另一个"学习站"，不断探索和验证他们的美术实践能力和审美能力。

[1] M.P. 德里斯科尔 . 学习心理学：面向教学的取向 [M]. 王小明，译 . 上海：华东师范大学出版社，2008:332.

（二）学习是参与实践共同体

在情境观中，学习被视为逐渐参与实践共同体。学习是参与，这“将注意集中于如下方式：它是个人、个人的行动、世界三者之间的……一套发展的、不断更新的关系”[1]。“……大多数场景中的学习是一种共同的活动，一种文化的分享。”（布鲁纳，1986）情境认知理论家认为，人类的高级心理过程是通过社会性相互作用而发展的。建构主义对学习和思维的过程也持类似观点，所以也强调合作是学习环境的一个关键特征。

维果茨基理论的研究者已经证明，当初始技能水平各异的合作伙伴协同工作达成共同理解时，会促使认知的发展。大量证据表明，与同伴合作能够促进学习。[2] 当与同伴合作时，孩子们在许多方面都能取得更大的成就。通过合作，学生对事物的洞察会更深入，容易找到一些新的更可靠的解决问题的办法。在学习环境中进行合作，给个体提供了一个理解他人而不是自己观点的手段。学习者在认识和理解他人观点的同时，也能形成和维护自己的观点。在学习中所发生的事情，其实就是文化知识的传递和共享，亦即特殊文化中的概念被其他成员所理解和使用。学生一起参与实践活动，有利于培养学生的合作能力和沟通能力，学生也能够在合作中找寻自己的价值。

比如，在美术课时间安排较少的情况下，进行一项较有难度的美术创作活动，学生可以通过成立美术小组，通过合作，运用集体的力量来完成该项活动。为了提高学生的美术学习参与度，学校和教师可以组织一些需要集体合作才能完成的美术活动，例如宿舍文化设计大赛。在参与集体活动的过程中，学生们的个体天赋会得到挖掘和分享，他们在一起进行对话、互相指导、交流协作，彼此传递和分享知识，并相互尊重、相互信任，从而出色地完成该项活动。

---

[1] M.P. 德里斯科尔 . 学习心理学：面向教学的取向 [M]. 王小明，译 . 上海：华东师范大学出版社，2008:133.

[2] 温迪 · L. 奥斯特罗夫（Wendy L.Ostroff）. 理解 0—12 岁儿童的学习：应用儿童发展科学的教学策略 [M]. 赵琴，译 . 北京：中国轻工业出版社，2018:163.

结语

21 世纪是一个“知识化时代”和“学习化时代”，教育的重心不再是传授给学习者固定的知识，而是帮助学习者塑造新型的自由人格，提高学习者的整体素养。对知识和技能的重新认识，有利于把学习从传统的静态模式中解放出来，并作用于个体的差异和成长，这在核心素养时代具有重要的意义。

2020 年 10 月，中共中央办公厅、国务院办公厅印发《关于全面加强和改进新时代学校美育工作的意见》规定，把中小学生学习音乐、美术、书法等艺术类课程以及参与学校组织的艺术实践活动情况纳入学业要求，探索将艺术类科目纳入初、高中学业水平考试范围。全面实施中小学生艺术素质测评，将测评结果纳入初、高中学生综合素质评价。探索将艺术类科目纳入中考改革试点，纳入高中阶段学校考试招生录取计分科目。

我们欣喜地看到，现在国家对美术基础教育空前重视，正在探索行之有效的方式提高学生的美术素养，提高大家对美术学科的重视程度。相信在这一大的背景下，高中美术教育现状会逐渐得到改观，浸润在良好的美育氛围中的高中生，将成为心灵美、形象美、语言美、行为美的新时代青少年。

本书是在笔者博士论文基础上的深化和拓展，因为时间关系，难免仍有一些不足，敬请大家原谅。在本书完稿之际，感谢我的博士导师谢雰教授、博士后导师姜正国教授的指导！感谢家人无私的关爱和帮助，你们永远是我最坚强的后盾！感谢莫宇红女士为本书的出版给予的帮助！感谢我可爱的朋友和同学的鼓励与支持！感谢参与本文实证研究部分的湖南师范大学 2017 届新化教育实习小组的十位可爱的同学！本书教学案例所使用的部分图例来自互联网，因时间问题无法和作者一一取得联系，在此一并感谢！

参考文献

一、外文书目的中译本

[1] 迈克尔·波兰尼. 个人知识——迈向后批判哲学[M]. 许泽明, 译. 贵阳:贵州人民出版社, 2000.

[2] 小威廉·E. 多尔. 后现代课程观[M]. 王红宇, 译. 北京:教育科学出版社, 2015.

[3] 里德, 贝格曼. 课堂观察、参与和反思[M]. 伍新春, 夏令, 管琳, 译. 北京:教育科学出版社, 2009.

[4] 霍华德·加德纳. 智能的结构[M]. 沈致隆, 译. 杭州:浙江人民出版社, 2013.

[5] 阿瑟·艾夫兰. 西方艺术教育史[M]. 邢莉, 常宁生, 译. 成都:四川人民出版社, 2000.

[6] 黑格尔. 小逻辑[M]. 贺麟, 译. 北京:商务出版社, 2019.

[7] 席勒. 审美教育书简[M]. 张玉能, 译. 南京:译林出版社, 2012.

[8] 黑格尔. 美学[M]. 朱光潜, 译. 北京:商务印书馆, 1997.

[9] 约翰·杜威. 民主主义与教育[M]. 王承绪, 译. 北京:人民教育出版社, 2001.

[10] 罗恩菲德. 创造与心智的成长[M]. 王德育, 译. 长沙:湖南美术出版社, 1993.

[11] 丹纳. 艺术哲学[M]. 傅雷, 译. 合肥:安徽文艺出版社, 1999.

[12] 约翰·杜威. 我的教育信条:杜威论教育[M]. 彭正梅, 译. 上海:上海人民出版社, 2013.

[13] 佐藤学. 教师的挑战[M]. 钟启泉, 陈静静, 译. 上海:华东师范大学出版社, 2012.

[14] 佐藤学. 学校的挑战:创建学习共同体[M]. 钟启泉, 译. 上海:华东师范大学出版社, 2010.

[15] 佐藤学. 学校见闻录:学习共同体的实践[M]. 钟启泉, 译. 上海:华

东师范大学出版社,2014.
[16] 佐藤学.学习的快乐:走向对话[M].钟启泉,译.上海:教育科学出版社,2004.
[17] 恩特斯·卡西尔.人论:人类文化哲学导引[M].甘阳,译.上海:上海译文出版社,2013.
[18] 卢安克.是什么带来力量:乡村儿童的教育[M].北京:中国致公出版社,2014.
[19] 珍妮特·沃斯,(新西兰)戈登·德莱顿.学习的革命——通向21世纪的个人护照[M].顾瑞荣,陈标,许静,译.上海:上海三联书店,1998.
[20] 马丁·布伯.我与你[M].陈维纲,译.北京:商务印书馆,2015.
[21] 托尼·比彻等.学术部落与学术领地——知识探索与学科文化[M].唐跃勤,蒲茂华,陈洪捷,译.北京:北京大学出版社,2008.
[22] 约翰·杜威.艺术即经验[M].高建平,译.北京:商务印书馆,2010.
[23] 卡尔·雅斯贝斯.时代的精神状况[M].王德峰,译.上海:上海译文出版社,2013.
[24] 艾尔弗雷德·诺思·怀特海.教育的目的[M].庄莲平,王立中,译.上海:文汇出版社,2012.
[25] 苏珊·朗格.感受与形式[M].高艳萍,译.南京:江苏人民出版社,2013.
[26] 鲁道夫·阿恩海姆.对美术教学的意见[M].郭小平,等,译.长沙:湖南美术出版社,2002.
[27] 赫伯·里德.通过艺术的教育[M].吕廷和,译.长沙:湖南美术出版社,1993.
[28] 艾略特·W.艾斯纳.儿童的知觉与视觉的发展[M].孙宏,等,译.长沙:湖南美术出版社,1994.
[29] 卡尔·雅斯贝尔斯.什么是教育[M].邹进,译.北京:生活·读书·新知三联书店,1991.
[30] 瓦迪斯瓦夫·塔塔尔凯维奇.西方六大美学观念史[M].刘文潭,译.上海:上海译文出版社,2013.

[31] 沃尔夫,吉伊根.艺术批评与艺术教育[M].马壮寰,译.成都:四川人民出版社,1998.
[32] 布朗,科赞尼克.艺术创造与艺术教育[M].滑明达,译.成都:四川人民出版社,2000.
[33] 鲁道夫·阿恩海姆.视觉思维——审美直觉心理学[M].滕守尧,译.成都:四川人民出版社,1998.
[34] 阿多诺.美学理论[M].王柯平,译.成都:四川人民出版社,1998.
[35] 拉尔夫·史密斯.艺术感觉与美育[M].滕守尧,译.成都:四川人民出版社,1998.
[36] 罗素.人类的知识——其范围与限度[M].张金言,译.北京:商务印书馆,1983.
[37] J.R.安德森.认知心理学[M].杨清,张述祖,等,译.长春:吉林教育出版社,1989.
[38] 康德.批判力批判[M].李秋零,译.北京:中国人民大学出版社,2013.
[39] 洛伦·S.巴里特,比克曼,布莱克尔等.教育的现象学研究手册[M].刘洁,译.北京:教育科学出版社,2010.
[40] 马克斯·范梅南.教学机智:教育智慧的意蕴[M].李树英,译.北京:教育科学出版社,2014.
[41] 大卫·杰弗里·史密斯.全球化与后现代教育学[M].郭洋生,译.北京:教育科学出版社,2000.
[42] 马克斯·范梅南.生活体验研究:人文科学视野中的教育学[M].宋广文,等,译.北京:教育科学出版社,2014.
[43] 维特根斯坦.哲学研究[M].李步楼,译.北京:商务印书馆,1996.
[44] 卡尔·波普尔.客观的知识:一个进化论的研究[M].舒炜光,卓如飞,梁咏新,译.杭州:中国美术学院出版社,2003.
[45] 帕特里克·斯莱特里.后现代时期的课程发展[M].徐文彬,孙玲,等,译.桂林:广西师范大学出版社,2007.
[46] 卡尔·波普尔.通过知识获得解放:关于哲学历史与艺术的讲演

和论文集[M].范景中,陆丰川,李本正,译.杭州:中国美术学院出版社,2014.
[47] 卡尔·波普尔.猜想与反驳——科学知识的增长[M].傅季重,纪树立,周昌忠,蒋弋,等,译.杭州:中国美术学院出版社,2003.
[48] 恩特斯·卡西尔.人文科学的逻辑[M].关子尹,译.上海:上海译文出版社,2013.
[49] 约翰·杜威.我们怎样思维·经验与教育[M].姜文闵,译.北京:人民教育出版社,2005.
[50] 伽达默尔.赞美理论——伽达默尔文集[M].夏镇平,译.上海:上海三联书店,1988.
[51] 胡塞尔.纯粹现象学通论——纯粹现象学和现象学哲学的观念[M].李幼蒸,译.北京:商务印书馆,1992.
[52] 柯林·比尔德,约翰·威尔逊.体验式学习的力量[M].黄荣华,译.广州:中山大学出版社,2003.
[53] D.A.库伯.体验学习——让体验成为学习和发展的源泉[M].王灿明,朱水萍,译,上海:华东师范大学出版社,2008.
[54] 凡·高.凡·高论艺术[M].李华,译.成都:四川美术出版社,2003.
[55] B.S.布卢姆,等.教育目标分类学——第一分册 认知领域[M].罗黎辉,丁证霖,等,译.上海:华东师范大学出版社,1986.
[56] 温迪·L.奥斯特罗夫.理解0—2岁儿童的学习——应用儿童发展科学的教学策略[M].赵琴,译.北京:中国轻工业出版社,2018.
[57] B.S.布卢姆,等.教育目标分类学——情感领域[M].施良方,张云高,译.上海:华东师范大学出版社,1989.
[58] 卡尔·马克思.1844年经济学哲学手稿[M].刘丕坤,译.北京:研究出版社,2021.
[59] 皮亚杰.发生认识论原理[M].王宪钿,等,译.北京:商务印书馆,2017.
[60] 爱德华兹.美术治疗[M].缪青,巩丽群,柳岚心,译.北京:中国轻工业出版社,2010.

[61] 加达默尔.真理与方法:哲学诠释学的基本特征（上卷）[M].洪汉鼎,译.上海:上海译文出版社,1999.
[62] 荣格.原型与集体无意识[M].徐德林,译.北京:国际文化出版公司,2011.
[63] 罗伯特·斯腾伯格,陶德·陆伯特.创意心理学[M].曾盼盼,译.北京:人民大学出版社,2009.
[64] 马克思.1844年经济学哲学手稿[M].刘丕坤,译.北京:人民出版社,1979.
[65] E.H.贡布里希.艺术与错觉——图画再现的心理学研究[M].林夕,李本正,范景中,译.长沙:湖南科学技术出版社,2000.
[66] 戴尔·H.申克.学习理论:教育的视角[M].韦小满,译.南京:江苏教育出版社,2003.
[67] 黑田鹏信.艺术学纲要[M].俞寄凡,译.南京:江苏美术出版社,2010.
[68] M.P.德里斯科尔.学习心理学:面向教学的取向[M].王小明,译.上海:华东师范大学出版社,2008.
[69] 舒尔曼.实践智慧:论教学、学习与学会教学[M].王艳玲,等,译.上海:华东师范大学出版社,2014.
[70] 杜威.杜威教育论著选[M].赵祥麟,王承绪,编译.上海:华东师范大学出版社,1981.
[71] 巴格托,考夫曼.培养学生的创造力[M].陈菲,译.上海:华东师范大学出版社,2013.

二、中文参考书目

[1] 李泽厚.美的历程[M].北京:生活·读书·新知三联书店,2014.

[2] 联合国教科文组织.学会生存——教育世界的今天和明天[M].北京:教育科学出版社,1996.

[3] 联合国教科文组织.教育——财富蕴藏其中[M].北京:教育科学出版社,2014.

[4] 宗白华.美学散步[M].上海:上海人民出版社,1985.

[5] 刘铁芳.什么是好的教育:学校教育的哲学阐释[M].北京:高等教育出版社,2014.

[6] 李泽厚.华夏美学·美学四讲[M].北京:生活·读书·新知三联书店,2008.

[7] 李天命.从思考到思考之上[M].北京:中国人民大学出版社,2008.

[8] 石中英.知识转型教育改革[M].北京:教育科学出版社,2001.

[9] 高时良.学记研究[M].北京:人民教育出版社,2006.

[10] 蒋勋.美的沉思[M].长沙:湖南美术出版社,2014.

[11] 张楚廷.课程与教学哲学[M].北京:人民教育出版社,2003.

[12] 刘良华.教育研究方法[M].上海:华东师范大学出版社,2014.

[13] 朱光潜.西方美学史[M].北京:人民文学出版社,2001.

[14] 宗白华.美学散步[M].上海:上海人民出版社,1981.

[15] 冯友兰.中国哲学简史[M].涂又光,译.北京:北京大学出版社,2013.

[16] 滕守尧.艺术社会学描述[M].南京:南京出版社,2006.

[17] 尹少淳.美术教育学新编[M].北京:高等教育出版社,2009.

[18] 潘耀昌.中国近现代美术教育史[M].杭州:中国美术学院出版社,2002.

[19] 操奇,朱喆.艺术文化学[M].北京:北京大学出版社,2011.

[20] 张世英.哲学导论[M].北京:北京师范大学出版社,2014.
[21] 门岿,张燕瑾.中华国粹大辞典[M].北京:国际文化出版公司,1997.
[22] 钱穆.中国文化史导论[M].北京:九州出版社,2011.
[23] 尹少淳.当代美术教育研究[M].北京:首都师范大学,2013.
[24] 张曼菱.西南联大行思录[M].北京:生活·读书·新知三联书店,2013.
[25] 朱光潜.谈美[M].桂林:漓江出版社,2014.
[26] 朱光潜.给青年的十二封信[M].桂林:漓江出版社,2011.
[27] 陈青之.中国教育史[M].北京:东方出版社,2008.
[28] 张晓鹭.日本美术教育——从传统到现代[M].长沙:湖南美术出版社,1994.
[29] 刘雨.艺术经验论[M].长春:东北师范大学出版社,1994.
[30] 滕守尧.审美心理描述[M].成都:四川人民出版社,1998.
[31] 杨景芝.美术教育与人的发展[M].北京:人民美术出版社,2012.
[32] 潘洪建.教学知识论[M].兰州:甘肃教育出版社,2004.
[33] 方明.缄默知识论[M].合肥:安徽教育出版社,2004.
[34] 张传燧,等.课程与教学论[M].北京:人民教育出版社,2012.
[35] 崔允漷,沈毅,吴江林.课堂观察Ⅱ:走向专业的听评课[M].上海:华东师范大学出版社,2015.
[36] 李永林.中国古代美术教育史纲[M].南宁:广西美术出版社,2004.
[37] 齐学红.走在回家的路上——学校生活中的个人知识[M].北京:北京师范大学出版社,2002.
[38] 杨自伍.教育:让人成为人[M].北京:北京大学出版社,2010.
[39] 胡知凡.全球视野下的中小学美术教育[M].上海:上海教育出版社,2015.
[40] 韩林合.维特根斯坦《哲学研究》解读[M].北京:商务印书馆,2010.
[41] 施良方.学习论[M].北京:人民教育出版社,2001.
[42] 于闽梅.灵韵与救赎:本雅明思想研究[M].北京:文化艺术出版

社,2008.
[43] 洪汉鼎.理解的真理:解读伽达默尔《真理与方法》[M].济南:山东人民出版社,2001.
[44] 王一川.意义的瞬间生成——西方体验美学的超越性结构[M].济南:山东文艺出版社,1988.
[45] 马明奎.艺术生存论[M].上海:学林出版社,2007.
[46] 张彦远.历代名画记[M].杭州:浙江人民美术出版社,2011.
[47] 陈鼓应.庄子今注今译:上册[M].北京:商务印书馆,2007.
[48] 李泽厚,汝信.美学百科全书[M].北京:社会科学文献出版社,1990.
[49] 陈平辉,熊进萍,等.知识的面孔与主体的命运[M].北京:中国书籍出版社,2013.
[50] 林风眠.林风眠论艺[M].上海:上海书画出版社,2010:24.
[51] 王朝闻.论艺术的技巧[M].北京:艺术出版社,1956.
[52] 张华.经验课程论[M].上海:上海教育出版社,2000.
[53] 刘雨.写作心理学[M].长春:东北师范大学出版社,1990.
[54] 叶朗.美学原理[M].北京:北京大学出版社,2009.
[55] 中国传媒大学艺术研究院.艺术概览[M].北京:中国传媒大学出版社,2012.
[56] 顾明远,边守正.陶行知选集（第1卷）[M].北京:教育科学出版社,2011.
[57] 郑杭生.社会学概论新修[M].北京:中国人民大学出版社,2005.
[58] 孙时进,王金丽.心理学概论[M].上海:复旦大学出版社,2012.
[59] 陈雪鸿.学习的记忆方法[M].延吉:延边大学出版社,2004.
[60] 关山月.乡心无限[M].南京:江苏文艺出版社,2008.
[61] 齐白石.齐白石谈艺录[M].王振德,李天庥辑注.郑州:河南美术出版社,1984.
[62] 朱熹.朱子语类[M].北京:中华书局,1986.
[63] 王阳明.王阳明全集[M].北京:线装书局,2013.
[64] 朱志平.教学预设与生成关系论[M].北京:教育科学出版社,2013.

[65] 刘宓庆.文化翻译论纲[M].北京:中译出版社,2015.
[66] 顾明远.教育大辞典:增订合卷本[M].上海:上海教育出版社,1998.
[67] 中国大百科全书·哲学卷Ⅱ[M].北京:中国大百科全书出版社,1998.
[68] 韩震.西方哲学概论[M].北京:北京师范大学出版社,2006.
[69] 余文森.个体知识与公共知识——课程变革的知识基础研究[M].北京:教育科学出版社,2010.
[70] 许征帆.马克思主义词典[M].长春:吉林大学出版社,1987.
[71] 金炳华.马克思主义哲学大辞典[M].上海:上海辞书出版社,2003.
[72] 王岳川.艺术本体论[M].上海:生活·读书·新知三联书店,1994.
[73] 王一川.审美体验论[M].天津:百花文艺出版社,1999.
[74] 李永林.中国古代美术教育史纲[D].北京:中国艺术研究院,2000.
[75] 施惠玲.制度伦理研究论纲[M].北京:北京师范大学出版社,2003.
[76] 郑杭生.社会学概论新修[M].北京:中国人民大学出版社,2014.

三、中文报刊文章

[1] 石中英.波兰尼的知识理论及其教学意义[J].华东师范大学学报,2001,20（2）:36-45.

[2] 石中英.缄默知识与教学改革[J].北京师范大学学报,2001,165（3）:101-108.

[3] 曾茂林,柳海民.富有生命力的教育理论及其生成理路[J].教育研究,2014,418（11）:8-15.

[4] 钟启泉.概念重建与我国课程创新——与《认真对待“轻视知识”的教育思潮》作者商榷[J].北京大学教育评论,2005,3（1）:48-57.

[5] 钟启泉,有宝华.《认真对待“轻视知识”的教育思潮》读后感[J].教育发展研究,2004（10）:66-70.

[6] 王策三.“三维目标”的教学论探索[J].教育研究与实验,2015（1）:1-11.

[7] 林崇德.从智力到学科能力[J].课程·教材·教法,2015,35（1）:9-20.

[8] 张一兵.激情式沉思:内居式的科学认识论——波兰尼《个人知识》解读[J].学术研究,2020（03）:29-35.

[9] 伍叶琴,李森,戴宏才.教师发展的客体性异化与主体性回归[J].教育研究,2013,34（1）:119-125.

[10] 刘畅.学生自主学习探析[J].教育研究,2014,35（7）:131-135,159.

[11] 童庆炳.经验、体验与文学[J].北京师范大学学报（人文社科版）,2000（1）:92-99.

[12] 耿秋,彭凌玲.海德格尔视域下虚拟实在的三重审美维度[J].大连理工大学学报（社会科学版）,2016,37（2）:124-129.
[13] 高慎英.体验学习的精神[J].教育理论与实践,2008,28（4）:55-57.
[14] 邓鹏,王欢."体验学习"教学设计研究——主题、环境与体验[J].电化教育研究,2013,37（12）:88-92.
[15] 马传普.从知识到素质的内化过程[J].高等农业教育,2005（6）:16-19.
[16] 杜书瀛.独特性与创造性——审美扫描之一[J].西北师大学报（社会科学版）,2007,44（3）:12-15.
[17] 朱小蔓,钟晓琳.情趣教育:一种有意义的情感教育探索[J].中国教育学刊,2014（04）:1-5.
[18] 奚传绩.立德树人与核心素养——普通高中课程改革精神解读.中国美术教育[J].2016,218（4）:04-06.
[19] 王晓芳,侯舒艨.组织学习视角下教师学习过程中知识的多层次转换——一项个案比较研究[J].全球教育展望,2019,48（09）:114-128.
[20] 陈佑清.关于学习方式类型划分的思考[J].课程.教材.教法.2010,30（2）:36-40.
[21] 杨鑫.生存实践知识论视角下的教师知识观探析[J].西北师大学报(社会科学版),2021（04）:77-83.
[22] 胡知凡.基于高中美术学科核心素养的命题与测评[J].教育参考,2016（4）:9-17.
[23] 马莹.论教育性教学与自由开放的教育场域归[J].首都师范大学学报（社会科学版）,2010,195（4）:94-98.
[24] 尹少淳.普通高中美术课程改革述要之二 美术学科核心素养[J].中国美术教育,2016,218（4）:07-10.

[25] 张良.核心素养的生成:以知识观重建为路径[J].教育研究.2019,40(09):65-70.
[26] 张露,尚俊杰.基于学习体验视角的游戏化学习理论研究[J].电化教育研究, 2018,39(06):11-20+26.
[27] 许秋璇,杨文正,周琴英.基于“体验学习圈”的计算思维培养模型研究[J].现代教育技术,2020,30(07):97-104.
[28] 杨九诠.学科核心素养与复杂情境[N].教育思想网,2016.11.30.
[29] 林崇德.中国学生发展核心素养研究报告[R].北京:北京师范大学,2017.05.07-12.

四、学位论文

[1] 王一军.从“高深学问”到“个人知识”——当代大学课程的秩序转型[D].南京:南京大学,2012.

[2] 郭晓明.课程知识与个体精神自由[D].南京:南京师范大学,2003.

[3] 杨治平.面向个体的教科书设计[D].上海:华东师范大学,2006.

[4] 林向阳.普通高校体育教材设计与编写的理论探索[D].福州:福建师范大学,2006.

[5] 王玉云.初中英语教材知识体系建构研究——从教材编写的角度[D].重庆:西南大学,2008.

[6] 李作学.个体隐性知识的结构分析与管理研究[D].大连:大连理工大学,2006.

[7] 方明.缄默知识面面观——有关缄默知识的心理学探讨[D].南京:南京师范大学,2002.

[8] 杨鸿.教师教学知识的统整研究[D].重庆:西南大学,2010.

[9] 李召存.课程知识的意义性研究——生存论的视角[D].上海:华东师范大学,2007.

[10] 阎亚军.知识教学与学生发展[D].上海:华东师范大学,2006.

[11] 潘洪建.知识视域中的教学革新[D].兰州:西北师范大学,2002.

[12] 李永林.中国古代美术教育史纲[D].北京:中国艺术研究院,2000.

[13] 王晓玲.石家庄市中小学教师教学效能感、职业归属感、职业倦怠感现状及关系的研究[D].河北:河北师范大学,2010.

五、外文期刊

[1] Meredith D. Borin.A Qualitative Evaluation of Multicultural Art Curricula at Primary Levels[D]. The University of Arizona,1997.

[2] Meredith Amanda Cole. In Quest of Walter Smith: The Past, Present, and Future Impact of Visual Art in Adult Education[D]. The University of Southern Mississippi,2009.

[3] Cataldi. Foucault's Discourse Theory and Methodology:An Application to Art Education Policy Discourse 1970-2000[D]. The Ohio State University,2004.

[4] Lenka V. Studnicka. Environmental Aesthetics in the Context of Educating Young Children[D]. Prescott College,2012.

[5] Lisa Lessenberry Smith.Effects of Discipline-Based art Education And Interdisciplinary Art Education on Artistic Development and Production, Higher Level Thinking, and Attitudes Toward Science and Social Studies[D] .The University Of Memphis,1999.

[6] Lindsay M. Whatley. Strengthening Relationships Between Art Teachers and Classroom Teachers Through Curriculum Integration and Collaboration[D]. Corcoran College,2013.

[7] Elizabeth Manley Delacruz. A Conceptual Framework for Teaching Aesthetics to Elementary Students[D]. The Florida State University, 1988.

[8] Carole Warburton. The Art and Science of Teaching Aesthetics: A Model for Secondary School Teachers[D]. State University of New York,2007.

[9] Kit Marlow Golan.Science Art: Representations of Science Experiences[D]. Sarah Lawrence College,2009.

[10] Jeanie Parker. The Impact of Visual Art Instruction on Student Creativity[D]. Walden University,2008.

[11] Education: A Framework for Social Justice Through Art Curriculum[D]. The Ohio State University,2011.

[12] Christy Ortiz. A Self-Exploration of the Relationship Between Art Teaching and Artistic Practice[D]. University Of Houston,2008.

[13] Steven L. Shaw. Artist and Teacher Collaborative Partnerships as Professional Development for Teachers in Elementary Schools[D]. University of Washington,2011.

[14] Karen Keiko Kosasa. Critical Sights/Sites:A Rt Pedagogy and Settler Colonialism in Hawaim[D]. University Of Rochester, 2002.

[15] Lonnie Ford. How Can Art Education Enhance the Content Subject Area in an Urban School Setting? [D]. Western Michigan University,2008.

[16] Hong Kyu Koh. Art Critiques and Ecological Perspectives of Contextuality, Equity, and Harmony: Recommendations for Korean Art Education[D]. The Pennsylvania State University,2013.

[17] Michelle Lynn Loudermilk. The Use of Aesthetics in a Comprehensive Art Curriculum[D]. Marshall University, 2002.

[18] Lifschitz-Grant,Naomi Lisa.Art Education as a Process of Collaborative Learning[D]. Teachers College, Columbia University,2012.

[19] Jean D. Detlefsen. A Conversation About Art Education: What Are the Qualities in Process That Foster a Qualitative Whole in Art Education? [D]. University Of Nebraska,2009.

[20] Joni Etta Boyd. A Multicultural and Social Reconstructionist Approach to Art Among Children, Parents,and Teachers in an Early Childhood Classroom[D]. Columbia University,2012.

[21] Jennifer S. Price. Creative Healing:an Expressive Art Therapy Curriculum Designed to Decrease the Symptoms of Depression and Anxiety[D]. Prescott College,2009.

[22] Laura Joplin.On Defining Experiential Education[J].Journal of Experiential Education,1981,4(1):17-20.

附录

附录一 基于个体技能知识的美术体验学习调查

亲爱的同学：

非常感谢你能抽出宝贵的时间填写这份问卷。本问卷仅供研究之用，所有资料将严格保密，不会泄露你的任何个人信息，请你根据实际情况放心填写。

姓名：　　　　　　性别：　　　　　　年级：

1. 你觉得美术学习重要吗？

□很重要　　□比较重要　　□一般　　□不太重要　　□不重要

2. 你对美术学习感兴趣吗？

□很有兴趣　　□比较有兴趣　　□一般　　□没什么兴趣　　□没有兴趣

3. 你学习美术的目的是什么？

□提高自己的审美素养　　□多一些美术技能知识　　□升学的需要

□不知道　　□其他______________________

4. 你更享受美术学习过程还是学习结果？

□学习过程　　□学习结果　　□都不

5. 你最喜欢下面哪个美术领域？

（按喜欢程度排序（　）＞（　）＞（　）＞（　）＞（　）＞（　）＞（　）＞（　）＞（　）。

A. 美术鉴赏　B. 绘画　C. 雕塑　D. 设计　E. 工艺

F. 电脑美术　G. 书法　H. 篆刻　I. 摄影摄像

6. 你现在的美术学习方式主要是（可多选）

□自主学习　　□合作学习　　□在实践活动中学习

□接受学习（老师讲学生听）　　□基于解决问题的学习　　□网络学习

7. 在美术实践活动中进行学习比只听老师讲课，留给你的印象和感受如何？

□印象深刻　　□比较有印象　　□印象一般

□只有一点印象　　□没印象

8. 你参观过美术展览吗？

□经常　　□偶尔　　□从没

9. 你知道数字博物馆和数字美术馆吗？

□知道　　□不知道

10. 你的个人经验（经历）对你平时的美术学习影响大吗？

□很大　　□比较大　　□一般　　□不太大　　□基本没有

11. 你在思考和解决美术学习问题时的习惯是

□采用自己的方法去想问题　　□主要听取老师和同学的意见

□先放一放，以后再说

12. 每个同学的美术作品都有自己的特色。

□非常同意　□同意　□既不同意也不反对　□不太同意　□不同意

13. 在美术学习活动时，我总是有新的创意和想法。

□非常同意　□同意　□既不同意也不反对　□不太同意　□不同意

14. 在你生活中，你组织或参加过的美术活动有哪些？（可多选）

□布置和装饰自己的房间　　□参观美术馆和博物馆

□布置与装饰学校或社区的环境　　□学校运动会或艺术节的布置与装饰

□为社区宣传服务　　□黑板报的装饰与设计

15. 在美术学习时，最能激发你新的创意和想法的是

□教师的启发　　□理论知识的启发　　□与个人经验有联系时

□同学的启发　　□与他人合作时　　□其他____________

16. 在美术学习过程中，需要动手操作时，你会

□按照书本或老师的要求按部就班独立完成操作

□不能独立完成操作

□在操作中遇到新问题，能够自己进行探究并完成

□看着同学操作并学习

17. 你在平时的生活中，比如拍照、搭配衣服、布置自己的房子等活动中

□经常从美的角度来设计和考量　□以舒适、自然为主　□随性，无所谓

18. 你了解本地的美术资源吗？

□很了解　□比较了解　□一般　□不太了解　□不了解

19. 在美术体验学习中，对你而言最大的困难是什么？

□老师营造的情境氛围让我很陌生，不能很快进入学习状态

□在交流讨论环节我不善于表达自己的观点和疑问

□动手实践过程中，无从下手，不能独立完成任务

□完成体验学习的作业有难度

20. 你觉得美术老师注重你的学习过程还是结果？

□学习过程　□学习结果

21. 美术课内容与你的生活关联多吗？

□很多　□比较多　□一般　□不太多　□没有

22. 美术老师经常采用的教学方式（可多选）

□老师讲解，学生听记　□师生共同探讨　□组织学生讨论交流

□让学生上台讲讲　□组织学生动手活动　□让学生上网学习

□指导学生归纳整理知识　□指导学生进行研究性学习　其他_____

23. 你觉得美术老师采用哪些教学方式能使你有效学习（可多选）

□老师讲解，学生听记　□师生共同探讨　□组织学生讨论交流

□让学生上台讲讲　□组织学生动手活动　□让学生上网学习

□指导学生归纳整理知识　□指导学生进行研究性学习　其他______

24. 在开展美术学习之后，你希望老师在哪些方面做出改进？（可多选）

□在活动结束后，给出时间质疑问难，总结概括。

□关注我们的生活实际，多交流沟通。

□在活动进行过程中，多参与到各小组中，及时发现问题给出指导意见。

□在作品展示和作业上交之后，希望老师能给出中肯的评价。

□老师提问时，希望以抢答、竞答的方式引导我们，便于集中注意力。

□在动手实践时，尽可能地让我们明确活动的目标。

□活动所需材料尽可能便利。

25. 以前的美术学习方式和现在的美术学习方式你更喜欢哪种？为什么？

26. 你觉得怎样的美术学习方式才能促进你学习的积极性和提高学习效果？

问卷到此结束，感谢你的支持！

附录二 基于美术体验学习的教学情况调查[1]

尊敬的老师：

本问卷调查仅为研究所用，为匿名形式，不会泄露您的任何个人信息，请您如实填写。感谢您的配合！

您的性别：□女　　□男

您的年龄：□ 18—25　　□ 25—35　　□ 35—50　　□ 50 岁以上

您的教龄：□ 1—3 年　　□ 4—7 年　　□ 8—12 年　　□ 12 年以上

您的最高学历：□中专　□专科　□本科　□硕士研究生　□博士研究生

体验学习：体验学习是在真实的活动或情境创设下，学生通过亲身经历，反复观察、实践、练习，对情感、行为、事物的内省体察，最终认识到某些可以言说或未必能够言说的知识，掌握某些技能，养成某些行为习惯，生成意义，产生情感、态度、观念的过程。

个体知识：个体知识是与客观知识相对的一种知识形态，它信奉的是知识的文化性、境域性和价值性。个体知识一方面是默会的、不可言传的隐性知识，另外还包括其因各种各样的个性化特征而无法进入社会知识领域的、不被知识社会所认同的显性知识。

1. 在调研者介绍之前，您对“体验学习”的了解情况如何？

□对体验学习的理论基础十分了解，并在教学实践中经常进行体验教学设计

□对体验学习的理论基础有所了解，并有意识地在教学内容上应用

□对体验学习的理论基础几乎不了解，在教学实践中很少应用

[1]　本问卷的设计参考了湖南师范大学生命科学学院和湖南师范大学附属中学博才实验中学生物教研组联合制定的《初中生物体验学习现状的调查》（教师卷）

2. 在调研者介绍之前，您对“个体知识”的了解情况如何？

□对个体知识的理论基础十分了解，并在教学实践中经常进行个性化教学设计

□对个体知识的理论基础有所了解，并有意识地在教学内容上应用

□对个体知识的理论基础几乎不了解，在教学实践中很少应用

3. 您觉得适合进行美术体验学习的教学内容应该具备什么样的特点（多选题）

□以活动等外显的形式表达

□可以观摩、示范的方式进行

□有助于师生间的互动、交流与合作

□能创设各种情境

□立足于学生经验和生活实际

4. 您觉得美术教材中哪些内容适合开展体验学习？（多选题）

□能够让学生实践操作的内容

□能让学生反思研究的内容

□与学生生活、社会交流息息相关的内容

□美术史论知识

□能够以影像、图画等呈现出来的东西

5. 您觉得采取什么样的教学方式会让学生收到比较好的学习效果？

□理论讲授　　□实践活动　　□观察思考　　□小组合作

□其他______________

6. 您觉得学生的个人经验、个体体验和隐性知识对他的美术学习影响大吗？

□影响很大　　□影响比较大　　□影响一般

□影响不太大　　□没有影响　　□不了解

7. 您更注重学生的学习过程还是结果？

□学习过程　　□学习结果

8. 在高中美术学习的九大领域中，您经常选择哪些领域进行教学？（可多选）

□美术鉴赏　　□绘画　　□雕塑　　□设计　　□工艺

□书法　　□篆刻　　□电脑美术　　□摄影摄像

9. 您会在美术实践课上进行相关的技能示范吗？

□经常会　　□偶尔会　　□不会

10. 在美术课堂中，您会经常安排学生动手实践吗？

□经常会　　□偶尔会　　□不会

11. 您常采用的教学方式（可多选）

□老师讲解，学生听记　　□师生共同探讨　　□组织学生讨论交流

□让学生上台讲讲　　□组织学生动手实践　　□让学生上网学习

□指导学生归纳整理知识　　□指导学生进行研究性学习　　其他____

12. 在进行基于体验学习的教学之前，您一般是通过什么途径了解学生学情的？

□课堂观察

□作业（品）分析

□与学生沟通交流，关注学生日常生活

□了解学生已有的知识经验和认知发展水平

□教学经验与教参上的提示

□其他方式________________________

13. 您会利用当地美术资源进行教学吗？

□经常会　　□偶尔会　　□不会

14. 在进行基于体验学习的教学设计时，您通常是如何确定体验活动的目标的？

□了解学生的原认知经验

□基于课程目标与学习内容的分析

□了解学生的缄默知识（即只可意会不可言传的知识）

□教师与学生共有的生活经验

□参考网上或教参上的活动

15. 在安排学生进行体验活动的时候，您通常会

□先不讲解体验活动的目标、要求等，让学生直接动手实践

□一边讲，一边做示范

□在学生动手操作前，先讲清楚活动目标、要求及操作规范等

16. 进行美术体验学习时，您通常会结合下列哪种学习方式进行教学？（多选题）

□自主学习　□合作学习　□探究学习　□游戏学习　□反思性学习

17. 每个同学的美术作品都有自己的特色。

□非常同意　□同意　□既不同意也不反对

□不太同意　□非常不同意

18. 在进行体验活动的教学过程中，您觉得有哪些制约因素或困难？（多选题）

□体验活动的时间不够或难以把握　□体验活动的材料选取和准备

□体验活动场地不好安排　□体验活动过程较为混乱，难以控制和管理

□对学生的学情不能充分了解　□其他____________________

19. 在基于体验学习的美术教学后，您觉得学生在知识方面达到的水平层次是

□知道（记忆）　□领会（理解）　□应用

□分析　□综合　□评价

20. 在基于体验学习的美术教学后，您觉得学生在技能方面达到的水平层次是

□感知：能够运用感官获取信息用以指导行为、动作

□准备：为进行某种美术技能操作的学习而做的心理、生理以及情绪等的准备

□有指导的反应：能在教师的指导下完成某种美术活动操作（包括模仿和尝试错误）

□机械动作：能以某种熟练和自信水平完成某种形式的美术技能操作，使反应形成习惯。

□复杂的外显反应操作：能够独立并且熟练、轻松稳定地完成某项美术活动的操作

□适应：学生能够修正自己的美术动作模式以适应特殊的设施或满足具体情境的需要

□创新：能创造新的动作模式以适应具体情境。

21. 在基于体验学习的美术教学后，您觉得学生在情感方面达到的水平层次是：

□接受：能感受并愿意接受特定的美术现象和刺激，并能将注意力放在美术学习中

□反应：能主动参与，积极反应，并对美术学习表现出较大的兴趣

□价值评价：能用一定的价值标准对美术现象、行为或事物进行判断

□组织：能对多种价值观念进行组织、比较、选择，形成自己的价值体系。

□性格化：将已有经验内化提升变成自己的个性品质

22. 您发现体验学习对学生主动地应用所学的知识去解决生活中的实际问题有帮助吗？

□有　　□不明显　　□没有

23. 对于学生交上来的体验学习作品，您通常是如何评价的？

□给出中肯的评语与修改意见，并为优秀作品拍照、评奖、展示

□大部分都会给出评语　　□口头表示看过　　□不评价

24. 您觉得在学校开展基于体验学习的教学实践，受到制约和影响的因素有哪些？

25. 您对如何有效开展体验学习来转变学生美术学习方式，还存在哪些困惑与建议？

问卷到此结束！感谢您的配合！

附录三 体验学习风格量表

尊敬的同学：

非常感谢您能抽出宝贵的时间填写这份问卷。本问卷仅供研究之用，各题没有对错之分。本次调查采用不记名的形式，所有资料将严格保密，不会泄露您的任何个人信息，请您根据实际情况放心填写。

性别：　　　　　　　　　　　　年级：

父亲职业 ：　　　　　　　　　　母亲职业：

父亲文化程度：O小学　O初中　O高中

　　　　　　　O大专　O本科　O硕士　O博士

母亲文化程度：O小学　O初中　O高中

　　　　　　　O大专　O本科　O硕士　O博士

下面共有 12 个问题，每个问题分别有四个选项。请根据自己的情况对每个问题的四个选项按照适合程度以 1、2、3、4 进行排序（1= 最不像你；2= 有点像你；3= 比较像你；4= 最像你）。将数字填在每个选项前的括号中，请勿重复或漏填。

1. 美术学习中我是利用 [ ] 感觉。 [ ] 观察。 [ ] 思考。 [ ] 实践。	2. 美术学得最好的时候，是当我 [ ] 相信自己的直觉与感受时。 [ ] 认真聆听与观察时。 [ ] 借助逻辑思考时。 [ ] 努力完成实际操作时。
3. 当我美术学习时， [ ] 有强烈的感觉及反应。 [ ] 我是安静的、谨慎的。 [ ] 喜欢推理。 [ ] 负责所有实际操作。	4. 通过什么途径我的美术会学得最好？ [ ] 与别人互动。 [ ] 观察与聆听。 [ ] 对理论思考学习。 [ ] 有机会试验和实践。

5. 当我美术学习时， [ ] 对新的体验、经历采取开放的态度。 [ ] 会多方位地观察问题。 [ ] 喜欢分析事物，从各个层面来思考。 [ ] 喜欢试着实际动手做。	6. 我在美术学习的过程中， [ ] 看重直觉。 [ ] 乐于观察。 [ ] 偏重逻辑思维。 [ ] 看重行动。
7. 我美术学得最好的时候，是从 [ ] 与个人经验的联想开始。 [ ] 观察入手。 [ ] 理论开始。 [ ] 试验与练习入手。	8. 当我美术学习时， [ ] 我觉得全身心都投入了其中。 [ ] 我会在行动前做好充分的准备。 [ ] 我喜欢研究观念及理论。 [ ] 我喜欢看到自己实际操作的成果。
9. 我美术学习最好的时候，是 [ ] 凭借自己的感觉时。 [ ] 依赖自己的观察力时。 [ ] 思考时。 [ ] 自己尝试做一些事情时。	10. 我在美术学习中， [ ] 是一个乐于接受的人。 [ ] 是一个审慎含蓄的人。 [ ] 是一个理性的人。 [ ] 是一个负责任的人。
11. 当我美术学习时， [ ] 是非常投入的。 [ ] 喜欢观察。 [ ] 喜欢对事物进行评价。 [ ] 乐于积极行动。	12. 美术学习效果最好的时候，是当我 [ ] 接受他人看法，思想开放时。 [ ] 认真仔细时。 [ ] 进行分析思考时。 [ ] 学以致用时。

问卷调查到此结束，感谢您的支持和配合！祝学习进步！生活愉快！

附录四 基于体验学习的学生家庭艺术环境调查

亲爱的同学：

非常感谢你能抽出宝贵的时间填写这份问卷。本问卷仅供研究之用，所有资料将严格保密，不会泄露你的任何个人信息，请你根据实际情况放心填写。

你父母最高学历为：

□硕士及以上　□本科或大专　□高中或中专　□初中及以下

你父母的职业____________________

1. 你与家人会交流艺术相关话题吗？

□总是　□经常　□有时　□从不

2. 你与家人一起画画、做手工、写书法吗？

□总是　□经常　□有时　□从不

3. 你与家人一起观看各类艺术展演或展览吗？

□总是　□经常　□有时　□从不

4. 你的家里是否收藏或装饰有书画作品？

□ 9 幅以上　□ 6—8 幅　□ 3—5 幅　□ 1—2 幅　□ 0 幅

5. 你的家里是否摆设有手工艺品？

□ 9 件以上　□ 6—8 件　□ 3—5 件　□ 1—2 件　□ 0 件

6. 你的家里是否有艺术类书籍或作品集？

□ 9 本 / 册以上　□ 6—8 本 / 册　□ 3—5 本 / 册　□ 1—2 本 / 册

□ 1-2 本 / 册

7. 家长对你参加美术展览等艺术体验活动支持吗？

□很支持　□比较支持　□不支持也不反对　□不怎么支持　□不支持

8. 家长询问你在学校上美术课吗？

□总是　　□经常　　□一般　　□不怎么问　　□不问

9. 家长对你购买美术用品支持吗？

□很支持　　□比较支持　　□不支持也不反对　　□不怎么支持　　□不支持

附录五 高中美术学科核心素养测评试卷

普通高中美术学科核心素养测试

姓名：　　　　　　　性别：　　　　　　　班级：

一、古希腊的雕塑《掷铁饼者》是一件享有盛誉的杰作。可是，一位没有学过美术的朋友曾这样说："我实在欣赏不出这个雕塑的美在哪里，裸露的身体真是有伤风化。"你会如何回答这位朋友的问题？

《掷铁饼者》（雕塑）

二、下图是两个雕塑作品，图1为兵马俑，图2为说唱俑。

图1

图2

请问：（1）你觉得这两件作品在创作风格上有什么不同？

（2）通过作品分析创作者的创作风格与其创作意图的关系。

三、请辨别以下每幅画的画种，并将画种名称填在相应的括号内。

1.（　　　）

2.（　　　）

3.（　　　）

4.（　　　）

5.（　　　）

四、简要谈谈以下两幅作品的艺术风格，你更喜欢哪种表现形式？为什么？

图 1

图 2

五、以下两幅作品你更喜欢的是哪幅？ 为什么？

图 1

图 2

六、用手机拍摄一组以“生活纪实摄影”（2—3 张）为主题的照片，可利用图像软件进行后期处理。

七、利用橡皮砖、木块等材料为自己雕刻一个姓名章或姓名牌。

八、利用生活中的废旧材料，为自己做一个收纳盒。

九、利用废报纸或纸编条编织一件实用的生活用品。

十、为自己的班级设计一个班徽。

十一、近年来，流行汉服复兴运动，有不少汉服社经常会举办一些主题活动，比如岳麓书院在今年农历五月初五就举办了端午祭，学子着汉服诵楚辞。但有人认为着汉服与“cosplay”一样，都是为了哗众取宠。有著名的电视主持人调侃汉服表演者是“洗浴中心出来的”。但也有人说，着汉服是一种历史和审美的传承，有影视明星就以“一袭汉服演绎华夏文明”。

问题：在世界文化大融合的当今社会，你觉得汉服复兴有必要吗？为什么？

十二、随着我国城镇化的发展，在旧城改造和新城建设过程中，许多历史建筑都面临被拆除或者已经被拆除了。新化作为一座古城，保留下的老街不多。以我们学校附近的向东古街为例，虽然基本保存下来了，但是现在地上的青石板已经换成了水泥地，不少现代建筑夹杂其中或古建筑被进行了现代化改造。

问题：面对我国在城镇化过程中所出现的矛盾，你觉得应该如何处理，请谈谈你的看法。